마이크로프로세서
응용 및 실험

Microprocessor: Applications and Experiments

이대식 • 최병재 공저

홍릉과학출판사

머리말

마이크로프로세서는 이미 우리 생활의 일부가 되어버린 컴퓨터와 휴대폰은 물론 대규모 자동화 설비에 까지 각종 데이터를 처리하는 거의 모든 시스템에서 핵심 처리 소자로 널리 사용되고 있습니다. 이러한 마이크로프로세서는 중앙처리장치라는 CPU의 기능만을 전담하는 칩과 이에 추가하여 메모리, 발진회로, 타이머/카운터, 그리고 인터페이스 회로 등을 내장한 원칩 컴퓨터 형태의 칩으로 구별되어 발전해 나가고 있습니다. 특히, 후자를 마이크로컨트롤러라고 부르며, 소형 게임기에서 우주탐사용 로봇에 이르기까지 자동화의 개념이 포함된 분야에서 폭넓게 응용되고 있습니다.

본서는 산업현장의 활용 범위가 더욱 확대되고 있는 마이크로컨트롤러의 이해를 돕기 위하여 집필되었습니다. 여기서는 보다 간단한 구조이면서도 그 성능과 응용 분야가 탁월한 마이크로칩테크놀로지사의 8-비트 마이크로컨트롤러인 PIC16F8xx 계열에 관하여 저술하였습니다. 본서는 크게 두 개의 분야로 구분하였으며, 제1장은 마이크로컨트롤러의 이론적 지식을 습득할 수 있도록 하였고, 제2장은 이론적 지식을 기반으로 주요 과제에 대한 실험/실습을 다루었습니다. 그리고 제1장 및 제2장의 이해를 돕기 위하여 PIC16F84A 데이터 시트를 부록으로 첨부하였습니다.

먼저 제1장은 마이크로컨트롤러가 무엇인지에 대한 정의 및 마이크로프로세서와의 차이점 등을 기술하였으며, 계속해서 PIC 계열 마이크로컨트롤러의 특징, 구조, 그리고 어셈블리 명령어를 설명하였습니다. 제2장의 모든 실험/실습 과제에서는 소스코드로 C 언어를 사용하였음에도 불구하고 어셈블리 명령어를 설명함으로써 마이크로컨트롤러의 특징, 내부 구조, 그리고 그 응용 내용을 보다 잘 이해하는 데 도움이 되도록 하였습니다.

제2장은 실험/실습 과제들로 구성되어 있으며, 먼저 입력/출력 포트에 의한 LED 제어라는 간단한 과제를 제시하였습니다. 계속해서 키패드 응용, LCD 응용, 전자시계, 교통 신호 제어기 등으로 그 내용의 난이도를 향상시켜 나갔습니다. 그러나 모든 실험/실습 과제마다 기초 이론, 회로도, 소스코

드, 고찰문제의 형식으로 기술하여 각 과제의 이해에 불편함이 없도록 하였습니다. 특히, 고찰문제는 각 과제의 실험/실습에서 조금 더 난이도가 높은 과제를 제시함으로써 실험/실습 내용의 완전한 이해와 향상된 응용 능력을 가질 수 있도록 하였습니다.

저자들의 지식과 경험에도 불구하고 여러 가지의 부족함이 있을 것으로 사료됩니다. 정성을 다하여 수정/보완해 나가도록 하겠습니다. 끝으로 졸고에 대한 세심한 편집 작업은 물론 출간을 허락해주신 홍릉과학출판사에 진심으로 감사드립니다.

2007년 8월

저자 일동

목 차

Chapter 1 PIC 마이크로컨트롤러 개요

Chapter 2 응용 예제

Chapter 1

PIC 마이크로컨트롤러 개요

학습개요

여기서는 마이크로칩테크놀로지사에서 개발한 8-비트 마이크로컨트롤러에 관하여 설명한다. PIC 계열의 MCU는 산업현장의 소형 자동화 시스템 설계에서 코어 프로세서로 널리 사용되고 있는데, 본 교재에서는 특히 PIC 계열 MCU의 중간 성능 프로세서로 널리 활용되고 있는 PIC16F84A를 중심으로 그 구조와 특징, 그리고 어셈블리 명령어에 관하여 서술한다.

1.1 마이크로컨트롤러
1.2 PIC 마이크로컨트롤러의 개요 및 특징
1.3 내부 구조
1.4 명령어 집합
1.5 고찰문제

section

1.1 마이크로컨트롤러

1971년 11월 미국 실리콘 밸리의 작은 기업 인텔(Intel)에서 개발한 최초의 마이크로프로세서(microprocessor) 4004가 소개되면서 마이크로프로세서라는 집적회로(IC, Integrated Circuit)가 처음으로 시장에 등장하였다.

마이크로프로세서란 컴퓨터의 핵심 요소인 중앙처리장치(CPU, Central Processing Unit)를 단일 IC에 내장한 반도체 소자를 말하며, 흔히 MPU (Microprocessor Unit 혹은 Microprocessing Unit)라고도 부른다. 즉, CPU의 기능을 가진 단일 칩 IC는 모두 마이크로프로세서라고 부른다.

마이크로프로세서 4004는 2,300여 개의 트랜지스터 집적, 4-비트의 데이터 버스폭, 12-비트의 주소 버스폭, 그리고 108[kHz]의 속도를 가진 마이크로프로세서였지만, 30년 이상의 세월이 흐르는 동안에도 탁상 계산기(calculator)의 핵심 소자로 사용되고 있다. 그러나 오늘날 개인용 컴퓨터(PC, Personal Computer)의 중앙처리장치로 널리 사용되고 있는 고성능의 펜티엄(Pentium) 칩들이 수 억만 개의 트랜지스터가 집적된 마이크로프로세서라는 사실에서 그 발전상은 가히 기하급수적이라 할 수 있다.

마이크로컨트롤러(microcontroller)는 하나의 칩 내에 CPU의 기능은 물론이고, 일정한 용량의 메모리(ROM, RAM)와 입출력 제어를 위한 인터페이스 회로 등을 모두 내장한 마이크로프로세서를 말한다. 따라서 마이크로컨트롤러는 단일 칩 내에 하나의 컴퓨터 기능을 모두 가졌다고 하여 단일 칩 마이크로컴퓨터(one-chip 혹은 single-chip microcomputer)라고도 하며, 통상의 MPU로 불리는 마이크로프로세서와 비교해서 MCU(Microcontroller Unit)라고도 한다. 마이크로컨트롤러는 1975년 TI(Texas Instrument)사의 MCS 1000시리즈를 시작으로 1970년대 후반부터 널리 개발되기 시작하였다.

마이크로프로세서와 마이크로컨트롤러의 개략적인 구분은 그림 1.1.1과 같다.

마이크로컨트롤러는 하나의 작은 반도체 기판 위에 CPU는 물론 ROM, RAM의 기억장치, 입출력 인터페이스 회로, 카운터/타이머, 그리고 클럭 발생회로 등을 내장한 고성능의 집적소자이다. 따라서 VLSI(Very Large Scale Integration)의 집적회로가 가지는 특징인 소형, 경량, 그리고 저렴한 가격의 장점을 가질 뿐만 아니라 컴퓨터가 가지는 다양한 용도에 응용이 가능한 융

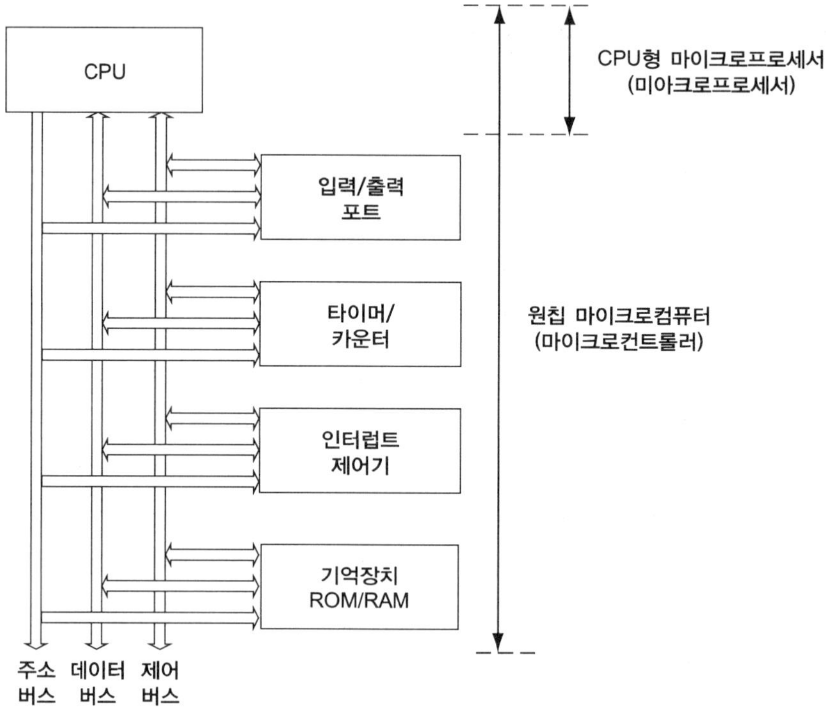

그림 1.1.1 마이크로프로세서와 마이크로컨트롤러

통성의 특징, 그리고 특정 응용 분야에 적용하기 위한 회로 설계 시 보다 작은 수의 부품을 필요로 하므로 고신뢰성의 특징 등의 장점도 가지고 있다. 이들을 요약하면 다음과 같다.

첫째, 소형, 경량화가 가능하다. 즉, 마이크로컨트롤러를 이용할 경우 집적 소자 등의 필요한 부품의 수가 대폭 줄어든다. 따라서 응용 분야에 적합한 완성된 제품의 크기가 줄어들고, 그로 인하여 전체 시스템의 무게 또한 가벼워진다.

둘째, 가격이 저렴해진다. CPU의 기능만을 내장한 통상의 마이크로프로세서를 이용할 경우에는 응용 분야에 따라서 I/O 포트, 직렬/병렬 통신, 기억장치, 그리고 카운터/타이머 등을 위한 별도의 집적 소자들을 추가로 사용해야 된다. 그러므로 응용 분야가 특히 단순하지 않는 한 하나의 칩에 대부분의 기능이 내장된 마이크로컨트롤러를 사용하는 경우보다 경제적 부담이 증가된다. 뿐만 아니라 회로 설계가 복잡해질

수록 개발 시간이 길어지고, 개발비의 부담도 증가하게 된다.

셋째, 융통성이 크다. 개별 부품들을 사용하여 설계, 제작한 회로인 hard-wired 논리회로는 개발된 목적이나 용도 이외에는 사용하기가 매우 어려울 뿐만 아니라 작은 기능 변경이나 추가 시에도 기존 회로의 변경을 필요로 한다. 그러나 마이크로컨트롤러를 사용할 경우에는 개발자가 작성해 놓은 프로그램만 수정하면 기능의 변경 혹은 추가가 가능하다. 즉, 마이크로컨트롤러를 사용할 경우에는 설계, 제작된 하드웨어 회로의 큰 변경 없이 내부 프로그램의 변경만으로 다양한 기능을 구현할 수 있다.

넷째, 마이크로컨트롤러를 이용할 경우 신뢰성이 향상된다. 다수의 부품을 사용한 복잡한 시스템의 경우에는 그만큼 회로 구성 요소들 각각의 고장 확률이나 오류 확률이 증가한다. 또한 고장 시의 원인 진단 및 복구 과정도 까다로운 편이다. 그러나 원칩 형태의 마이크로컨트롤러를 사용할 경우에는 필요한 부품의 수가 줄어들게 되므로 그만큼 신뢰성이 향상된다.

마이크로컨트롤러의 응용 분야는 매우 넓다. 예를 들어서 하나의 개인용 컴퓨터(PC)에는 하나 혹은 두 개의 CPU를 가지고 있지만, 마이크로컨트롤러는 대부분 수십 개를 가지고 있다. 즉, 키보드 제어기, 모뎀 제어기 등의 각 주변장치들은 각각 독자적인 제어용 마이크로컨트롤러를 내장하고 있다. 전기밥솥, 휴대폰 충전기 등 마이크로컨트롤러의 응용 분야는 매우 넓으며, 특히 자동차 관련 용도의 경우는 전용 마이크로컨트롤러가 개발되어 사용되고 있다.

주요 응용 분야를 소개하면 표 1.1.1과 같다.

|표 1.1.1| 마이크로컨트롤러의 응용 분야 (다음 페이지 계속)

분야	응용 기능 분야
산업 분야	모터 제어, 로봇 공학, 프로세스 제어, 수치 제어, 지능형 변환기
계측 분야	액체/가스 크로마토그래프(chromatographs), 의료용 계측기, 오실로스코프
가전 분야	비디오 레코더, 레이저 디스크 구동부, 비디오 게임, 전자레인지, 에어콘
유도 및 제어 분야	미사일 제어, Torpedo 제어, 지능형 무기, 우주선 유도 제어

|표 1.1.1| 마이크로컨트롤러의 응용 분야

분야	응용 가능 분야
데이터 처리 분야	플로터, 복사기(흑백, 컬러), 프린터, 윈체스터(winchester) 디스크 구동부
정보 통신 분야	모뎀, 지능형 line card 제어
자동차 분야	점화 제어, 변속기 제어, 열방사 제어, 브레이크 제어

section

1.2 PIC 마이크로컨트롤러의 개요와 특징

PIC 계열의 마이크로컨트롤러는 미국 애리조나에 본사를 두고 있는 마이크로칩 테크놀로지(Microchip Technology Inc.)사에서 공급하고 있다. 마이크로칩 테크놀로지는 GI(General Instrument)로부터 반도체 사업을 분리하면서 설립되었으며, PICmicro라는 이름으로 마이크로컨트롤러 분야에서 크게 주목받고 있다.

우리가 관심을 가지는 PIC 계열 마이크로컨트롤러는 8-비트 용량이며, 그 주요 제품은 PIC12Cxxx, PIC16C5x, PIC16Cxxx, PIC17Cxxx, 그리고 PIC18Cxxx이다. 특히, 디지털 신호 제어기(digital signal controller)의 용도로 dsPIC 계열이 있으며, 이것은 16-비트 마이크로컨트롤러와 low-end DSP (Digital Signal Processor) 사이의 성능을 가지고 있다.

1.2.1 PIC 계열 MCU의 분류

(1) PIC10 MCU

PIC10 계열의 MCU는 마이크로칩테크놀로지사가 공급하는 8-비트 마이크로컨트롤러 중에서 가장 간단한 구조로, 외부에 제공되는 핀의 수가 6개뿐이다. 그러나 4개의 입출력 포트 선을 제공하며, 12-비트 폭을 가지는 33개의 명령어가 있다. 워치독타이머(WDT)와 8-비트 타이머/카운터는 물론 일부의 칩은 ADC(Analog-to Digital Converter)를 내장하고 있다.

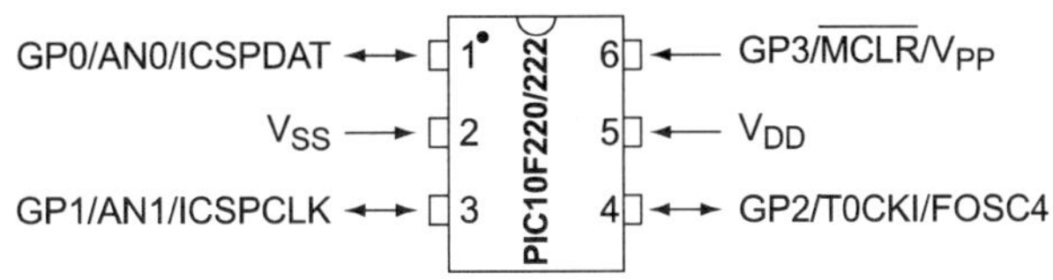

▮ 그림 1.2.1 PIC10 MCU의 핀 배열 예

(2) PIC12 MCU

PIC12 계열의 MCU는 PIC10 계열 보다는 다소 복잡하지만 그래도 간단한 구조를 가지는 계열의 MCU이다. 외부에 제공되는 핀의 수가 8개이며, 6개의 입출력 포트 선을 제공한다. 명령어는 PIC10 계열과 마찬가지로 12-비트 폭을 가지는 33개가 제공된다. 워치독타이머(WDT)와 8-비트 타이머/카운터가 내장되어 있으며, 일부의 칩은 3개 혹은 4개 채널의 ADC(Analog-to Digital Converter)를 내장하고 있다.

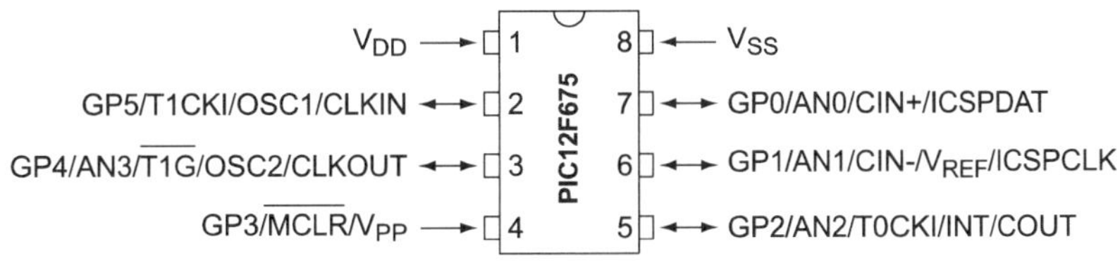

▮ 그림 1.2.2 PIC12 MCU의 핀 배열 예

(3) PIC16 MCU

PIC16 MCU는 PIC 마이크로컨트롤러에서 가장 널리 사용되는 계열의 MCU이며, 제공되는 MCU의 종류 또한 가장 다양하다. 외부에 제공되는 핀의 수도 14개부터 44개까지 다양하며, 특히 16F946 MCU는 LCD 드라이버를 가지는 저전력 MCU로 64개의 핀을 가지고 있다. 따라서 입출력 포트 선으로도 13개에서 53개까지 다양하게 제공된다.

명령어는 14-비트 폭을 가지는 35개가 제공된다. 워치독타이머(WDT)와 8-비트 타이머/카운터가 내장되어 있으며, RAM 형태의 데이터 메모리는 물론 EEPROM 형태의 데이터 메모리를 제공한다. 대부분의 칩이 8개 정도 채널의 ADC(Analog-to Digital Converter)를 내장하고 있다.

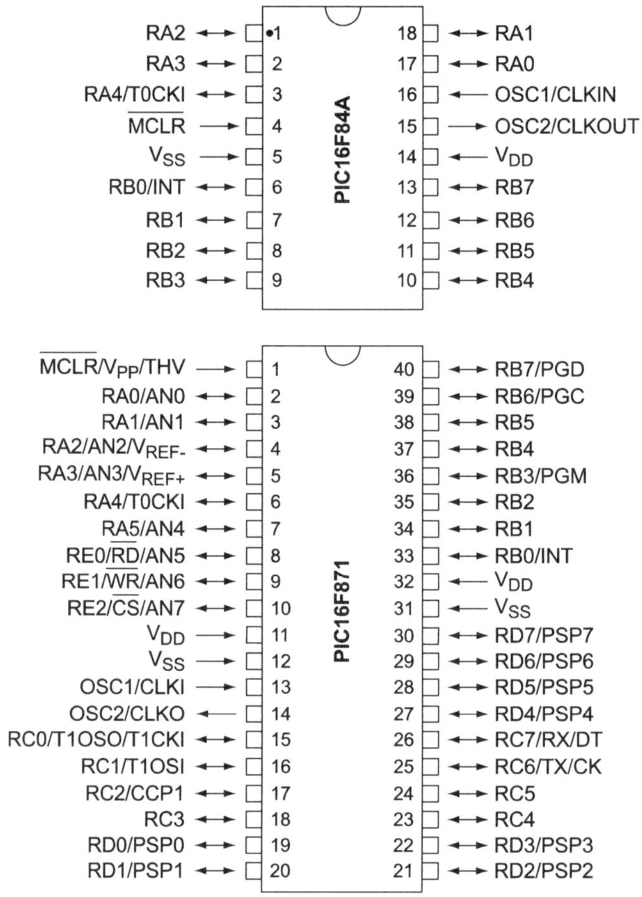

그림 1.2.3 PIC16 MCU의 핀 배열 예

(4) PIC18 MCU

PIC18 계열은 마이크로칩테크놀로지사가 제공하는 8-비트 마이크로컨트롤러 중에서 가장 성능이 우수한 MCU들이다. 고성능으로 인하여 구조가 복잡하며, 명령어의 수도 많다. 일부 MCU의 경우는 DSP 칩의 성능에 가깝다.

대부분의 고성능 MCU는 75개 혹은 83개의 명령어를 제공하며, 20여 개의 인터럽트 소스를 제공한다. 4개 정도의 타이머/카운터가 내장되어 있으며, 10개 혹은 그 이상의 채널을 가지는 ADC(Analog-to Digital Converter)를 내장하고 있다.

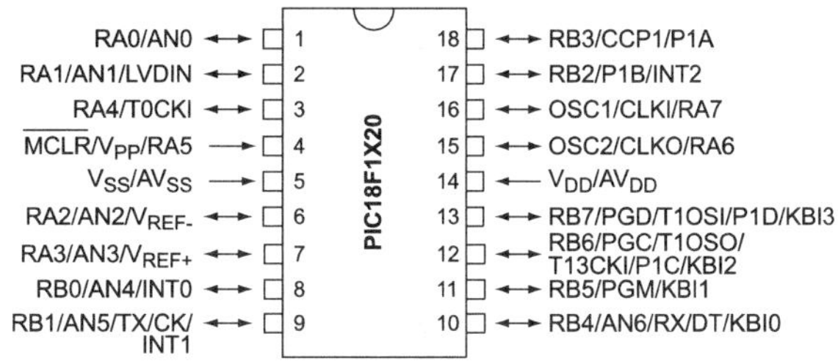

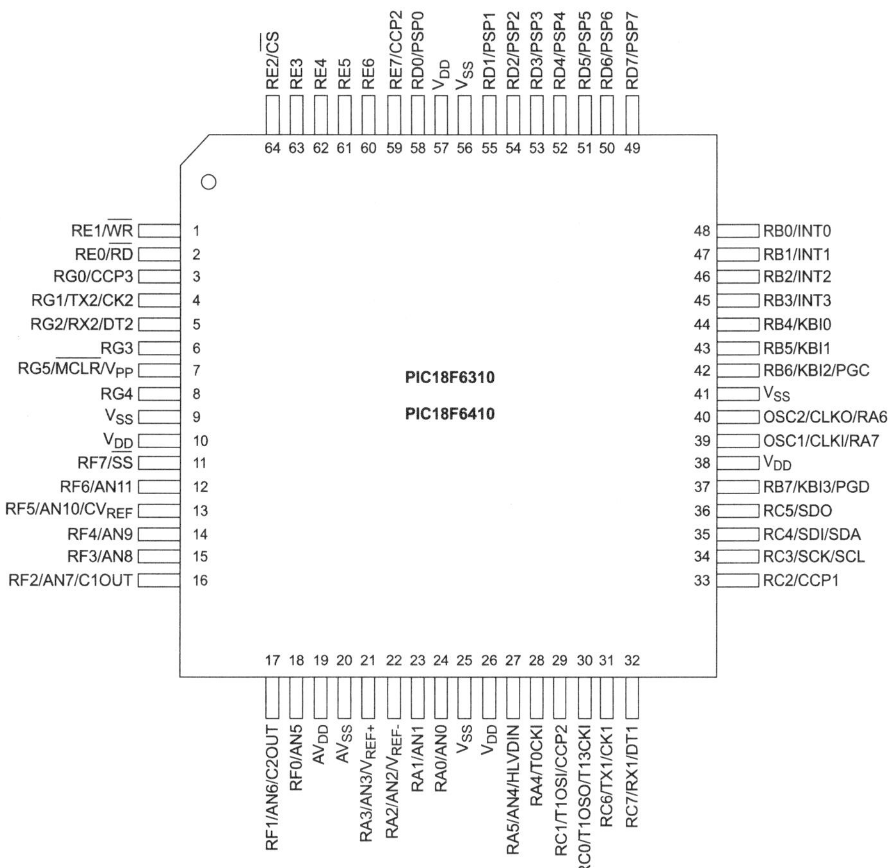

그림 1.2.4 PIC18 MCU의 핀 배열 예

1.2.2 PIC 계열 마이크로컨트롤러의 특징

PIC 계열 마이크로컨트롤러의 전반적인 특징을 요약하면 다음과 같다.

(1) RISC 기반 구조

CISC(Complex Instruction Set Computer) 구조를 가지는 MCS-51 계열과 달리 PIC MCU는 RISC(Reduced Instruction Set Computer) 기반의 구조이다. 따라서 복잡 다기능의 여러 가지 명령어 대신에 기본 동작을 위한 소수의 명령어로 구성된다.

명령어가 모두 기본 동작만을 하는 간단한 기능이므로 하나의 명령어 수행에 필요한 준비 시간(명령어 인출과 해독 시간)과 실행 시간이 거의 비슷하다. 따라서 파이프라인(pipeline) 기법을 쉽게 적용할 수 있다.

PIC 계열 MCU의 대부분은 명령어의 길이 또한 일정하다. 예를 들어서, PIC16F84A는 모든 명령어가 14-비트 폭을 가진다. 따라서 명령어의 해독(decode)이 용이하다는 이점도 있다.

(2) 하버드 구조

PIC 계열 마이크로컨트롤러는 하버드 구조(Harvard architecture)이다. 즉, 프로그램 메모리 영역과 데이터 메모리 영역이 구분되어 있다. 뿐만 아니라 각 메모리 영역에 연결되는 버스 또한 별도로 할당된다. PIC16F84A를 예로 들면, 14-비트폭의 프로그램 버스와 8-비트폭의 데이터 버스가 별도로 마련되어 있다. 이런 구조로 인하여 모든 명령어는 하나의 워드(word)로 표현 가능하고, 명령어/데이터 인출(fetch) 시간을 줄일 수 있다.

디지털 신호처리용 칩에서 널리 채택하고 있으며, 그림으로 표현하면 그림 1.2.5와 같다. 그림에서 알 수 있듯이 하버드 구조에서는 독립적인 두 개의 버스가 독립적으로 두 개의 메모리와 연결되어 있어서, 동시에 두 개의 저장된 자료를 인출할 수 있다.

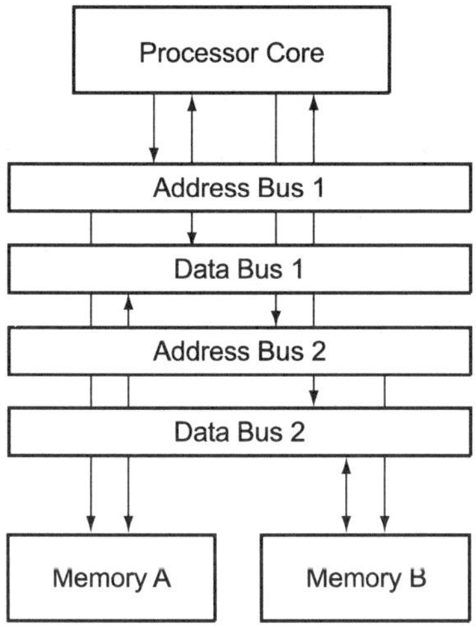

그림 1.2.5 하버드 구조의 예

(3) CMOS 제조 기법

CMOS(Complementary Metal Oxide Semiconductor) 제조 기법을 사용하므로 다음과 같은 장점을 가진다.

① 소비전력이 적다(2[V], 32[kHz]에서 15[μA] 정도).
② 동작전압의 범위가 넓다(2[V]~6[V]).
③ 잡음여유가 크다.

이러한 장점과는 달리 정전기와 과전압에는 약하므로 주의할 필요가 있다.

(4) 다양한 프로그래밍 옵션

사용자의 요구에 적합한 다양한 형태의 프로그래밍 옵션을 제공한다.

- Flash

내장된 프로그램 메모리가 플래시 메모리 형태로 제공됨을 의미한다. 따라서 프로그램 영역을 전기적으로 소거/기록할 수 있다. 아울러 기록된 자료는 전원의 유무에 관계없이 오랜 기간을 저장하게 된다. 오늘날의 많은 개발자가 이런 형태의 메모리를 선호한다. 왜냐하면 사용자의 입장에서 시스템 제작 완료 후에도 성능 향상을 위한 재프로그래밍을 손쉽게 수행할 수 있기 때문이다.

- **OTP**

OTP(One-Time Programmable)는 PROM(Programmable ROM)과 유사한 의미이며, 단 한 번 프로그래밍을 수행할 수 있는 메모리 형태이다. 사용자의 특별한 요구 사항과는 무관하게 대량으로 제조되어 경제성 측면에서 유리하고, 사용자의 프로그래밍을 위하여 즉시 선적될 수 있다는 장점이 있다. 그러나 딱 한 번만 프로그래밍이 가능하므로 개발 프로그램의 오류를 허용하지 않는다는 문제점이 있다.

- **Masked ROM**

널리 사용되는 많은 PIC 계열 마이크로컨트롤러들의 경우에 마스크된 ROM 버전을 제공한다. 이것은 안정된 펌웨어를 내장하고 있을 뿐만 아니라 경제적인 측면에서도 가장 유리하다.

(5) 다양한 크기와 형태

PIC 계열 마이크로컨트롤러는 8-비트 칩이지만 다양한 기능과 크기 그리고 형태를 가지므로 선택의 폭이 넓다.

section 1.3 내부 구조

이제부터 실험에서 사용할 PIC16F84A 칩을 중심으로 설명한다. 먼저 여기서는 PIC16F84A 칩의 내부 구조를 살펴본다. 외부 핀들의 기능은 물론 내장된 메모리 구조, I/O 포트, 그리고 타이머 등에 대하여 자세히 설명한다.

1.3.1 외형과 내부 구조

PIC16F84A는 18핀의 PDIP(Plastic Dual In-line Package)와 SOIC(Small Outline IC), 그리고 20핀의 SSOP(Shrink Small Outline Package) 형태로 제공된다.

개략적인 외형은 그림 1.3.1과 같다.

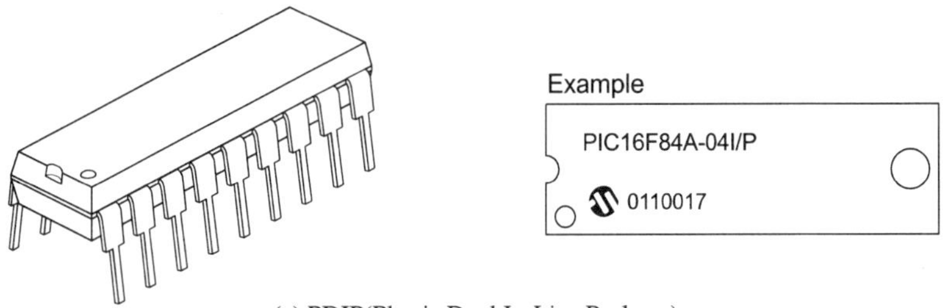

(a) PDIP(Plastic Dual In-Line Package)

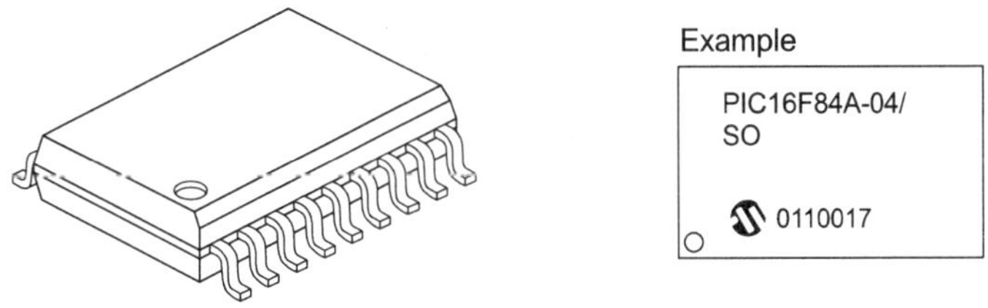

(b) SOIC(Small Outline IC)

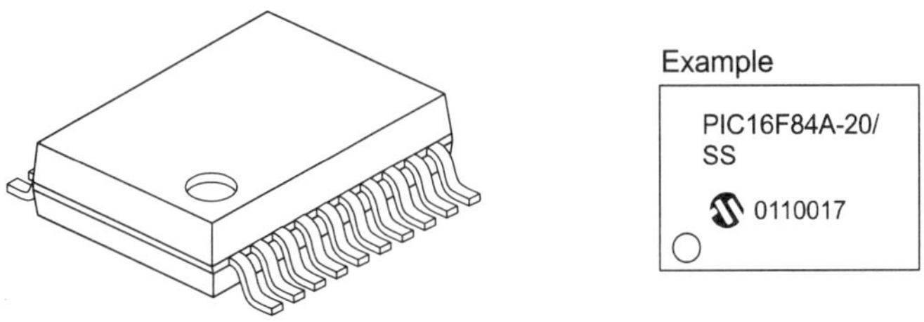

(c) SSOP(Shrink Small Outline Package)

그림 1.3.1 PIC16F84A의 외형

PIC16F84A의 내부 구조는 그림 1.3.2와 같다.

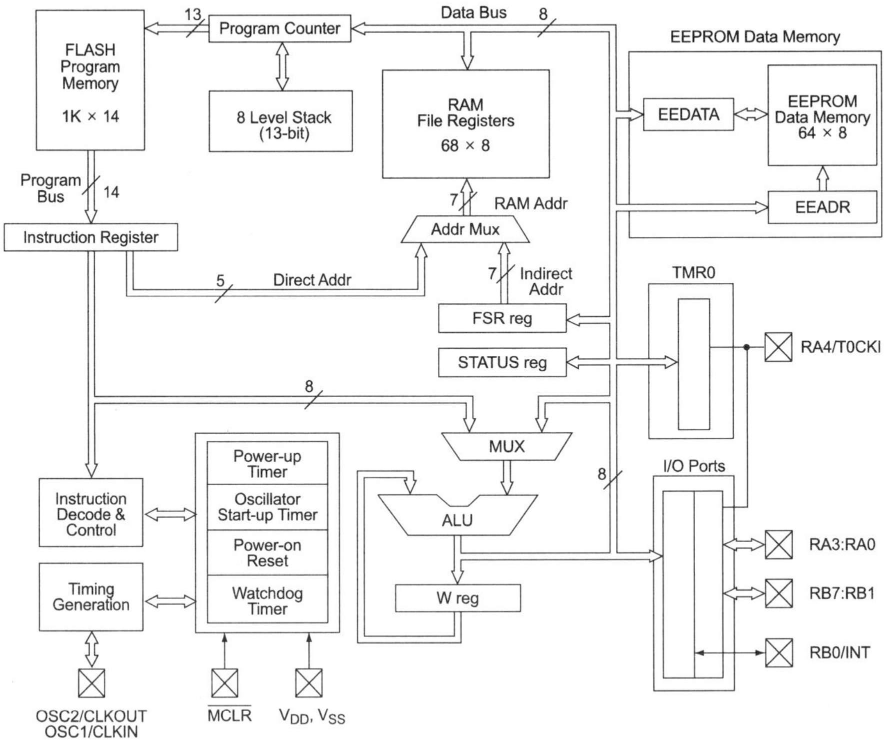

그림 1.3.2 PIC16F84A의 내부 구조

1.3.2 특징

PIC16F84A 칩의 주요 특징을 요약하면 다음과 같다.

(1) 고성능 RISC CPU

- Only 35 single word instructions

전체 명령어의 수가 35개뿐이며, 이들 모두는 하나의 워드로 표현된다.

- All instructions single cycle except for program branches

분기 명령어를 제외한 모든 명령어가 하나의 사이클에 수행된다. 분기 명령어의 경우에도 조건에 의하여 분기가 이루어질 경우에만 2사이클이 사용된다.

- Operating speed : DC-20[MHz] clock input, DC-200[ns] instruction cycle

클록 주파수 20[MHz]까지 동작하며, 하나의 사이클은 4개의 클록 펄스로 구성되므로 하나의 명령어는 200[ns]의 속도로 수행된다(분기 명령어 제외).

- 1024 words of Flash program memory

프로그램 메모리가 플래시 메모리 형태이며, 용량은 1024(1K) 워드이다.

- 68 bytes of data RAM

데이터 메모리가 68바이트 용량이며, 이들은 모두 8-비트 레지스터이다. PIC 계열에서는 이것을 레지스터 파일(file register)이라고 한다.

- 64 bytes of data EEPROM

데이터 메모리 영역이면서 전원이 제공되지 않더라도 정보를 잃어버리지 않는 64바이트 용량의 메모리이다. 정상적인 동작 중에 읽기/쓰기가 모두 가능하다. 이 영역은 68바이트 RAM 영역과 달리 직접 접근(direct addressing)이 불가능하고, 특수 기능 레지스터를 사용하여 간접적으로만 접근(indirect addressing)이 가능하다. 또한 코드 보호가 만들어지면(code protected) 프로그래머는 더 이상 이 메모리 영역에 접근할 수 없다.

- 14-bit wide instructions

모든 명령어의 길이는 14-비트이다. 따라서 명령어를 저장하는 1K 워드의 프로그램 메모리는 14-비트로 하나의 워드를 구성한다.

- 8-bit wide data path

데이터 버스의 폭은 8-비트, 즉 1바이트이다. 그래서 PIC16F84A는 8-비트 마이크로컨트롤러이다.

- 15 special function hardware registers

SRAM으로 된 15개의 특수 기능 레지스터가 있으며, 이들은 코어(core)와 주변장치(peripheral) 관련 레지스터로 나누어진다. 코어 관련 레지스터는 CPU에 의해 사용되는 레지스터이고, 주변장치 관련 레지스터는 내장된 주변장치 기능들에 의해 사용되는 레지스터이다.

- Eight-level deep hardware stack

프로그램 메모리와 데이터 메모리가 아닌 별도의 영역에 8-레벨의 13-비트 용량 스택을 가지고 있다. 이것은 실린더형과 같은 기능을 수행한다. 즉 프로그램 호출과 인터럽트 처리를 위하여 8개까지의 복귀주소를 푸시(push)할 수 있는데, 아홉 번째 푸시 동작이 요구되면 스택의 첫 번째 레벨에 덮어쓰기(overwrite) 동작을 수행한다.

- Direct, indirect, and relative addressing modes

주소지정 방식(addressing modes)으로 직접(direct), 간접(indirect) 그리고 상대(relative) 주소지정 방식이 있다.

- Four interrupt sources : external RB0/INT pin, TMR0 timer overflow, PORTB(7 : 4) interrupt on change, Data EEPROM write complete

4개의 인터럽트 발생원을 가지고 있다. RB0/INT는 외부에 마련된 인터럽트 요청 단자이다. 이것은 DIP 패키지의 제6번 핀이며, 이를 통하여 인터럽트를 요청할 수 있다. 타이머 오버플로는 내장된 하나의 타이머/카운터 레지스터 TMR0가 오버플로를 발생시키는 순간 CPU에게 인터럽트를 요청한다. 포트 B <7 : 4> 인터럽트는 포트 B의 8개 핀 중에서 상위의 4개 핀(RB4, RB5, RB6, RB7)에서 데이터 변화가 일어날 때 인터럽트를 요청한다. 마지막으로 데이터 EEPROM의 기록 동작이 완료되었을 때 인터럽트를 요청하는 데이터 EEPROM 기록 완료 인터럽트가 있다.

- 10,000 erase/write cycles Flash program memory

프로그램 메모리 영역은 10,000번 소거/기록을 반복할 수 있는 플래시 메모리이다.

- 10,000,000 erase/write cycles Flash program memory

데이터 EEPROM 메모리 영역은 1,000만 번 정도 소거/기록을 반복할 수 있다.

- **EEPROM data retention) 40 years**

데이터 EEPROM 메모리에 기록된 정보는 40년 이상 보존된다.

(2) 다양한 주변장치 기능 내장

- **13 I/O pins with individual direction control**

독립적으로 입력/출력 기능을 제어할 수 있는 13개의 I/O 핀을 가지고 있다. 이들은 5개 핀으로 구성되는 포트 A와 8개 핀으로 구성되는 포트 B로 나누어진다.

- **High current sink/source for direct LED drive : 25[mA] sink or source max. per pin**

직접 LED를 구동할 수 있을 정도의 큰 싱크/소스 전류를 제공한다. 핀당 최대 싱크 전류 및 소스 전류는 25[mA]이다.

- **TMR0 : 8-bit timer/counter with 8-bit programmable prescaler**

8-비트 타이머/카운터 TMR0가 내장되어 있으며, 이것은 프로그램이 가능한 8-비트 프리스케일러를 사용할 수 있다. 따라서 최대 64K(65536)까지 카운팅할 수 있다.

(3) 특수 기능

- **In-Circuit Serial Programming (ICSP) - via 2 pins**

PIC 계열 마이크로컨트롤러가 최종 응용 회로에 장착되어 있는 상태에서 직렬로 프로그램할 수 있도록 하는 기능이다. 이것은 클록 신호와 데이터를 위한 두 개의 선, 그리고 전원, 접지, 프로그래밍 전압을 위한 세 개의 선에 의해 이루어진다.

- **Power-on Reset (POR)**

전원 인가 후 정상적인 동작 조건이 충족될 때까지 장치를 리셋 상태에 있도록 하는 기능이다.

- **Power-up Timer (PWRT)**

POR로부터 다시 72[ms] 동안 더 지연시키는 기능이다. 그리고 이 PWRT

가 액티브일 동안 장치는 당연히 리셋 상태에 있다. 이것은 컨피규레이션 비트(configuration bit) $\overline{\text{PWRTE}}$에 의하여 사용 여부(enable/disable)를 결정할 수 있다.

- **Oscillator Start-up Timer (OST)**

PWRT에 의한 지연이 종료된 후 다시 1024개의 발진 사이클을 제공하는 기능이다. 즉, 수정발진기 혹은 공진기(resonator)가 안정화되기에 충분한 시간 지연을 제공하는 기능이다.

- **Watch Dog Timer (WDT)**

무한 루프 연산에 빠지는 등 CPU가 정해진 시간 동안 malfunction에 있을 경우 강제로 CPU를 리셋시키는 용도로 널리 사용되는 타이머이다. 즉 신뢰성 있는 동작을 수행하도록 하는 데 기여한다. 이것은 내부의 RC 발진기를 사용하므로 외부 발진기의 동작 여부와 무관하게 제 기능을 수행한다. 필요한 경우에는 컨피규레이션 비트 WDTE를 '0'으로 설정하여 WDT 기능을 사용하지 않도록(disable) 조정할 수 있다.

- **Power saving SLEEP mode**

전원 절약을 위한 SLEEP 모드 기능이다. SLEEP 모드에서는 발진기 구동이 정지되어 전력 소모가 크게 줄어든다. 하지만 I/O 포트는 SLEEP 모드 이전 상태를 유지한다.

- **Selectable oscillator options**

다음과 같은 4개의 서로 다른 발진기 모드 중에서 선택할 수 있는 기능이다.

① LP(Low Power Crystal)
② XT(Crystal Resonater)
③ HS(High Speed Crystal/Resonater)
④ RC(Resistor/Capacitor)

(4) CMOS Flash/EEPROM 기법

- **Low power, high-speed technology**

  저전력, 고속의 특징이 있다.

- **Wide operating voltage range : 2[V]~6[V]**

  동작하는 전압의 범위가 2[V] ~ 6[V]로 넓다.

- **Low power consumption**

  다음의 전류 크기에서 알 수 있듯이 전력소모가 적다.

  ① 5[V], 4[MHz]에서 2[mA] 이하
  ② 2[V], 32[kHz]에서 15[μA] 정도
  ③ 2[V]에서 1[μA] 이하의 스탠바이(stanby) 전류

1.3.3 핀의 배열과 그 기능

PIC16F84A는 18핀 혹은 20핀 구조이며, 이들 핀 배열은 그림 1.3.3과 같다.

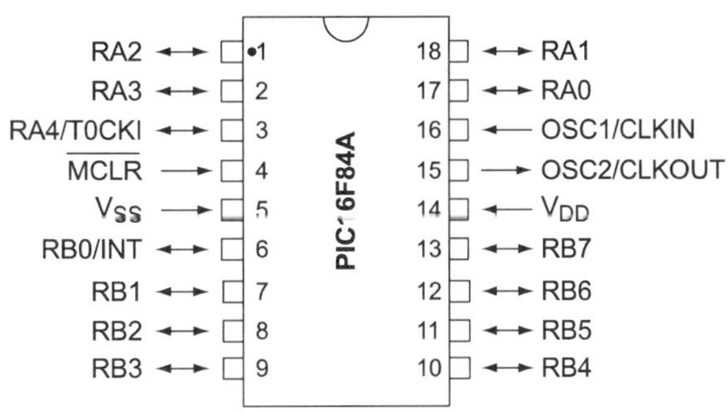

그림 1.3.3 PIC16F84A의 핀 배열

그림 1.3.3에서 알 수 있듯이 PIC16F84A는 다른 칩들과 달리 전원 공급 단자(V_{DD}, V_{SS})가 칩의 가운데에 위치하고 있다. 이것은 내부 인덕턴스를 최소화시키기 위한 배치이며, 이를 통하여 고속 스위칭 시의 노이즈 감소 효과도 얻을 수 있다.

전체 18개의 핀 중에서 전원 및 발진기용의 4단자와 리셋용의 1단자를 제외한 13개 모두가 I/O 단자로 제공된다. 이들 핀의 기능을 요약하면 다음과 같다.

(1) V_{DD}와 V_{SS}

전원을 공급하기 위한 핀으로, V_{DD}에는 +5[V], V_{SS}에는 0[V]를 연결한다.

(2) OSC1/CLKIN

두 가지의 용도로 사용될 수 있다. 먼저 OSC1은 OSC2와 함께 수정발진기를 접속하거나 외부의 RC 발진기를 연결하는 용도로 사용된다. 그리고 CLKIN은 외부에서 클록 소스를 공급할 때 입력 단자의 기능을 가진다.

(3) OSC2/CLKOUT

위와 마찬가지로 두 가지의 용도로 사용될 수 있으며, OSC2는 OSC1과 함께 수정발진기를 접속할 때 사용되고, CLKOUT은 PIC16F84A의 내부 발진 주파수(Fosc)의 1/4 주파수 신호를 출력하는 기능을 담당한다.

(4) $\overline{\text{MCLR}}$

마스터 클리어(master clear), 즉 리셋(reset)을 입력하기 위한 단자로, 액티브 “L”이다. 이것은 프로그래밍을 위한 전압 공급 단자로도 사용된다.

(5) RA0~RA4

PIC16F84A가 제공하는 I/O포트는 모두 13개의 핀으로 제공된다. 그리고 이들은 다시 포트 A (port A), 포트 B (port B)라는 두 개의 그룹으로 나누어지는데, RA0 ~ RA4는 포트 A를 구성하는 5개의 I/O 핀이다. 이들은 모두 양방향 I/O 포트(bidirectional I/O port)이다.

(6) RA4/T0CKI

포트 A의 제5번 핀인 RA4 핀은 I/O 포트 기능과 함께 PIC16F84A에 내장된 유일한 타이머/카운터 레지스터인 TMR0의 클록 입력(clock input) 단자로 사용될 수 있다. 이 핀은 포트 A의 나머지 핀들이 TTL형의 버퍼를 가지는 것과는 달리 슈미트 트리거(Schmitt trigger) 입력 형태이다.

|표 1.3.1|
PIC16F84의 핀 기능 요약

Pin Name	DIP No.	SOIC No.	I/O/P Type	Buffer Type	Description
OSC1 /CLKIN	16	16	I	ST/CMOS(3)	Oscillator crystal input/external clock source input.
OSC2 /CLKOUT	15	15	O	–	Oscillator crystal output. Connects to crystal or resonator in crystal oscillator mode. In RC mode, OSC2 pin outputs CLKOUT which has 1/4 the frequency of OSC1, and denotes the instruction cycle rate.
$\overline{\text{MCLR}}$	4	4	I/P	ST	Master clear (reset) input/programming voltage input. This pin is an active low reset to the device.
RA0	17	17	I/O	TTL	PORTA is a bi-directional I/O port.
RA1	18	18	I/O	TTL	
RA2	1	1	I/O	TTL	
RA3	2	2	I/O	TTL	
RA4/T0CKI	3	3	I/O	ST	Can also be selected to be the clock input to the TMR0 timer/counter. Output is open drain type.
					PORTB is a bi-directional I/O port. PORTB can be software programmed for internal weak pull-up on all inputs.
RB0/INT	6	6	I/O	TTL/ST(1)	RB0/INT can also be selected as an external interrupt pin.
RB1	7	7	I/O	TTL	
RB2	8	8	I/O	TTL	
RB3	9	9	I/O	TTL	
RB4	10	10	I/O	TTL	Interrupt on change pin.
RB5	11	11	I/O	TTL	Interrupt on change pin.
RB6	12	12	I/O	TTL/ST(2)	Interrupt on change pin. Serial programming clock.
RB7	13	13	I/O	TTL/ST(2)	Interrupt on change pin. Serial programming data.
V_{SS}	5	5	P	–	Ground reference for logic and I/O pins.
V_{DD}	14	14	P	–	Positive supply for logic and I/O pins.

Legend: I = input　O = output　I/O = Input/Output　P = power
– = Not used　TTL = TTL input　ST = Schmitt Trigger input

Note 1: This buffer is a Schmitt Trigger input when configured as the external interrupt.
2: This buffer is a Schmitt Trigger input when used in serial programming mode.
3: This buffer is a Schmitt Trigger input when configured in RC oscillator mode and a CMOS input otherwise.

(7) RB0~RB7

PIC16F84A의 포트 B를 구성하는 8개의 양방향 I/O 포트 핀이다. 포트 B는 포트 A와는 달리 소프트웨어에 의하여 풀업(pull-up)을 걸어줄 수 있다. 또한 포트 B의 상위 4비트(RB4~RB7)는 하나 이상의 핀에서 변화가 일어나면 인터럽트가 요청되도록 되어 있다. 그리고 포트 B의 RB6과 RB7은 ICSP (In-Circuit Serial Programming)의 클록 및 데이터 전송 단자로도 사용된다.

(8) RB0/INT

포트 B의 제1번 핀인 RB0 핀은 I/O 포트 기능과 함께 외부에서 인터럽트를 요청하는 기능으로 사용될 수 있다. 즉, 이 핀은 외부 인터럽트 요청선으로도 사용된다.

1.3.4 메모리 구조

PIC16F84A에는 프로그램 메모리와 데이터 메모리라는 두 개의 메모리 블록이 있다. 각각의 메모리 블록은 자신의 버스를 가지고 있으므로, 동일한 사이클 동안에 각각의 메모리 블록에 접근할 수 있다.

데이터 메모리는 다시 범용 레지스터(GPR) 영역과 특수 기능 레지스터(SFR) 영역으로 구분된다. 그리고 데이터 메모리에는 간접 사상(indirect mapping)만이 가능한 데이터 EEPROM 메모리 영역이 있다. 이것은 64바이트(00~3FH) 용량으로, 특수 기능 레지스터에 의하여 간접 주소지정 방식으로만 접근이 가능하다.

(1) 프로그램 메모리

PIC16Fxx에는 8k×14 프로그램 메모리 영역에 접근 가능한 13-비트 용량의 프로그램 카운터(program counter)가 있지만, PIC16F84A는 1k×14(0 ~ 3FFH)의 메모리만 가지고 있다. 프로그램 메모리의 물리적인 구성은 그림 1.3.4와 같다.

그림 1.3.4에서 알 수 있듯이 사용자가 사용할 수 있는 물리적인 메모리 영역은 단지 1k×14이고, 나머지(400H~1FFFH)는 논리적인 주소 영역만 사용할 수 있다. 따라서 400H 이상의 주소는 0 ~ 3FFH 영역으로 매핑되어 접근된다(wraparound 구조). 예를 들면, 주소 420H, 820H, 0C20H, 1020H, 1420H,

1820H, 1C20H는 모두 20H 주소로 접근된다.

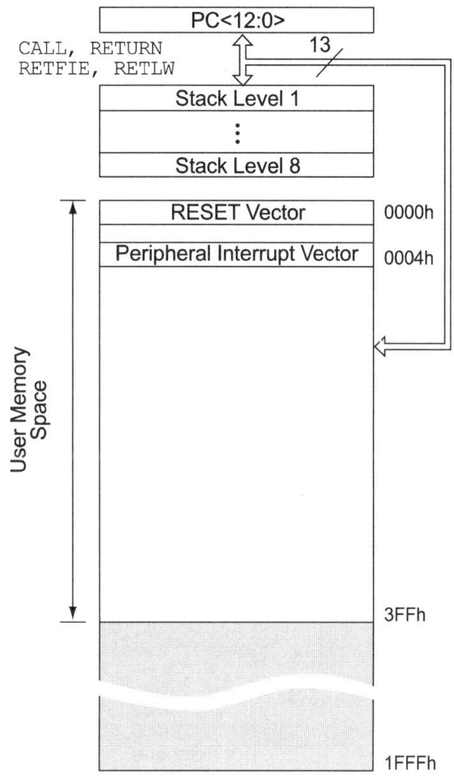

▌그림 1.3.4 PIC16F84A의 프로그램 메모리와 스택

(2) 데이터 메모리 I (레지스터 파일)

데이터 메모리는 범용 레지스터(GPR) 영역과 특수 기능 레지스터(SFR) 영역으로 나누어지는 레지스터 파일과 데이터 EEPROM으로 구분되는데, 여기서는 레지스터 파일 영역을 살펴본다.

레지스터 파일은 8-비트 용량 두 개의 뱅크(뱅크 0과 뱅크 1)로 구분되고, 뱅크의 지정은 특수 기능 레지스터의 하나인 STATUS 레지스터의 RP0 비트에 의해 이루어진다.

레지스터 파일의 맵 구성은 그림 1.3.5와 같다. 즉, 주소 영역은 0 ~ 0FFH까지이지만 PIC16F84A에 실장된 물리적인 메모리 공간은 0 ~ 4FH와 80H ~ 0CFH이다. 이외의 주소 영역(그림에서 음영으로 표시된 영역)은 리드 시

"0"이 리드되므로 사용에 주의가 필요하다. 또한 8CH~0CFH의 뱅크 1의 범용 레지스터 영역은 0CH ~ 4FH의 뱅크 0 영역으로 매핑된다. 따라서 실제로 사용 가능한 범용 레지스터는 68개뿐이다. 예를 들어서, 0BH와 8BH는 동일한 범용 레지스터이다.

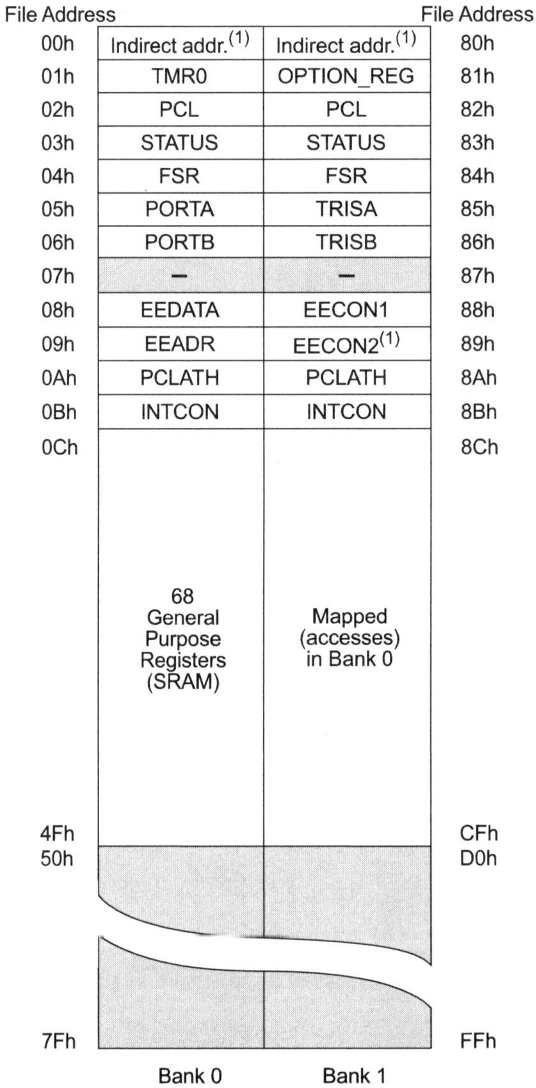

☐ Unimplemented data memory location, read as '0'.

Note 1: Not a physical register.

▮ 그림 1.3.5 레지스터 파일의 구성

레지스터 파일의 0~0BH 및 80H~8BH에 위치한 특수 기능 레지스터는 CPU와 각종 주변장치를 제어하는 용도로 사용되며, 주요 기능을 요약하면 다음의 표 1.3.2와 같다.

|표 1.3.2|
특수 기능 레지스터 요약

Addr	Name	Bit 7	Bit 6	Bit 5	Bit 4	Bit 3	Bit 2	Bit 1	Bit 0	Value on Power-on RESET
Bank 0										
00h	INDF	Uses contents of FSR to address Data Memory (not a physical register)								---- ----
01h	TMR0	8-bit Real-Time Clock/Counter								xxxx xxxx
02h	PCL	Low Order 8 bits of the Program Counter (PC)								0000 0000
03h	STATUS[2]	IRP	RP1	RP0	$\overline{TO}$	$\overline{PD}$	Z	DC	C	0001 1xxx
04h	FSR	Indirect Data Memory Address Pointer 0								xxxx xxxx
05h	PORTA[4]	–	–	–	RA4 /T0CKI	RA3	RA2	RA1	RA0	---x xxxx
06h	PORTB[6]	RB7	RB6	RB5	RB4	RB3	RB2	RB1	RB0/INT	xxxx xxxx
07h	–	Unimplemented location, read as '0'								–
08h	EEDATA	EEPROM Data Register								xxxx xxxx
09h	EEADR	EEPROM Address Register								xxxx xxxx
0Ah	PCLATH	–	–	–	Write Buffer for upper 5 bits of the PC[1]					---0 0000
0Bh	INTCON	GIE	EEI	T0IE	INTE	RBI	T0IF	INT	RBIF	0000 000x
Bank 1										
80h	INDF	Uses Contents of FSR to address Data Memory (not a physical register)								---- ----
81h	OPTION_REG	$\overline{RBPU}$	INTEDG	T0C	T0SE	PSA	PS2	PS1	PS0	1111 1111
82h	PCL	Low order 8 bits of Program Counter (PC)								0000 0000
83h	STATUS[2]	IRP	RP1	RP0	$\overline{TO}$	$\overline{PD}$	Z	DC	C	0001 1xxx
84h	FSR	Indirect data memory address pointer 0								xxxx xxxx
85h	TRISA	–	–	–	PORTA Data Direction Register					---1 1111
86h	TRISB	PORTB Data Direction Register								1111 1111
87h	–	Unimplemented location, read as '0'								–
88h	EECON1	–	–	–	EEIF	WRERR	WREN	WR	RD	---0 x000
89h	EECON2	EEPROM Control Register 2 (not a physical register)								---- ----
0Ah	PCLATH	–	–	–	Write buffer for upper 5 bits of the PC(1)					---0 0000
0Bh	INTCON	GIE	EEI	T0IE	INTE	RBIE	T0IF	INT	RBIF	0000 000x

Legend: x = unknown, u = unchanged, – = unimplemented, read as '0', q = value depends on condition

Note 1: The upper byte of the program counter is not directly accessible. PCLATH is a slave register for PC<12:8>. The contents of PCLATH can be transferred to the upper byte of the program counter, but the contents of PC<12:8> are never transferred to PCLATH.

2: The $\overline{TO}$ and $\overline{PD}$ status bits in the STATUS register are not affected by a $\overline{MCLR}$ Reset.

3: Other (non power-up) RESETS include: external RESET through $\overline{MCLR}$ and the Watchdog Timer Reset.

4: On any device RESET, these pins are configured as inputs.

5: This is the value that will be in the port output latch.

특수 기능 레지스터는 코어 관련 레지스터와 주변장치 관련 레지스터로 구분할 수 있으며, 여기서는 코어 관련 특수 기능 레지스터만 살펴본다(주변장치 관련 특수 기능 레지스터는 각 주변장치 부분에서 자세히 설명된다).

● **STATUS 레지스터**

STATUS 레지스터는 ALU의 산술 연산 상태 정보, RESET 상태 정보, 그리고 데이터 메모리의 뱅크 선택 정보를 제공한다.

8-비트 STATUS 레지스터의 구성은 그림 1.3.6과 같다.

R/W-0	R/W-0	R/W-0	R-1	R-1	R/W-x	R/W-x	R/W-x
IRP	RP1	RP0	$\overline{TO}$	$\overline{PD}$	Z	DC	C

bit 7 ... bit 0

bit 7-6 Unimplemented: Maintain as '0'

bit 5 RP0: Register Bank Select bits (used for direct addressing)
- 01 = Bank 1 (80h -FFh)
- 00 = Bank 0 (00h -7Fh)

bit 4 $\overline{TO}$: Time-out bit
- 1 = After power-up, CLRWDT instruction, or SLEEP instruction
- 0 = A WDT time-out occurred

bit 3 $\overline{PD}$: Power-down bit
- 1 = After power-up or by the CLRWDT instruction
- 0 = By execution of the SLEEP instruction

bit 2 Z: Zero bit
- 1 = The result of an arithmetic or logic operation is zero
- 0 = The result of an arithmetic or logic operation is not zero

bit 1 DC: Digit carry/$\overline{borrow}$ bit (ADDWF, ADDLW, SUBLW, SUBWF instructions) (for $\overline{borrow}$, the polarity is reversed)
- 1 = A carry-out from the 4th low order bit of the result occurred
- 0 = No carry-out from the 4th low order bit of the result

bit 0 C: Carry/$\overline{borrow}$ bit (ADDWF, ADDLW, SUBLW, SUBWF instructions) (for $\overline{borrow}$, the polarity is reversed)
- 1 = A carry-out from the Most Significant bit of the result occurred
- 0 = No carry-out from the Most Significant bit of the result occurred

Note: A subtraction is executed by adding the two's complement of the second operand For rotate (RRF, RLF)instructions, this bit is loaded with either the high or low order bit of the source register.

Legend:			
R = Readable bit	W = Writable bit	U = Unimplemented bit, read as '0'	
-n = Value at POR	'1' = Bit is set	'0' = Bit is cleared	x = Bit is unknown

그림 1.3.6 STATUS 레지스터 (주소 : 03H, 83H)

STATUS 레지스터는 명령어에서 목적지 오퍼랜드로도 사용될 수 있으나 하위의 다섯 개 비트들에는 영향을 주지 못한다. 즉, $\overline{TO}$와 $\overline{PD}$는 쓰기가 금

지된 비트이고, Z, DC, C 비트는 장치 논리에 의해 자동적으로 갱신되므로 쓰기 명령이 허락되지 않는다. 예를 들어서 "CLRF STATUS" 명령은 STATUS 레지스터 상위 세 비트를 "0"으로 만들고, Z 비트는 "1"로 셋시킨다. 즉 CLRF STATUS에 의하여 STATUS는 "000∪∪1∪∪(∪ : 변화없음)"가 된다.

STATUS 레지스터의 최상위에 위치한 두 비트는 PIC16F84A에서는 사용되지 않는다. 이들은 다음과 같이 뱅크 선택 기능을 가지고 있다.

① IRP는 간접 주소지정에서 페이지 선택을 위한 비트이다(음영으로 처리된 부분만 사용).

IRP	선택된 페이지
0	뱅크 0,1 (0~0FFH)
1	뱅크 2,3 (100H~1FFH)

② RP1 및 RP0는 직접 주소지정에서 뱅크 선택을 위한 비트이다(음영으로 처리된 부분만 사용).

RP1	RP0	선택된 뱅크
0	0	뱅크 0 (0~7FH)
0	1	뱅크 1 (80H~0FFH)
1	0	뱅크 2 (100H~17FH)
1	1	뱅크 3 (180H~1FFH)

● **OPTION 레지스터**

읽기 및 쓰기 동작이 가능한 레지스터로, 주로 타이머/카운터에 관한 것들을 설정하는 데 사용된다. OPTION 레지스터의 주요 구성은 그림 1.3.7과 같다.

① PS2, PS1, PS0는 프리스케일러의 분주비를 설정하는 데 사용된다. TMR0와 WDT를 위한 분주비는 그림 1.3.7에서 알 수 있듯이 서로 다르다.

② PSA는 프리스케일러를 할당하는 비트이다. 즉, 하위 세 비트에 의하

R/W-1	R/W-1	R/W-1	R/W-1	R/W-1	R/W-1	R/W-1	R/W-1
RBPU	INTEDG	T0CS	T0SE	PSA	PS2	PS1	PS0
bit 7							bit 0

bit 7 $\overline{\text{RBPU}}$: PORTB Pull-up Enable bit
1 = PORTB pull-ups are disabled
0 = PORTB pull-ups are enabled by individual port latch values

bit 6 INTEDG: Interrupt Edge Select bit
1 = Interrupt on rising edge of RB0/INT pin
0 = Interrupt on falling edge of RB0/INT pin

bit 5 T0CS: TMR0 Clock Source Select bit
1 = Transition on RA4/T0CKI pin
0 = Internal instruction cycle clock (CLKOUT)

bit 4 T0SE: TMR0 Source Edge Select bit
1 = Increment on high-to-low transition on RA4/T0CKI pin
0 = Increment on low-to-high transition on RA4/T0CKI pin

bit 3 PSA: Prescaler Assignment bit
1 = Prescaler is assigned to the WDT
0 = Prescaler is assigned to the Timer0 module

bit 2-0 PS2:PS0: Prescaler Rate Select bits

Bit Value	TMR0 Rate	WDT Rate
000	1 : 2	1 : 1
001	1 : 4	1 : 2
010	1 : 8	1 : 4
011	1: 16	1 : 8
100	1 : 32	1 : 16
101	1 : 64	1 : 32
110	1 : 128	1 : 64
111	1 : 256	1 : 128

Legend:			
R = Readable bit	W = Writable bit	U = Unimplemented bit, read as '0'	
-n = Value at POR	'1' = Bit is set	'0' = Bit is cleared	x = Bit is unknown

그림 1.3.7 OPTION 레지스터 (주소 : 81H)

여 결정된 분주비를 가지고, TMR0에 할당할 것인지 아니면 WDT에 할당할 것인지를 결정한다. 만약 프리스케일러가 WDT에 할당되면 TMR0는 1 : 1로 프리스케일링된다.

③ T0SE는 타이머 0의 클록 소스가 RA4/T0CKI의 핀으로 설정되어 있는 카운터의 용도로 사용될 때, 유효 에지(effective transition edge)를 선택하는 비트이다. 즉, "1"이면 하강 에지에서, "0"이면 상승 에지에서 카운팅된다.

④ T0CS는 타이머 0의 클록소스를 RA4/T0CKI의 핀으로 들어오는 외부 신호를 선택할 것인지를 결정하는 비트이다. 즉, TMR0을 카운터로 사용할 것인지, 타이머로 사용할 것인지를 결정하는 비트이다.

⑤ INTEDG는 인터럽트와 관련 있는 비트로, RB0/INT의 핀으로 들어오

는 외부 인터럽트를 상승 에지(1)에서 요청할 것인지, 하강 에지(0)에서 요청할 것인지를 결정한다.

⑥ $\overline{\text{RBPU}}$는 입출력 포트 B(PORT B)의 내부 풀업 저항을 enable(0)시킬 것인지, disable(1)시킬 것인지를 결정하는 비트이다.

● **INTCON 레지스터**

읽기 및 쓰기 동작이 가능한 레지스터로, 인터럽트를 제어하는 용도로 사용된다. INTCON 레지스터의 주요 구성은 그림 1.3.8과 같다.

① RBIF는 포트 B(RB)의 상위 네 핀(RB7 : RB4)의 어느 한 핀이라도 상태가 바뀌면 인터럽트를 요청하는 플래그이다.

② INTF는 외부 인터럽트인 RB0/INT 핀으로 들어오는 인터럽트를 요청

R/W-0	R/W-0	R/W-0	R/W-0	R/W-0	R/W-0	R/W-0	R/W-x
GIE	EEIE	T0IE	INTE	RBIE	T0IF	INTF	RBIF
bit 7							bit 0

bit 7 GIE: Global Interrupt Enable bit
1 = Enables all unmasked interrupts
0 = Disables all interrupts

bit 6 EEIE: EE Write Complete Interrupt Enable bit
1 = Enables the EE Write Complete interrupts
0 = Disables the EE Write Complete interrupt

bit 5 T0IE: TMR0 Overflow Interrupt Enable bit
1 = Enables the TMR0 interrupt
0 = Disables the TMR0 interrupt

bit 4 INTE: RB0/INT External Interrupt Enable bit
1 = Enables the RB0/INT external interrupt
0 = Disables the RB0/INT external interrupt

bit 3 RBIE: RB Port Change interrupt Enable bit
1 = Enables the RB port change interrupt
0 = Disables the RB port change interrupt

bit 2 T0IF: TMR0 Overflow interrupt Flag bit
1 = TMR0 register has overflowed (must be cleared in software)
0 = TMR0 register did not overflow

bit 1 INTF: RB0/INT External interrupt Flag bit
1 = The RB0/INT external interrupt occurred (must be cleared in software)
0 = The RB0/INT external interrupt did not occur

bit 0 RBIF: RB Port Change interrupt Flag bit
1 = At least one of the RB7:RB4 pins changed state (must be cleared in software)
0 = None of the RB7:RB4 pins have changed state

Legend:			
R = Readable bit	W = Writable bit	U = Unimplemented bit, read as '0'	
-n = Value at POR	'1' = Bit is set	'0' = Bit is cleared	x = Bit is unknown

그림 1.3.8 INTCON 레지스터 (주소 : 0BH, 8BH)

하는 플래그이다.

③ T0IF는 TMR0가 오버플로우를 일으킬 때 타이머 인터럽트를 요청하는 플래그이다.

④ RBIE는 포트 B의 상위 네 핀의 변화에 대한 인터럽트 요청을 허가할 것인지의 여부를 결정하는 비트이다. 즉, RBIF에 의하여 해당 인터럽트가 요청되더라도 이를 감지하여 처리할 것인지의 여부는 RBIE 비트에 의하여 결정된다.

⑤ INTE는 RB0/INT 핀으로 요청되는 외부 인터럽트를 허가할 것인지의 여부를 결정하는 비트이다. 즉, INTF가 "1"로 셋되어 있더라도 INTE의 값이 "0"이면 외부 인터럽트는 처리되지 않는다.

⑥ T0IE는 타이머 인터럽트(TMR0 오버플로우 시 발생)의 허가 여부를 결정하는 비트이다. 즉, 이 비트가 "1"로 설정되어 있어야만 T0IF 플래그에 의하여 타이머 인터럽트가 허용된다.

⑦ EEIE는 EEPROM의 기록 완료에 따른 인터럽트 요청의 허가 여부를 결정하는 비트이다. 즉, 이 비트가 "0"이면 EEPROM의 기록 동작이 완료되어 인터럽트가 요청되더라도 CPU는 이를 무시한다.

⑧ GIE는 전체 인터럽트 요청의 허가 여부를 결정하는 비트로, 이 값이 "0"이면 모든 인터럽트의 요청에 대한 서비스가 허가되지 않는다. 따라서 어느 하나의 인터럽트라도 사용할 예정이면 이 값은 "1"이어야 한다.

● PCL 레지스터와 PCLATH 레지스터

PC(Program Counter)는 다음에 수행할 명령어의 주소를 저장하고 있는 프로그램 카운터이다. PIC16F84A의 PC는 13개의 비트로 구성되어 있으며, 최대 8[kB]의 메모리 접근이 가능하다. PCL은 프로그램 카운터의 하위 8 비트, 즉 PC<7 : 0> 비트를 의미한다. <12 : 8>은 직접 읽어 내거나 기록할 수 없으며, PCH라고도 부른다. 이곳의 정보는 모두 PCLATH라는 특수 기능 레지스터를 이용하여 갱신시킬 수 있다. 즉, PCLATH는 PCH와 연결되어 PCH의 값을 읽어내거나 변경하고 싶을 때 사용되는 레지스터이다.

● INDF 레지스터와 FSR 레지스터

INDF 레지스터는 물리적인 레지스터가 아니며, 간접 주소지정 방식에서 사용된다. 즉, INDF 레지스터를 사용하는 명령은 항상 FSR에 저장된 주소의 데이터로 접근하게 된다.

(3) 데이터 메모리 II (데이터 EEPROM)

PIC16F84A는 64바이트 용량의 데이터 EEPROM을 가지고 있으며, 이것은 0H~3FH의 주소를 가진다. 데이터 EEPROM 메모리는 정상동작 중에 읽기/쓰기가 가능하다. 레지스터 파일 영역으로 직접 매핑할 수는 없으며, 대신에 특수기능레지스터를 사용하여 간접적으로 접근할 수 있다. 여기에 사용되는 특수기능레지스터는 4개가 있다.

|표 1.3.3| 데이터 EEPROM 메모리와 관련 있는 레지스터

Address	Name	Bit 7	Bit 6	Bit 5	Bit 4	Bit 3	Bit 2	Bit 1	Bit 0	Value on Power-on Reset	Value on all other RESETS
08h	EEDATA	EEPROM Data Register								xxxx xxxx	uuuu uuuu
09h	EEADR	EEPROM Address Register								xxxx xxxx	uuuu uuuu
88h	EECON1	–	–	–	EEI	WRERR	WREN	WR	RD	--- 0 x000	--- 0 q000
89h	EECON2	EEPROM Control Register 2								---- ----	---- ----

Legend: x = unknown, u = unchanged, – = unimplemented, read as '0',
q = value depends upon condition.

- **EEDATA**

EEDATA는 읽기/쓰기를 위한 8-비트 데이터를 보관하는 레지스터이다. 즉, 일종의 메모리 버퍼 레지스터(MBR, Memory Buffer Register)이다.

- **EEADR**

데이터 EEPROM 메모리의 주소를 보관하는 레지스터, 즉 MAR(Memory Address Register)이다.

- **EECON1**

데이터 EEPORM 메모리를 제어하는 데 사용되는 레지스터로, 각 비트의 기능은 그림 1.3.9와 같다.

U-0	U-0	U-0	R/W-0	R/W-x	R/W-0	R/S-0	R/S-0
—	—	—	EEIF	WRERR	WREN	WR	RD
bit 7							bit 0

bit 7-5 Unimplemented: Read as '0'

bit 4 EEIF: EEPROM Write Operation Interrupt Flag bit
1 = The write operation completed (must be cleared in software)
0 = The write operation is not complete or has not been started

bit 3 WRERR: EEPROM Error Flag bit
1 = A write operation is prematurely terminated
(any $\overline{MCLR}$ Reset or any WDT Reset during normal operation)
0 = The write operation completed

bit 2 WREN: EEPROM Write Enable bit
1 = Allows write cycles
0 = Inhibits write to the EEPROM

bit 1 WR: Write Control bit
1 = Initiates a write cycle. The bit si cleared by hardware once write is complete. The WR bit can only be set (not cleared) in software.
0 = Write cycle to the EEPROM is complete

bit 0 RD: Read Control bit
1 = Initiates an EEPROM read RD is cleared in hardware. The RD bit can only be set (not cleared) in software.
0 = Does not initlate an EEPROM read

Legend:			
R = Readable bit	W = Writable bit	U = Unimplemented bit, read as '0'	
-n = Value at POR	'1' = Bit is set	'0' = Bit is cleared	x = Bit is unknown

그림 1.3.9 EECON1 레지스터 (주소 : 88H)

① RD는 데이터 EEPROM 메모리의 내용을 읽기 위하여 "1"로 셋되어야 하며, "0"으로의 리셋은 하드웨어적으로만 가능하다. 데이터 EEPORM 메모리로부터 데이터를 읽기 위하여 사용자는 EEADR 레지스터에 주소를 지정한 후, RD 비트를 "1"로 셋시킨다. 그러면 그 다음 사이클에 EEDATA 레지스터에 유효한 정보가 적재되므로 이를 읽어 들이면 된다.

② WR은 데이터 EEPROM 메모리에 정보를 기록할 때 사용되는 제어 비트로, 기록 동작을 위하여 소프트웨어적으로 셋시켜야 하며 "0"으로의 리셋은 하드웨이적으로만 가능하다. 즉, 쓰기 동작이 완료되면 이 제어 비트는 자동으로 리셋된다. 데이터 EEPROM 메모리 쓰기 동작은 EEADR 레지스터에 원하는 주소를 지정하고, EEDATA 레지스터에 정보를 저장함으로써 이루어질 수 있다. 더욱이 데이터 EEPROM 메모리의 쓰기 동작은 기록할 정보의 각 바이트마다 다음의 특별 동작이 선행되어야 한다.

ⓐ EECON2 레지스터에 55H 저장
ⓑ EECON2 레지스터에 0AAH 저장
ⓒ WR 비트 셋

그리고 이러한 선행 동작이 진행될 동안에는 모든 인터럽트를 요청 불능 상태로 설정하는 것이 바람직하다.

③ WREN은 데이터 EEPROM 메모리의 쓰기 동작을 가능하게 하는 비트로 WR과 비슷한 기능이다. 이것은 어떤 오류 동작에 의하여 데이터 EEPROM에 쓰기 동작이 일어나는 것을 방지한다. 즉, WR은 WREN 비트가 셋되지 않는 한 결코 셋되지 않는다. WR과 달리 WREN은 하드웨어적으로 리셋되지 않으며, 데이터 EEPROM에서 업데이터 동작이 진행중이지 않는 한 항상 리셋 상태를 유지해야 한다.

④ WRERR은 데이터 EEPROM 메모리의 쓰기 동작에서 오류가 있었는지의 정보를 제공한다. 즉, 이 비트가 셋되었다면 쓰기 동작이 정상적으로 완료되지 않았음을 나타낸다.

⑤ EEIF는 데이터 EEPORM 쓰기 동작 인터럽트 플래그 비트이다. 즉, 이 비트가 셋되었으면 쓰기 동작이 완료되었음을 의미하고, 리셋 상태이면 쓰기 동작이 진행중이거나 아직 시작하지 않았음을 의미한다. 이 비트는 소프트웨어적으로 리셋된다.

1.3.5 I/O 포트

PIC16F84A는 13개의 I/O 핀들을 가지고 있으며, 이들은 5개의 핀으로 구성되는 포트 A(PORTA)와 8개의 핀으로 구성되는 포트 B(PORTB)로 구분된다. 특히, 몇 개의 핀은 일반적인 I/O 기능 이외의 기능으로도 사용되도록 다중화되어 있다.

(1) 포트 A (PORTA)

포트 A는 5개의 I/O 핀을 가진 양방향성 포트로 그 구조는 그림 1.3.10과 같다.

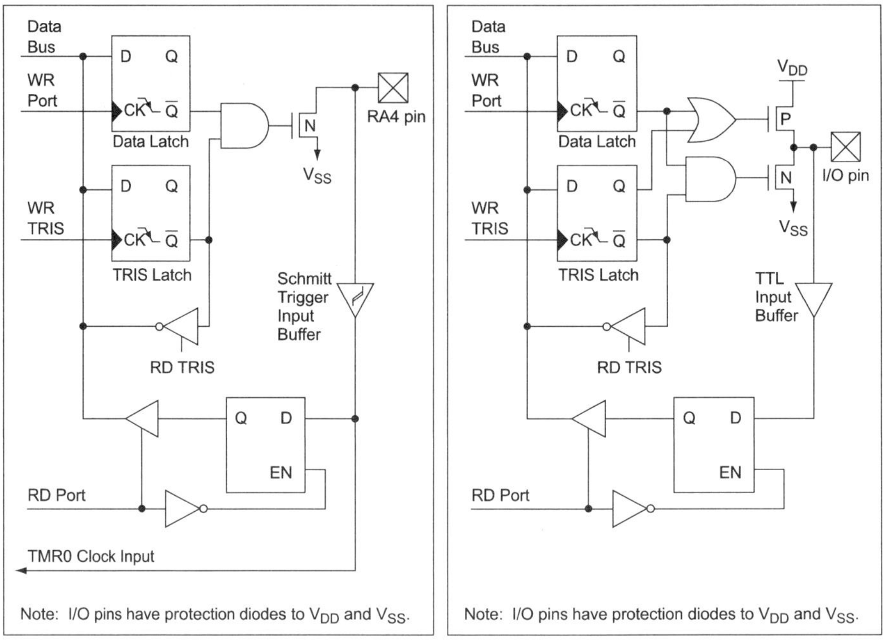

(a) RA4 (b) RA3:RA0

그림 1.3.10 포트 A의 핀 구조

|표 1.3.4|
포트 A의 기능

Name	Bit 0	Buffer Type	Function
RA0	bit 0	TTL	Input/Output
RA1	bit 1	TTL	Input/Output
RA2	bit 2	TTL	Input/Output
RA3	bit 3	TTL	Input/Output
RA4/T0CKI	bit 4	ST	Input/Output or extemal clock input for TMR0. Output is open drain type

Legend : TTL=TTL input, ST=Schmitt Trigger input

포트 A의 각 핀은 RA0, RA1, RA2, RA3, RA4로 명명되어 있으며, RA4는 I/O 포트의 기능과 함께 타이머 0(Timer 0)의 클록 입력 기능(T0CKI)을 가지고 있다. 따라서 RA4는 나머지 RA3 : RA0와는 다른 구조이다.

따라서 RA3 : RA0는 TTL 입력 버퍼를 가지는 반면에 RA4는 바운싱을 제거할 수 있는 슈미트 트리거 입력 버퍼를 가진다. 포트 A의 각 핀의 기능을 요약하면 표 1.3.5와 같다.

|표 1.3.5| 포트 A 관련 레지스터

Address	Name	Bit 7	Bit 6	Bit 5	Bit 4	Bit 3	Bit 2	Bit 1	Bit 0	Value on Power-on Reset	Value on all other Resets
05h	PORTA	–	–	–	RA4 /T0CKI	RA3	RA2	RA1	RA0	---x xxxx	--- u uuuu
85h	TRISA	–	–	–	TRISA4	TRISA3	TRISA2	TRISA1	TRISA0	---1 1111	--- 1 1111

Legend: x = unknown, u = unchanged, – = unimplemented, read as '0'.

포트 A를 제어하는 레지스터로는 버퍼 기능의 PORTA 레지스터와 포트 A의 각 핀의 동작(입력/출력)을 설정하는 TRISA 레지스터가 있다. 즉, TRISA 레지스터는 PORTA 레지스터와 동일한 비트 수를 가지며, 1 : 1로 대응되어 있다. 만약 TRISA 레지스터의 특정 비트가 "1"이면 대응되는 포트의 핀은 입력(input)으로, "0"이면 출력(output)으로 설정된다.

포트 A와 관련 있는 레지스터들을 정리하면 표 1.3.5와 같다.

PORTA 레지스터 읽기 동작은 I/O 포트 핀들의 상태 정보를 읽는 것이고, 쓰기 동작은 I/O 포트 핀들의 상태 정보를 포트 래치에 기록하는 동작이다. 모든 쓰기 동작은 read-modify-write로 처리된다.

(2) 포트 B (PORTB)

포트 B는 8개의 I/O 핀을 가진 양방향성 포트로 그 구조는 그림 1.3.11과 같다.

포트 B의 각 핀은 RB0에서 RB7로 명명되어 있으며, RB0는 I/O 포트의 기능과 함께 외부 인터럽트 요청선의 기능(INT)도 가지고 있다. 따라서 RB0는 다른 7개의 I/O 핀들이 TTL 입력 버퍼를 가지는 것과는 달리 슈미트 트리거 입력 버퍼를 가진다.

포트 B의 모든 핀은 내부에 약한 풀업을 가지고 있다. 이들 내부 풀업은 OPTION 레지스터의 $\overline{\text{RBPU}}$ 비트에 의하여 ON/OFF 된다.

포트 B의 상위 4개 핀(RB7 : RB4)은 하나의 인터럽트 소스를 제공한다 즉, 4개 핀의 전부 혹은 일부가 입력으로 설정된 상태에서 어느 하나의 핀이라도 상태 변화가 일어나면 요청하게 되는데, 이를 PORTB 인터럽트라고 한다.

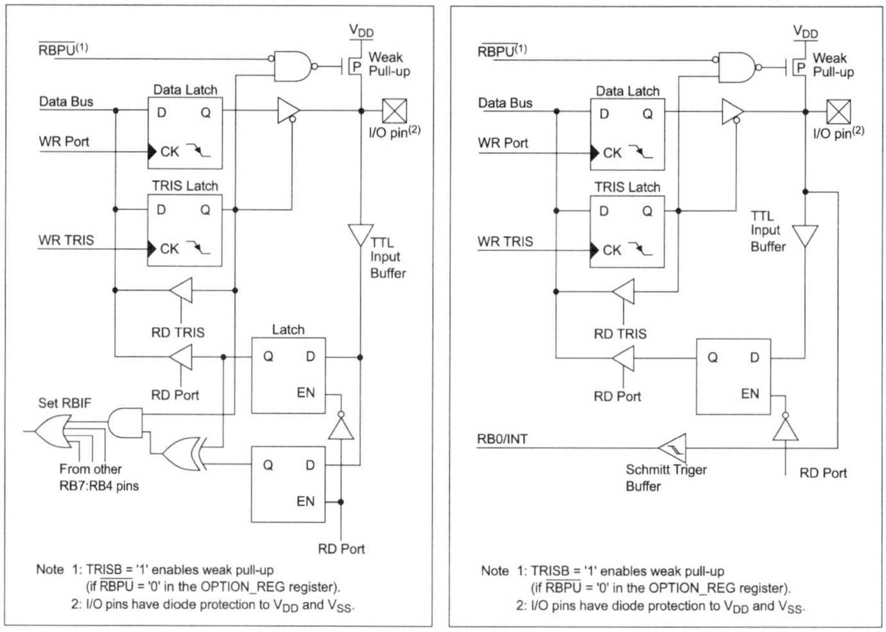

(a) RB7:RB4 (b) RB3:RB0

그림 1.3.11 포트 B의 핀 구조

포트 B의 각 핀의 기능을 요약하면 표 1.3.6과 같다.

|표 1.3.6|
포트 B의 핀 기능
(다음 페이지 계속)

Name	Bit	Buffer Type	I/O Consistency Function
RB0/INT	bit 0	TTL/ST[1]	Input/output pin or external interrupt input. Internal software programmable weak pull-up.
RB1	bit 1	TTL	Input/output pin. Internal software programmable weak pull-up.
RB2	bit 2	TTL	Input/output pin. Internal software programmable weak pull-up.
RB3	bit 3	TTL	Input/output pin. Internal software programmable weak pull-up.
RB4	bit 4	TTL	Input/output pin (with interrupt-on-change). Internal software programmable weak pull-up.
RB5	bit 5	TTL	Input/output pin (with interrupt-on-change). Internal software programmable weak pull-up.
RB6	bit 6	TTL/ST[2]	Input/output pin (with interrupt-on-change). Internal software programmable weak pull-up. Serial programming clock.

|표 1.3.6| 포트 B의 핀 기능

Name	Bit	Buffer Type	I/O Consistency Function
RB7	bit 7	TTL/ST(2)	Input/output pin (with interrupt-on-change). Internal software programmable weak pull-up. Serial programming data.

Legend: TTL = TTL input, ST = Schmitt Trigger.

Note 1: This buffer is a Schmitt Trigger input when configured as the external interrupt.

2: This buffer is a Schmitt Trigger input when used in Serial Programming mode.

포트 B를 제어하는 레지스터는 포트 A의 경우와 마찬가지로 버퍼 기능의 PORTB 레지스터와 포트 B의 각 핀의 동작(입력/출력)을 설정하는 TRISB 레지스터가 있다. 즉, TRISB의 특정 비트가 "1"이면 대응되는 포트의 핀은 입력으로, "0"이면 출력으로 설정된다. 포트 B와 관련 있는 레지스터들을 정리하면 표 1.3.7과 같다.

|표 1.3.7| 포트 B 관련 레지스터

Address	Name	Bit 7	Bit 6	Bit 5	Bit 4	Bit 3	Bit 2	Bit 1	Bit 0	Value on Power-on Reset	Value on all other RESETS
06h	PORTB	RB7	RB6	RB5	RB4	RB3	RB2	RB1	RB0/INT	xxxx xxxx	uuuu uuuu
86h	TRISB	TRISB7	TRISB6	TRISB5	TRISB4	TRISB3	TRISB2	TRISB1	TRISB0	1111 1111	1111 1111
81h	OPTION_REG	RBPU	INTEDG	T0CS	T0SE	PSA	PS2	PS1	PS0	1111 1111	1111 1111
0Bh,8Bh	INTCON	GIE	EEIE	T0IE	INTE	RBIE	T0IF	INTF	RBIF	0000 000x	0000 000u

Legend: x = unknown, u = unchanged.

1.3.6 타이머/카운터

PIC16F84A는 하나의 8-비트 타이머/카운터를 가지고 있으며, 타이머 0(TMR0, Timer 0) 모듈로 불린다. 타이머 0 모듈의 특징은 다음과 같다.

① 8-비트 타이머/카운터
② 읽기 및 쓰기 가능
③ 클록 소스 선택 기능 : 내부 혹은 외부
④ 외부 클록 소스의 에지 선택 기능
⑤ 프로그램이 가능한 8비트 프리스케일러
⑥ 0FFH에서 0H로 바뀔 때 인터럽트 요청

타이머 0 모듈의 간략화된 블록도는 그림 1.3.12와 같다.

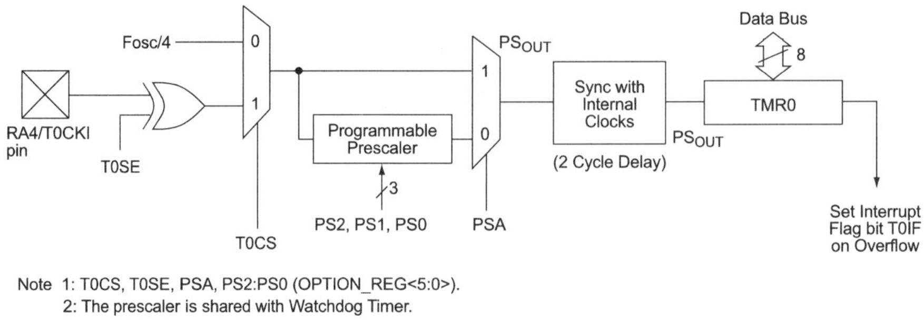

그림 1.3.12 타이머0의 블록도

(1) 기본 동작

타이머 0 모듈은 타이머 혹은 카운터로 동작할 수 있다.

타이머 모드는 OPTION 레지스터의 T0CS 비트를 리셋시킴으로써 동작되고, 명령어 사이클의 수를 카운팅한다. 만약 타이머 0 모듈의 TMR0 레지스터에 쓰기 동작이 일어나면 그 다음 두 명령어 사이클의 카운팅이 금지된다.

카운터 모드는 OPTION 레지스터의 T0CS 비트를 "1"로 셋시킴으로써 동작되고, 포트 A의 RA4/T0CKI로 들어오는 신호의 상승 에지 혹은 하강 에지를 카운팅한다. 에지의 선택은 OPTION 레지스터의 T0SE 비트에 의해 결정되고, 이 값이 "1"이면 하강 에지, "0"이면 상승 에지가 선택된다.

(2) 프리스케일러

PIC16F84A는 타이머 0 모듈을 위한 프리스케일러(prescaler)로 사용될 수 있는 하나의 8-비트 카운터를 가지고 있다. 이것은 또한 워치독타이머(WDT, Watch Dog Timer)를 위한 포스트스케일러(postscaler)로도 사용될 수 있다. 하지만 여기서는 용어를 프리스케일러와 포스트스케일러로 구분하지 않고, 프리스케일러라는 용어만을 사용한다. 프리스케일러는 하나뿐이므로 타이머 0 모듈이나 워치독타이머의 둘 중에서 어느 하나에만 할당되며, 이것은 OPTION 레지스터의 PSA 비트에 의하여 결정된다. 프리스케일러와 타이머 0 및 워치독타이머의 개략적인 구성도는 그림 1.3.13과 같다.

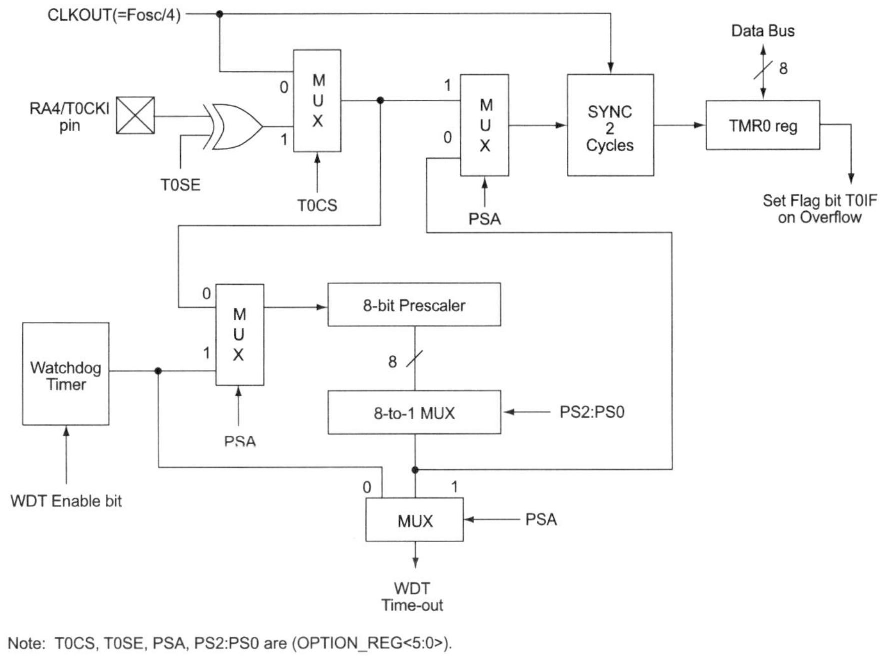

그림 1.3.13 프리스케일러와 TMR0 / WDT의 개략적인 구성도

프리스케일러의 프리스케일 비율은 할당되는 모듈에 따라 다르며, 타이머 0 모듈에 할당될 경우에는 1:2, 1:4, …, 1:256 중에서 어느 하나를 선택할 수 있고, 워치독타이머에 할당될 경우에는 1:1, 1:2, …, 1:128 중에서 어느 하나의 비율을 선택할 수 있다.

타이머 0 모듈 레지스터로 TMR0가 있는데, 이 레지스터로 쓰기 동작을 지시하는 모든 명령어, 예를 들면 CLRF 1, MOVWF 1, BSF 1, … 등은 프리스케일러를 클리어시키게 된다. 그러나 프리스케일러의 할당은 바꾸지 않는다.

프리스케일러의 값을 읽거나 프리스케일러에 어떤 새로운 값을 쓰는 동작은 허용되지 않는다.

(3) 인터럽트

타이머 0 모듈은 TMR0 인터럽트를 요청할 수 있다. 이것은 TMR0 레지스터의 값이 0FFH에서 0H로 오버플로우를 일으킬 때, INTCON 레지스터의 T0IF 플래그를 "1"로 셋함으로써 이루어진다.

TMR0 인터럽트는 INTCON의 T0IE 비트에 의해 마스크될 수 있으며, 아울러 T0IF 플래그는 자동으로 리셋되지 않으므로 TMR0 인터럽트 서비스 루틴에서 T0IF를 소거하는 명령어를 추가해야 한다.

그리고 TMR0 인터럽트는 CPU를 SLEEP 모드에서 벗어나게 할 수가 없다. 왜냐하면 SLEEP 동안에 타이머는 shut-off 되기 때문이다.

타이머 0 모듈과 관련 있는 레지스터들을 정리하면 표 1.3.8과 같다.

|표 1.3.8| 타이머 0 모듈 관련 레지스터

Address	Name	Bit 7	Bit 6	Bit 5	Bit 4	Bit 3	Bit 2	Bit 1	Bit 0	Value on Power-on Reset	Value on all other RESETS
01h	TMR0	Timer 0 Module Register								xxxx xxxx	uuuu uuuu
0Bh, 8Bh	INTCON	GIE	EEIE	T0IE	INTE	RBIE	T0IF	INTF	RBIF	0000 000x	0000 000u
81h	OPTION_REG	RBPU	INTEDG	T0CS	T0SE	PSA	PS2	PS1	PS0	1111 1111	1111 1111
85h	TRISA	–	–	–	PORTA Data Direction Register					---1 1111	---1 1111

Legend: x = unknown, u = unchanged, – = unimplemented locations read as '0'.

1.3.7 컨피규레이션 비트

PIC16F84A가 가지는 몇 가지의 중요한 기능은 컨피규레이션(configuration) 워드의 비트들에 의해 선택될 수 있다. 이 워드는 프로그램 메모리 영역의 2007H 주소를 가지며, 그 구성은 그림 1.3.14와 같다.

R/P-u	R/P-u	R/P-u	R/P-u	R/P-u	R/P-u	R/P-u	R/P-u	R/P-u	R/P-u	R/P-u	R/P-u	R/P-u	R/P-u
CP	CP	CP	CP	CP	CP	CP	CP	CP	CP	PWRTE	WDTE	F0SC1	F0SC0
bit13													bit0

bit 13-4 CP: Code Protection bit
1 = Code protection disabled
0 = All program memory is code protected

bit 3 PWRTE: Power-up Timer Enable bit
1 = Power-up Timer is disabled
0 = Power-up Timer is enabled

bit 2 WDTE: Watchdog Timer Enable bit
1 = WDT enabled
0 = WDT disabled

bit 1-0 FOSC1:FOSC0: Oscillator Selection bits
11 = RC oscillator
10 = HS oscillator
11 = XT oscillator
10 = LP oscillator

■ 그림 1.3.14 컨피규레이션 워드의 구성

메모리 주소 2007H는 사용자 영역을 초과하는 주소이며, 이것은 테스트 및 컨피규레이션 메모리 영역으로 특별히 준비해 둔 2000H ~ 3FFFH의 일부이다. 이 메모리 영역은 프로그래밍 과정 중에만 접근할 수 있다.

컨피규레이션 워드의 최하위 두 비트(b_1, b_0)는 오실레이터(OSC) 선택에 사용된다. 즉, PIC16F84A가 가지는 4 가지의 오실레이터 중에서 어느 하나를 선택할 수 있도록 한다.

그 다음의 비트인 b_2는 워치독타이머의 사용 여부를 결정하는 비트이다. 즉, 이 비트가 "1"로 셋되어 있으면 워치독타이머가 인에이블 상태에 있게 된다.

b_3는 전원이 인가된 후 추가적인 전원 안전성을 세공하는 네 사용되는 타이머인 PWRT의 사용 여부를 결정하는 비트이다. 즉, 이 비트가 "1"로 셋되면 72[ms]의 추가 지연이 발생하며, 이것은 인가된 전원이 안정 상태로 가는 데 충분한 시간 지연을 제공한다.

나머지 10개의 비트(b_{13} ~ b_4)는 코드 보호 기능에 사용된다. 즉, 이 비트들이 "0"으로 리셋되어 있으면 모든 프로그램 메모리는 코드 보호 상태에 놓이게 된다.

1.3.8 오실레이터(OSC)

PIC16F84A는 모두 4개의 오실레이터 모드를 가지고 있으며, 컨피규레이션 비트를 사용해서 원하는 오실레이터 모드를 선택할 수 있다.

① LP(Low Power Crystal)
② XT(Crystal/Resonator)
③ HS(High Speed Crystal/Resonator)
④ RC(Resistor/Capacitor)

(1) 크리스털 / 세라믹 오실레이터

수정발진기 혹은 세라믹 공진기를 사용하는 모드는 LP, XT, HS이다. 이들 모드에서 발진기 / 공진기를 연결하는 회로도는 그림 1.3.15와 같으며, PIC16F84A에서는 병렬 절단 크리스털(parallel cut crystal)을 사용한다.

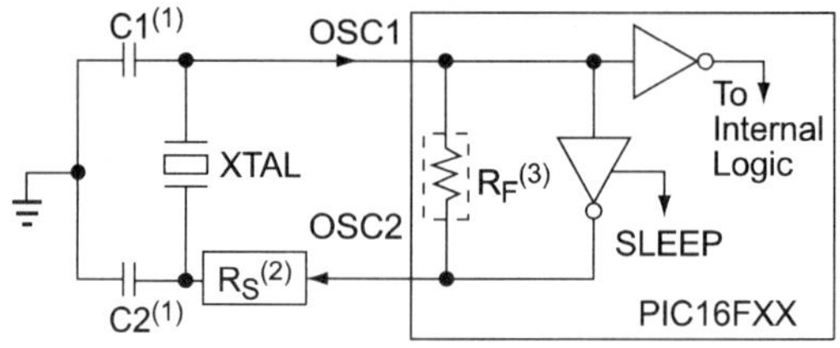

Note 1: See Table 1.3.9 for recommended values of C1 and C2.

2: A series resistor (R_S) may be required for AT strip cut crystals.

그림 1.3.15 발진기 연결 회로도 (LP, XT, HS)

그림 1.3.15에 사용된 커패시터의 용량은 보통 22[pF] 정도를 사용하는데, 이에 대한 보다 자세한 내역은 표 1.3.9와 같다. 그러나 표에서 제시한 용량은 하나의 안내 자료에 불과하며, 보다 자세한 사항은 보통 선택한 발진기에 의존한다.

|표 1.3.9| 발진회로에 사용하는 커패시터 (다음 페이지 계속)

(a) 세라믹 공진기의 경우

Ranges Tested:			
Mode	Freq	OSC1/C1	OSC2/C2
XT	455 kHz	47–100pF	47–100pF
	2.0 MHz	15–33pF	15–33pF
	4.0 MHz	15–33pF	15–33pF
HS	8.0 MHz	15–33pF	15–33pF
	10.0 MHz	15–33pF	15–33pF

Note: Recommended values of C1 and C2 are identical to the ranges tested in this table. Higher capacitance increases the stability of the oscillator, but also increases the start-up time. These values are for design guidance only. Since each resonator has its own characteristics, the user should consult the resonator manufacturer for the appropriate values of external components.

(b) 수정 발진기의 경우

Mode	Freq	OSC1/C1	OSC2/C2
LP	32 kHz	68–100pF	68–100pF
	200 kHz	15–33pF	15–33pF
XT	100 kHz	100–150pF	100–150pF
	2 MHz	15–33pF	15–33pF
	4 MHz	15–33pF	15–33pF

|표 1.3.9| 발진회로에 사용하는 커패시터

Mode	Freq	OSC1/C1	OSC2/C2
LP	32 kHz	68–100pF	68–100pF
	200 kHz	15–33pF	15–33pF
XT	100 kHz	100–150pF	100–150pF
	2 MHz	15–33pF	15–33pF
	4 MHz	15–33pF	15–33pF
HS	4 MHz	15–33pF	15–33pF
	20 MHz	15–33pF	15–33pF

Note: Higher capacitance increases the stability of the oscillator, but also increases the start-up time. These values are for design guidance only. Rs may be required in HS mode, as well as XT mode, to avoid overdriving crystals with low drive level specification. Since each crystal has its own characteristics, the user should consult the crystal manufacturer for appropriate values of external components.
For $V_{DD} > 4.5V$, $C1 = C2 \approx 30$ pF is recommended.

LP, XT, HS 모드에서는 외부에서 직접 클록소스를 입력해 줄 수 있는데, 이 경우에는 그림 1.3.16과 같이 연결한다. 즉, 외부에서 만들어진 클록신호를 PIC 계열 MCU의 OSC1 단자로 입력하고, OSC2 단자는 개방 상태로 둔다.

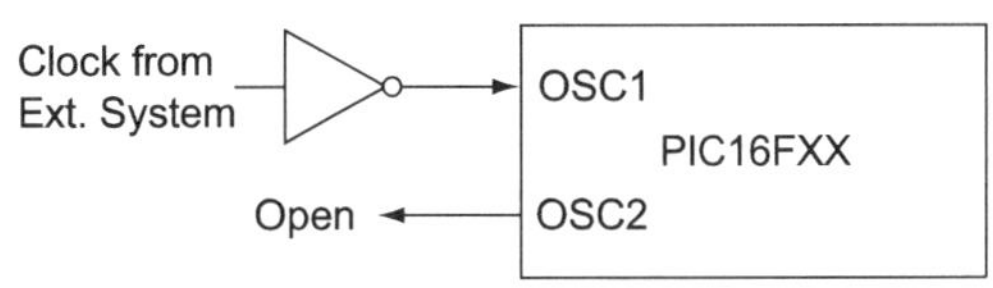

그림 1.3.16 외부 클록소스의 연결 (LP, XT, HS)

XT 혹은 HS 모드의 선택 구분은 보통 오실레이터나 공진기의 주파수가 3.5[MHz]인 경우를 기준으로 한다. 그 이하이면 XT 모드를 선택하고, 그 이상이면 HS 모드를 선택한다.

(2) RC 오실레이터

RC 발진기 모드는 타이밍이 중요하지 않은 응용의 경우에 유용하다. 수정발진기나 세라믹 공진기를 사용하는 나머지 모드에 비하여 훨씬 경제적이다. RC 발진기 모드에서의 클록 주파수는 공급 전압, 저항, 커패시터, 동작 온도 등 여러 가지 요인에 의하여 바뀔 수 있으며, 외부 연결 회로는 그림 1.3.17과 같다.

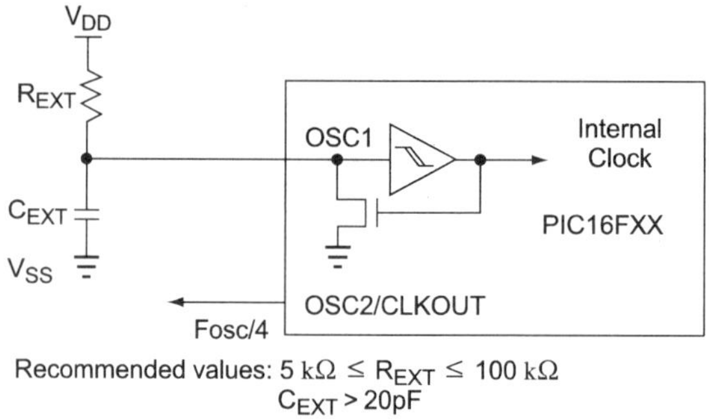

그림 1.3.17 RC 모드의 외부 회로도

1.3.9 리셋

PIC16F84A는 다음과 같이 여러 가지 종류의 리셋을 제공한다.

① POR (Power-on Reset)
② MCLR(1) : 정상 동작중의 $\overline{\text{MCLR}}$ 리셋
③ MCLR(2) : SLEEP에서 $\overline{\text{MCLR}}$ 리셋
④ WDT 리셋(1) : 정상 동작중의 WDT 리셋
⑤ WDT 리셋(2) : SLEEP에서 WDT의 wake-up으로 인한 리셋

POR은 전원이 인가될 때 발생하는 리셋으로 V_{DD}가 1.2～1.7[V] 범위에 오르면 POR 신호가 발생된다. 보통 POR을 이용하기 위해 V_{DD} 신호에 저항을 연결하여 $\overline{\text{MCLR}}$ 단자와 직접 연결해 둔다. 참고로 RC 소자를 필요로 하는 외부 POR 회로도는 그림 1.3.18과 같다.

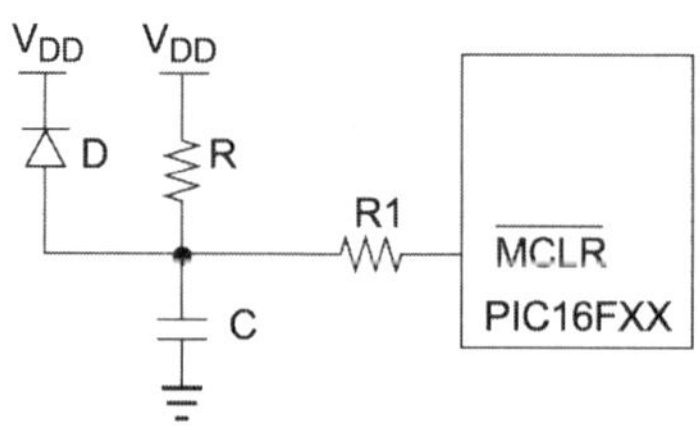

Note 1: External Power-on Reset circuit is required only if V_{DD} power-up rate is too slow. The diode D helps discharge the capacitor quickly when V_{DD} powers down.

2: R < 40 kΩ is recommended to make sure that voltage drop across R does not exceed 0.2V (max leakage current spec on $\overline{\text{MCLR}}$ pin is 5 μA). A larger voltage drop will degrade V_{IH} level on the $\overline{\text{MCLR}}$ pin.

3: R1 = 100Ω to 1 kΩ will limit any current flowing into $\overline{\text{MCLR}}$ from external capacitor C, in the event of a $\overline{\text{MCLR}}$ pin breakdown due to ESD or EOS.

그림 1.3.18 외부 POR 회로도

이들 리셋 동작을 구현하는 개략적인 회로도는 그림 1.3.19와 같다.

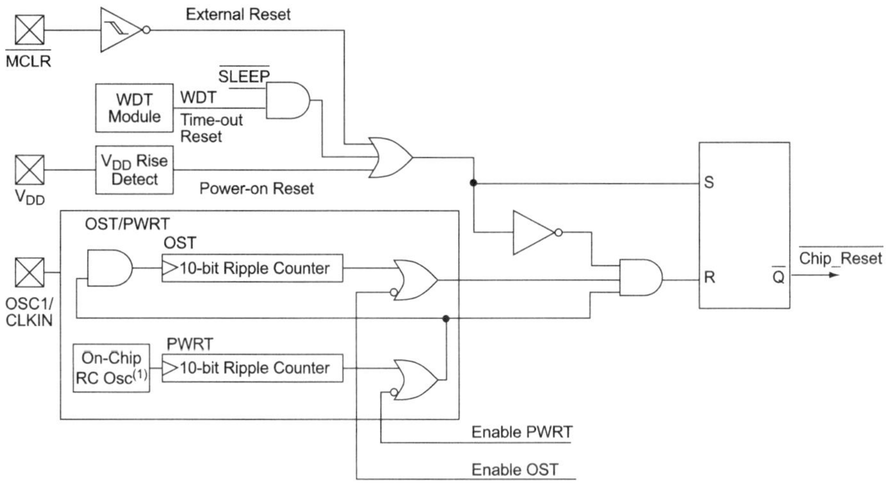

Note 1: This is a separate oscillator from the RC oscillator of the CLKIN

그림 1.3.19 리셋 회로의 간략도

리셋의 종류에 따라서 영향을 받는 특수 기능 레지스터의 초기화 값들도 서로 다를 수 있는데, 이를 요약하면 표 1.3.10과 같다.

|표 1.3.10| 리셋에 따른 레지스터 초기치 (다음 페이지 계속)

Register	Address	Power-on Reset	$\overline{\text{MCLR}}$ during: -normal operation -SLEEP WDT Reset during normal operation	Wake-up from SLEEP: -through interrupt -through WDT Time-out
W	–	xxxx xxxx	uuuu uuuu	uuuu uuuu
INDF	00h	---- ----	---- ----	---- ----
TMR0	01h	xxxx xxxx	uuuu uuuu	uuuu uuuu
PCL	02h	0000 0000	0000 0000	PC+1(2)
STATUS	03h	0001 1xxx	000q quuu	uuuq quuu
FSR	04h	xxxx xxxx	uuuu uuuu	uuuu uuuu
PORTA	05h	---x xxxx	---u uuuu	---u uuuu
PORTB	06h	xxxx xxxx	uuuu uuuu	uuuu uuuu
EEDATA	08h	xxxx xxxx	uuuu uuuu	uuuu uuuu
EEADR	09h	xxxx xxxx	uuuu uuuu	uuuu uuuu
PCLATH	0Ah	---0 0000	---0 0000	---u uuuu
INTCON	0Bh	0000 000x	0000 000u	uuuu uuuu(1)

|표 1.3.10|
리셋에 따른 레지스터 초기치

Register	Address	Power-on Reset	$\overline{\text{MCLR}}$ during: –normal operation –SLEEP WDT Reset during normal operation	Wake-up from SLEEP: –through interrupt –through WDT Time-out
INDF	80h	---- ----	---- ----	---- ----
OPTION_REG	81h	1111 1111	1111 1111	uuuu uuuu
PCL	82h	0000 0000	0000 0000	PC+1(2)
STATUS	83h	0001 1xxx	000q quuu	uuuq quuu
FSR	84h	xxxx xxxx	uuuu uuuu	uuuu uuuu
TRISA	85h	---1 1111	---1 1111	---u uuuu
TRISB	86h	1111 1111	1111 1111	uuuu uuuu
EECON1	88h	---0 x000	--- 0 q000	---0 uuuu
EECON2	89h	---- ----	---- ----	---- ----
PCLATH	8Ah	---0 0000	---0 0000	---u uuuu
INTCON	8Bh	0000 000x	0000 000u	uuuu uuuu(1)

Legend: u=unchanged, x=unknown, –=unimplemented bit, read as '0',
q=value depends on condition

Note 1: One or more bits in INTCON will be affected (to cause wake-up).
2: When the wake-up is due to an interrupt and the GIE bit is set, the PC is loaded with the interrupt vector (004h).

프로그램 카운터(PC)와 상태(STATUS) 레지스터는 특별히 중요한데, 이를 별도로 요약하면 표 13.11과 같다.

|표 1.3.11|
리셋에 따른 PC 및 STATUS 레지스터 초기치

Condition	Program Counter	STATUS Register
Power-on Reset	000h	0001 1xxx
$\overline{\text{MCLR}}$ during normal operation	000h	000u uuuu
$\overline{\text{MCLR}}$ during SLEEP	000h	0001 0uuu
WDT Reset (during normal operation)	000h	0000 1uuu
WDT Wake-up	PC+1	uuu0 0uuu
Interrupt wake-up from SLEEP	PC+1(1)	uuu1 0uuu

Legend: u=unchanged, x=unknown

Note 1: When the wake-up is due to an interrupt and the GIE bit is set, the PC is loaded with the interrupt vector (0004h).

1.3.10 PWRT와 OST

PWRT(Power-up Timer)와 OST(Oscillator Start-up Timer)는 전원이 인가된 후 칩이 안정 상태에 도달할 수 있도록 추가적인 시간 지연을 제공하기 위하여 사용된다.

PWRT는 POR 발생 후 72[ms]의 시간 지연(T_{PWRT})을 추가적으로 제공하며, 이때 타이머는 내장된 RC 발진기를 사용한다. PWRT의 사용 여부는 사용자가 정의할 수 있는 컨피규레이션 워드의 $\overline{\text{PWRTE}}$ 비트에 의해 결정된다.

OST는 PWRT에 의한 시간 지연이 종료된 후, 1024개의 발진기 사이클 동안 추가적으로 시간 지연(T_{OST})을 제공하며, 이것은 발진기나 공진기의 안정적인 동작을 보증한다.

OST에 의한 시간 지연은 LP, XT, HS의 발진기 모드에서만 가능하고, POR이나 SLEEP에서 빠져 나올 경우에 발생한다.

그러나 이러한 추가적인 시간 지연에도 불구하고 전원 V_{DD}가 매우 느리게 상승할 경우에는 문제를 야기할 수 있으므로, 그림 1.3.18에서 제시한 외부 POR 회로를 구성해 주어야 한다.

1.3.11 인터럽트

PIC16F84A는 다음과 같이 4개의 인터럽트 소스가 있다.

① 외부 인터럽트
② 타이머/카운터 인터럽트
③ PORTB 인터럽트
④ 데이터 EEPROM 인터럽트

외부 인터럽트는 INT 인터럽트라고도 하며, 포트 B의 LSB인 RB0 단자로 요청된다. 이 인터럽트는 에지에서 트리거되며(edge trigger), 상승 에지와 하강 에지의 선택은 OPTION 레지스터의 INTEDG 비트로 결정한다. 이 비트의 값을 "1"로 셋하면 상승 에지에서 트리거되고, "0"으로 클리어하면 하강 에지에서 트리거된다. 그리고 RB0/INT 단자로 요청되는 인터럽트를 CPU에게 전달하기 위하여 INTCON 레지스터의 INTF 플래그 비트가 사용된다. 또한 외부 인터럽트의 요청을 허가/불허하는 비트로는 INTCON의

INTE 비트가 사용된다. INTE 비트를 "1"로 셋하여 외부 인터럽트 요청을 허가한 상태에서 RB0/INT 단자로 인터럽트가 요청되면 INTF가 "1"로 셋된다. 외부 인터럽트 요청 사실을 알려주는 INTF 플래그의 값은 인터럽트 서비스에 의하여 자동으로 소거되지 않으므로 ISR(Interrupt Service Routine)에서 소프트웨어적으로 소거시켜 주어야 한다. INT 인터럽트는 SLEEP 모드로 들어가기 전에 INTE 비트가 셋되어 있어야만 프로세서를 SLEEP 모드에서 빠져나오게 할 수 있다.

타이머/카운터 인터럽트는 PIC16F84A가 가진 TMR0 레지스터에서 오버플로우를 일으킬 때 요청된다. 그래서 TMR0 인터럽트라고 한다. 즉, TMR0의 값이 0FFH에서 0으로 바뀌면 INTCON 레지스터의 T0IF 플래그 비트를 셋하여 타이머/카운터 인터럽트가 요청되었음을 CPU에게 알려준다. 이 인터럽트의 요청을 허가/불허하는 비트로는 INTCON의 T0IE 비트가 사용된다.

PORTB 인터럽터는 포트 B의 상위 4개 단자(PORTB<7 : 4>)의 어느 하나라도 이전 상태와 다르게 되면 요청된다. 그래서 PORTB 변화 인터럽트라고도 하며, 이 인터럽트의 요청 여부를 알리는 플래그 비트와 요청의 허가/불허를 결정하는 비트는 각각 INTCON 레지스터의 RBIF와 RBIE이다. 즉, RBIE가 셋되어 있을 때, 포트 B의 상위 4개 단자 중 어느 하나라도 상태가 바뀌면 RBIF가 셋되어 PORTB 인터럽트가 발생했음을 알리게 된다.

데이터 EEPROM 인터럽트는 데이터 EEPROM의 기록 사이클이 완료되면 요청된다. 이 인터럽트의 요청 여부를 알리는 플래그 비트는 다른 인터럽트와 달리 EECON1 레지스터에 위치해 있으며, EEIF이다. 그러나 이 인터럽트 요청에 대한 허가/불허를 결정하는 비트는 다른 인터럽트와 마찬가지로 INTCON 레지스터에 위치해 있으며, EEIE이다.

모든 인터럽트의 요청에 대한 불허는 INTCON 레지스터의 GIE 비트를 소거함으로써 이루어질 수 있다. 따라서 어느 하나의 인터럽트라도 요청이 허락되기 위해서는 해당 인터럽트 허가/불허 결정 비트는 물론 GIE 비트도 "1"로 셋되어 있어야 한다.

이러한 내용을 설명하는 PIC16F84A의 인터럽트 논리도를 그리면 그림 1.3.20과 같다.

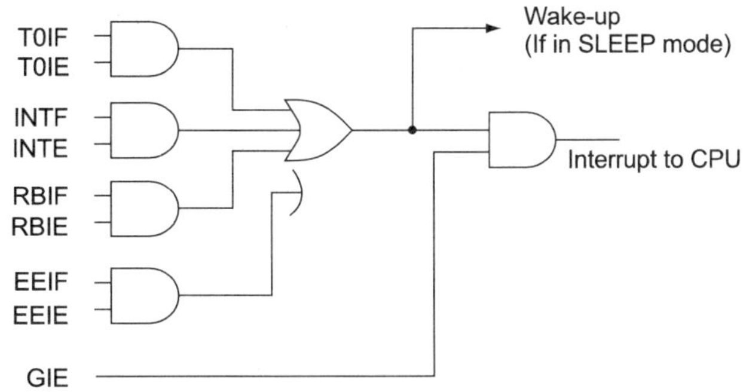

▮ 그림 1.3.20 인터럽트 논리도

인터럽트가 발생하면 인터럽트 서비스로부터 주 프로그램으로 복귀하기 위한 복귀용 PC 값은 자동으로 스택에 보관된다. 그러나 경우에 따라서는 인터럽트 요청 직전의 주 프로그램의 수행 정보를 보관할 필요성이 생긴다. 예를 들어서, STATUS 레지스터와 W 레지스터의 값은 중요한 의미를 가질 수 있는데 이들 레지스터의 값은 미리 저장해 두어야 한다.

1.3.12 워치독타이머

워치독타이머(WDT, Watch Dog Timer)는 어떤 외부 소자도 필요로 하지 않으면서 스스로 동작하는 칩 내장 RC 발진기이다.

따라서 OSC1 및 OSC2 단자를 통하여 만들어지는 클록신호를 정지시키는 SLEEP 모드에서도 WDT는 정상적으로 동작된다. 이것은 CPU가 어떤 무한 루프 동작에 빠지는 등의 바람직하지 않은 상태가 발생했을 경우 CPU를 강제로 리셋시키는 용도로 사용된다.

정상적인 동작 중에는 워치독타이머의 타임 아웃이 프로세서를 리셋시키지만, SLEEP 모드에 있을 경우에는 SLEEP 모드에서 빠져 나와서 정상 동작을 계속하도록 한다.

워치독타이머의 사용은 컨피규레이션 워드의 WDTE 비트를 조정하여 인에이블 혹은 디세이블 시킬 수 있는데, 이 비트를 "0"으로 리셋시키면 WDT는 동작되지 않는다.

WDT는 프리스케일러(실제로는 포스트스케일러로 동작)를 사용하지 않을 경우에 통상 18[ms]의 타임 아웃 주기를 가진다. 이 타임 아웃 주기를 더 길게 늘이기를 원한다면 OPTION 레지스터의 해당 비트값을 최대 1:128, 즉 2.3[sec]까지 늘릴 수 있다.

CLRWDT와 SLEEP 명령어는 WDT는 물론 프리스케일러가 WDT에 할당되어 있을 경우에 프리스케일러까지 리셋시키므로 타임 아웃 동작을 방지하여 시스템이 리셋되지 않게 한다.

WDT의 타임 아웃은 STATUS 레지스터의 $\overline{TO}$ 비트를 '0'으로 소거시킴으로써 WDT의 타임 아웃을 알리게 된다. WDT 관련 레지스터를 요약하면 표 1.3.12와 같고, WDT의 블록도를 그리면 그림 1.3.21과 같다.

|표 1.3.12| WDT 관련 레지스터 요약

Addr	Name	Bit 7	Bit 6	Bit 5	Bit 4	Bit 3	Bit 2	Bit 1	Bit 0	Value on Power –on Reset	Value on all other RESETS
2007h	Config.bits					$\overline{PWRTE}$	WDTE	FOSC1	FOSC0		
81h	OPTION_REG	RBPU	INTEDG	T0CS	T0SE	PSA	PS2	PS1	PS0	1111 1111	1111 1111

Legend: x = unknown.

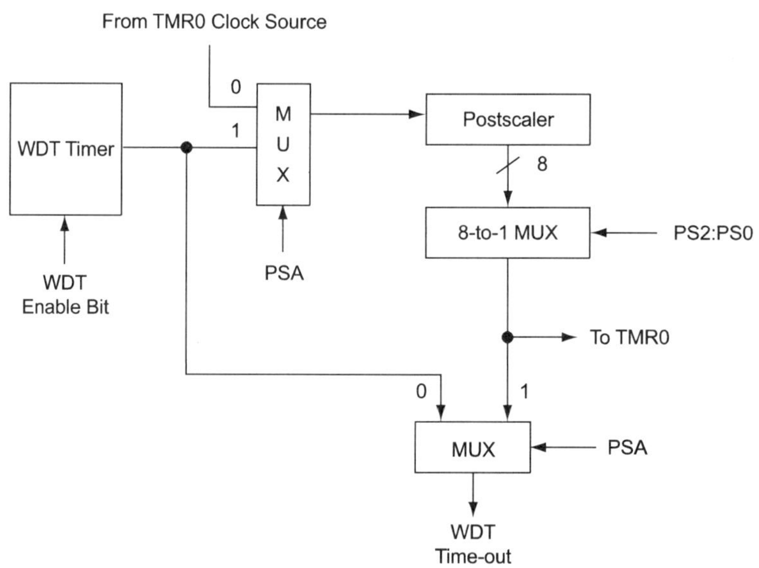

Note: PSA and PS2:PS0 are bits in the OPTION_REG register.

그림 1.3.21 WDT의 블록도

1.3.13 파워-다운 모드

파워-다운 모드(power-down mode)는 전력소모를 줄이는 모드로, SLEEP 모드라고도 한다.

(1) SLEEP

SLEEP 명령어를 실행시킴으로써 전력 절약 모드인 SLEEP 모드로 들어가게 된다. SLEEP 모드에 들어가면 STATUS 레지스터의 $\overline{\text{PD}}$는 "0"으로 소거되고, $\overline{\text{TO}}$는 "1"로 셋된다. 즉, SLEEP 모드는 파워-다운 상태로 들어가며, 동시에 WDT를 클리어 시킨다. 또한 SLEEP 모드에서는 발진기 드라이버가 정지되고 I/O 포트는 SLEEP 명령어 실행 이전 상태를 유지한다. SLEEP 모드에 있을 동안에 $\overline{\text{MCLR}}$는 "H" 논리 상태를 유지해야 된다.

(2) SLEEP에서 빠져 나오기

SLEEP 모드에 있는 프로세서는 다음의 어느 한 동작에 의해서 SLEEP 모드로부터 빠져나오게 된다.

① $\overline{\text{MCLR}}$에 의한 외부 리셋
② WDT의 타임 아웃
③ 외부 인터럽트
④ PORTB 인터럽트
⑤ 데이터 EEPROM 인터럽트

외부에 마련된 $\overline{\text{MCLR}}$ 단자에 의하여 시스템을 리셋시킴으로써 SLEEP 모드에서 빠져 나올 수 있다. 그러나 이 경우는 SLEEP 모드에 들어가기 전의 상태에서 계속해서 정상적인 실행을 할 수 있는 나머지 방법에 비하여 바람직하지 않는 방법이다.

WDT의 타임 아웃에 의해 SLEEP 모드에서 빠져 나올 수 있으나, 이 경우에는 SLEEP 모드 직전의 상태에서 계속해서 정상적인 동작을 수행할 수 있다.

인터럽트에 의해서 SLEEP 모드에서 빠져 나올 수 있는데, 이 경우에는 GIE 비트의 값에 영향받지 않는다. 다만 해당 인터럽트의 인에이블 비트만 셋되어 있으면 해당 인터럽트의 요청에 의해 SLEEP 모드에서 빠져 나오게

된다. 그러나 GIE 비트가 "0"이냐 "1"이냐에 따라서 SLEEP 모드에서 빠져 나온 후의 동작은 다르게 된다. 만약 GIE 비트가 "0"이었다면 SLEEP 명령어 다음의 명령어부터 실행을 계속 하지만, GIE 비트가 "1"이었다면 SLEEP 명령어 다음의 명령어를 수행하고 난 후 인터럽트 벡터 주소인 0004H로 브렌치하게 된다. 따라서 SLEEP에서 빠져 나온 후 특별한 동작이 실행되지 않고 바로 인터럽트 벡터 주소로 브렌치하기를 원할 경우에는 GIE 비트를 "1"로 셋하고, SLEEP 명령어 다음에는 NOP 명령어를 사용하면 된다.

GIE가 "0"인 상태에서 인터럽트 인에이블 비트와 인터럽트 요청 플래그 비트가 "1"일 경우에는 다음의 어느 한 동작이 수행된다.

① SLEEP 명령어 실행 전에 인터럽트가 발생했다면, SLEEP 명령어는 단순히 NOP로 동작한다.

② SLEEP 명령어가 실행중이거나 실행 후에 인터럽트가 발생했다면, 시스템은 즉시 SLEEP 모드에서 빠져나오게 된다. 당연히 WDT는 클리어되고, $\overline{\text{PD}}$도 클리어 된다.

section 1.4 명령어 집합

PIC16F84A는 op-코드와 하나 혹은 그 이상의 오퍼랜드로써 명령어를 구성하며, 14-비트의 워드폭을 가진다. PIC16F84A를 위한 명령어는 모두 35개이고, 이들은 크게 세 개의 그룹, 즉 바이트 명령어 그룹, 비트 명령어 그룹, 상수 및 제어 명령어 그룹으로 구분할 수 있으며, 그 일반적인 형식은 그림 1.4.1과 같다.

바이트 명령어 그룹에서 사용된 "f"는 명령어에서 사용될 파일 레지스터(file register)를 나타낸다. 그리고 "d"는 연산(operation) 결과가 저장될 목적지(destination)를 지시한다. 즉, "d"가 "0"이면 그 결과는 W 레지스터에 저장되고, "1"이면 명령어에서 지정한 파일 레지스터에 저장된다.

비트 명령어 그룹에서 사용된 "f"는 바이트 명령어에서와 마찬가지로 파일 레지스터를 나타내고, "b"는 그 파일 레지스터의 특정 비트 번호를 나타낸다. 따라서 f는 7-비트를 차지하고, b는 3-비트를 차지한다.

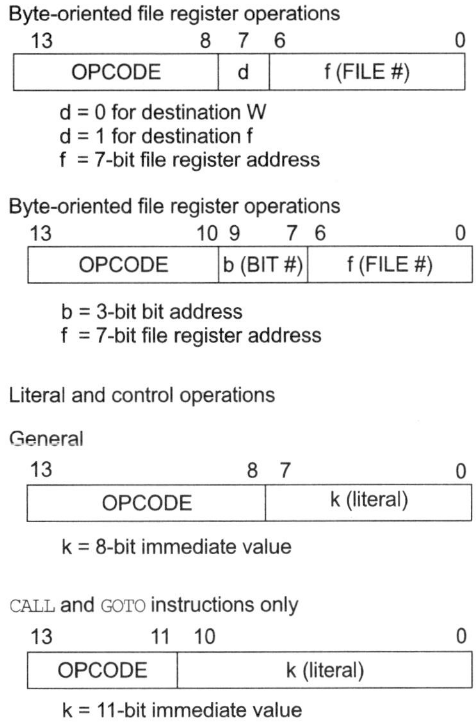

그림 1.4.1 PIC16F84A 명령어의 일반 형식

상수 및 제어 명령어 그룹에서 사용된 "k"는 상수 혹은 레이블을 나타내며, 8-비트 혹은 11-비트를 차지한다.

PICF16F84A의 모든 명령어를 이들 세 그룹으로 나누어서 요약하면 표 1.4.1과 같다.

|표 1.4.1| PIC16F84A의 명령어 요약 (다음 페이지 계속)

Mnemonic, Operands		Description	Cycles	14-Bit Opcode				Status Affected	Notes
				MSb			LSb		
BYTE-ORIENTED FILE REGISTER OPERATIONS									
ADDWF	f, d	Add W and f	1	00	0111	dfff	ffff	C,DC,Z	1,2
ANDWF	f, d	AND W with f	1	00	0101	dfff	ffff	Z	1,2
CLRF	f	Clear f	1	00	0001	1fff	ffff	Z	2
CLRW	–	Clear W	1	00	0001	0xxx	xxxx	Z	
COMF	f, d	Complement f	1	00	1001	dfff	ffff	Z	1,2
DECF	f, d	Decrement f	1	00	0011	dfff	ffff	Z	1,2
DECFSZ	f, d	Decrement f, Skip if 0	1(2)	00	1011	dfff	ffff		1,2,3
INCF	f, d	Increment f	1	00	1010	dfff	ffff	Z	1,2

|표 1.4.1|
PIC16F84A의 명령어 요약

Mnemonic, Operands		Description	Cycles	14-Bit Opcode				Status Affected	Notes
				MSb			LSb		
INCFSZ	f, d	Increment f, Skip if 0	1(2)	00	1111	dfff	ffff		1,2,3
IORWF	f, d	Inclusive OR W with f	1	00	0100	dfff	ffff	Z	1,2
MOVF	f, d	Move f	1	00	1000	dfff	ffff	Z	1,2
MOVWF	f	Move W to f	1	00	0000	1fff	ffff		
NOP	–	No Operation	1	00	0000	0xx0	0000		
RLF	f, d	Rotate Left f through Carry	1	00	1101	dfff	ffff	C	1,2
RRF	f, d	Rotate Right f through Carry	1	00	1100	dfff	ffff	C	1,2
SUBWF	f, d	Subtract W from f	1	00	0010	dfff	ffff	C,DC,Z	1,2
SWAPF	f, d	Swap nibbles in f	1	00	1110	dfff	ffff		1,2
XORWF	f, d	Exclusive OR W with f	1	00	0110	dfff	ffff	Z	1,2
BIT-ORIENTED FILE REGISTER OPERATIONS									
BCF	f, b	Bit Clear f	1	01	00bb	bfff	ffff		1,2
BSF	f, b	Bit Set f	1	01	01bb	bfff	ffff		1,2
BTFSC	f, b	Bit Test f, Skip if Clear	1(2)	01	10bb	bfff	ffff		3
BTFSS	f, b	Bit Test f, Skip if Set	1(2)	01	11bb	bfff	ffff		3
LITERAL AND CONTROL OPERATIONS									
ADDLW	k	Add literal and W	1	11	111x	kkkk	kkkk	C,DC,Z	
ANDLW	k	AND literal with W	1	11	1001	kkkk	kkkk	Z	
CALL	k	Call subroutine	2	10	0kkk	kkkk	kkkk		
CLRWDT	–	Clear Watchdog Timer	1	00	0000	0110	0100	$\overline{TO}$, $\overline{PD}$	
GOTO	k	Go to address	2	10	1kkk	kkkk	kkkk		
IORLW	k	Inclusive OR literal with W	1	11	1000	kkkk	kkkk	Z	
MOVLW	k	Move literal to W	1	11	00xx	kkkk	kkkk		
RETFIE	–	Return from interrupt	2	00	0000	0000	1001		
RETLW	k	Return with literal in W	2	11	01xx	kkkk	kkkk		
RETURN	–	Return from Subroutine	2	00	0000	0000	1000		
SLEEP	–	Go into standby mode	1	00	0000	0110	0011	$\overline{TO}$, $\overline{PD}$	
SUBLW	k	Subtract W from literal	1	11	110x	kkkk	kkkk	C,DC,Z	
XORLW	k	Exclusive OR literal with W	1	11	1010	kkkk	kkkk	Z	

Note 1: When an I/O register is modified as a function of itself (e.g., MOVE PORTB, 1), the value used will be that value present on the pins themselves. For example, if the data latch is '1' for a pin configured as input and is driven low by an external device, the data will be written back with a '0'.

2: If this instruction is executed on the TMR0 register (and, where applicable, d = 1), the prescaler will be cleared if assigned to the Timer0 Module.

3: If Program Counter (PC) is modified or a conditional test is true, the instruction requires two cycles. The second cycle is executed as a NOP.

다음의 두 경우를 제외하고, PIC16F84A의 모든 명령어는 단일 명령어 사이클에 실행된다.

① 조건 명령어의 조건이 참이 될 때
② 명령어에 의해 PC의 값이 바뀔 때

첫 번째의 경우에 해당하는 명령어는 DECFSZ, INCFSZ, BTFSC, BTFSS이고, 두 번째의 경우에 해당하는 명령어는 CALL, GOTO, RETFIE, RETLW, RETURN이다. 이들의 경우에는 실행되기 위하여 두 개의 명령어 사이클이 요구되고, 두 번째 명령어 사이클 동안에는 "NOP" 명령어로써 실행된다.

PIC16F84A의 하나의 명령어 사이클은 4개의 클록 신호로 구성된다. 따라서 주파수가 4[MHz]인 발진기를 사용할 경우에 대부분 명령어의 실행 시간은 1[μs]이다. 다만 위의 두 경우에 해당될 때에만 2[μs]가 소요된다.

이제 35개 명령어 각각에 대하여 마이크로칩사가 제공한 데이터 시트에 기술된 명령어들의 설명을 제시하면 다음과 같다.

1.4.1 바이트 명령어 그룹

ADDWF	Add W and f
Syntax:	[*label*] ADDWF f,d
Operands:	$0 \le f \le 127$ $d \in [0,1]$
Operation:	(W) + (f) → (destination)
Status Affected:	C, DC, Z
Description:	Add the contents of the W register with register 'f'. If 'd' is 0, the result is stored in the W register. If 'd' is 1, the result is stored back in register 'f'.

ANDWF	AND W with f
Syntax:	[*label*] ANDWF f,d
Operands:	$0 \le f \le 127$ $d \in [0,1]$
Operation:	(W) .AND. (f) → (destination)
Status Affected:	Z
Description:	AND the W register with register 'f'. If 'd' is 0, the result is stored in the W register. If 'd' is 1, the result is stored back in register 'f'.

CLRF	Clear f
Syntax:	[*label*] CLRF f
Operands:	$0 \le f \le 127$
Operation:	00h $\rightarrow$ (f) 1 $\rightarrow$ Z
Status Affected:	Z
Description:	The contents of register 'f' are cleared and the Z bit is set.

CLRW	Clear W
Syntax:	[*label*] CLRW
Operands:	None
Operation:	00h $\rightarrow$ (W) 1 $\rightarrow$ Z
Status Affected:	Z
Description:	W register is cleared. Zero bit (Z) is set.

COMF	Complement f
Syntax:	[*label*] COMF f,d
Operands:	$0 \le f \le 127$ $d \in [0,1]$
Operation:	$(\bar{f}) \rightarrow$ (destination)
Status Affected:	Z
Description:	The contents of register 'f' are complemented. If 'd' is 0, the result is stored in W. If 'd' is 1, the result is stored back in register 'f'.

DECF	Decrement f
Syntax:	[*label*] DECF f,d
Operands:	$0 \le f \le 127$ $d \in [0,1]$
Operation:	$(f) - 1 \rightarrow$ (destination)
Status Affected:	Z
Description:	Decrement register 'f'. If 'd' is 0, the result is stored in the W register. If 'd' is 1, the result is stored back in register 'f'.

DECFSZ	Decrement f, Skip if 0
Syntax:	[*label*] DECFSZ f,d
Operands:	$0 \leq f \leq 127$ $d \in [0,1]$
Operation:	(f) − 1 → (destination); skip if result = 0
Status Affected:	None
Description:	The contents of register 'f' are decremented. If 'd' is 0, the result is placed in the W register. If 'd' is 1, the result is placed back in register 'f'. If the result is 1, the next instruction is executed. If the result is 0, then a NOP is executed instead, making it a 2TCY instruction.

INCF	Increment f
Syntax:	[*label*] INCF f,d
Operands:	$0 \leq f \leq 127$ $d \in [0,1]$
Operation:	(f) + 1 → (destination)
Status Affected:	Z
Description:	The contents of register 'f' are incremented. If 'd' is 0, the result is placed in the W register. If 'd' is 1, the result is placed back in register 'f'.

INCFSZ	Increment f, Skip if 0
Syntax:	[*label*] INCFSZ f,d
Operands:	$0 \leq f \leq 127$ $d \in [0,1]$
Operation:	(f) + 1 → (destination), skip if result=0
Status Affected:	None
Description:	The contents of register 'f' are incremented. If 'd' is 0, the result is placed in the W register. If 'd' is 1, the result is placed back in register 'f'. If the result is 1, the next instruction is executed. If the result is 0, a NOP is executed instead, making it a 2TCY instruction

IORWF	Inclusive OR W with f
Syntax:	[*label*] IORWF f,d
Operands:	$0 \leq f \leq 127$ $d \in [0,1]$
Operation:	(W) .OR. (f) → (destination)
Status Affected:	Z
Description:	Inclusive OR the W register with register 'f'. If 'd' is 0, the result is placed in the W register. If 'd' is 1, the result is placed back in register 'f'.

MOVF	Move f
Syntax:	[*label*] MOVF f,d
Operands:	$0 \leq f \leq 127$ $d \in [0,1]$
Operation:	(f) → (destination)
Status Affected:	Z
Description:	The contents of register 'f' are moved to a destination dependant upon the status of 'd'. If d=0, destination is W register. If d=1, the destination is file register 'f' itself. d=1 is useful to test a file register, since status flag Z is affected.

MOVWF	Move W to f
Syntax:	[*label*] MOVWF f
Operands:	$0 \leq f \leq 127$
Operation:	(W) → (f)
Status Affected:	None
Description:	Move data from W register to register 'f'.

NOP	No Operation
Syntax:	[*label*] NOP
Operands:	None
Operation:	No operation
Status Affected:	none
Description:	No operation

RLF	Rotate Left f through Carry
Syntax:	[*label*] RLF f,d
Operands:	$0 \leq f \leq 127$ $d \in [0,1]$
Operation:	See descriotion below
Status Affected:	C
Description:	The contents of register 'f' are rotated one bit to the left through the Carry Flag. If 'd' is 0, the result is placed in the W register. If 'd' is 1, the result is stored back in register 'f'.

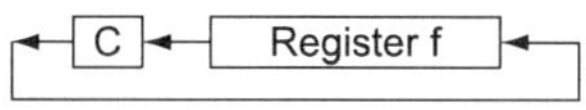

RRF	Rotate Right f through Carry
Syntax:	[*label*] RRF f,d
Operands:	$0 \leq f \leq 127$ $d \in [0,1]$
Operation:	See description below
Status Affected:	C
Description:	The contents of register 'f' are rotated one bit ti the right through the Carry Flag. If 'd' is 0, the result is placed in the W register. If 'd' is 1, the result is placed back in register 'f'.

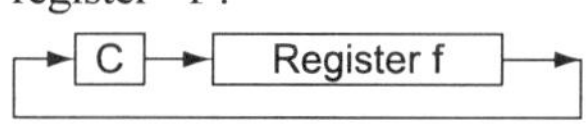

SUBWF	Subtract W from f
Syntax:	[*label*] SUBWF f,d
Operands:	$0 \leq f \leq 127$ $d \in [0,1]$
Operation:	(f) – (W) $\rightarrow$ (destination)
Status Affected:	C, DC, Z
Description:	Subtract (2's complement method) W register from register 'f'. If 'd' is 0, the result is stored in the W register. If 'd' is 1, the result is stored back in register 'f'.

SWAPF	Swap Nibbles in f
Syntax:	[*label*] SWAPF f,d
Operands:	$0 \le f \le 127$ $d \in [0,1]$
Operation:	(f 〈3:0〉) → (destination 〈7:4〉), (f 〈7:4〉) → (destination 〈3:0〉)
Status Affected:	None
Description:	The upper and lower nibbles of register 'f' are exchanged. If 'd' is 0, the result is placed in W register. If 'd' is 1, the result is placed in register 'f'.

XORWF	Exclusive OR W with f
Syntax:	[*label*] XORWF f,d
Operands:	$0 \le f \le 127$ $d \in [0,1]$
Operation:	(W) .XOR. (f) → (destination)
Status Affected:	Z
Description:	Exclusive OR the contents of the W register with register 'f'. If 'd' is 0, the result is stored in the W register. If 'd' is 1, the result is stored back in register 'f'.

1.4.2 비트 명령어 그룹

BCF	Bit Clear f
Syntax:	[*label*] BCF f,b
Operands:	$0 \le f \le 127$ $0 \le b \le 7$
Operation:	0 → (f 〈b〉)
Status Affected:	None
Description:	Bit 'b' in register 'f' is cleared.

BSF	Bit Set f
Syntax:	[*label*] BSF f,b
Operands:	$0 \le f \le 127$ $0 \le b \le 7$
Operation:	1 → (f 〈b〉)
Status Affected:	None
Description:	Bit 'b' in register 'f' is set

BTFSC	Bit Test f, Skip if Clear
Syntax:	[*label*] BTFSC f,b
Operands:	$0 \leq f \leq 127$ $0 \leq b \leq 7$
Operation:	skip if (f 〈b〉)=0
Status Affected:	None
Description:	If bit 'b' in register 'f' is '1', the next instruction is executed. If bit 'b' in register 'f' is '0', the next instruction is discarded, and a NOP is executed instead, making this a $2T_{CY}$ instruction.

BTFSS	Bit Test f, Skip if Set
Syntax:	[*label*] BTFSS f,b
Operands:	$0 \leq f \leq 127$ $0 \leq b \leq 7$
Operation:	skip if (f<b>)=1
Status Affected:	None
Description:	If bit 'b' in register 'f' is '0', the next instruction is executed. if bit 'b' is '1', then the next instruction is discarded and a NOP is executed instead, making this a $2T_{CY}$ instruction.

1.4.3 상수 및 제어 명령어 그룹

ADDLW	Add Literal and W
Syntax:	[*label*] ADDLW k
Operands:	$0 \leq k \leq 255$
Operation:	$(W) + k \rightarrow (W)$
Status Affected:	C, DC, Z
Description:	The contents of the W register are added to the eight-bit literal 'k' and the result is placed in the W register.

ANDLW	AND Literal and W
Syntax:	[*label*] ANDLW k
Operands:	$0 \leq k \leq 255$
Operation:	W .AND. (k) → (W)
Status Affected:	Z
Description:	The contents of the W register are AND'ed with the eight-bit literal 'k'. The result is placed in the W register.

CALL	Call Subroutine
Syntax:	[*label*] CALL k
Operands:	0 ≤ k ≤ 2047
Operation:	(PC)+1 → TOS, k → PC 〈10:0〉 PCLATH 〈4:3〉 → PC 〈12:11〉
Status Affected:	None
Description:	Call Subroutine. First, return address (PC+1) is pushed onto the stack. The eleven-bit immediate address is loaded into PC bits 〈10:0〉 . The upper bits of the PC are loaded from PCLATH. CALL is a two-cycle instruction.

CLRWDT	Clear Watchdog Timer
Syntax:	[*label*] CLRWDT
Operands:	None
Operation:	00h → WDT 0 → WDT prescaler, 1 → $\overline{TO}$ 1 → $\overline{PD}$
Status Affected:	$\overline{TO}$, $\overline{PD}$
Description:	CLRWDT instruction resets the Watchdog Timer. It also resets the prescaler of the WDT. Status bits $\overline{TO}$ and $\overline{PD}$ are set.

GOTO	Unconditional Branch
Syntax:	[*label*] GOTO k
Operands:	0 ≤ k ≤ 2047
Operation:	k → PC <10:0> PCLATH <4:3> → PC <12:11〉
Status Affected:	None
Description:	GOTO is an unconditional branch. The eleven-bit immediate value is loaded into PC bits <10:0>. The upper bits of PC are loaded from PCLATH <4:3>. GOTO is a two-cycle instruction.

IORLW	Inclusive OR Literal with W
Syntax:	[*label*] IORLW k
Operands:	$0 \leq k \leq 255$
Operation:	(W) .OR. k → (W)
Status Affected:	Z
Description:	The contents of the W register are OR'ed with the eight-bit literal 'k'. The result is placed in the W register.

MOVLW	Move Literal to W
Syntax:	[*label*] MOVLW k
Operands:	$0 \leq k \leq 255$
Operation:	k → (W)
Status Affected:	None
Description:	The eight-bit literal 'k' is loaded into W register. The don't cares will assemble as 0's

RETFIE	Return from Interupt
Syntax:	[*label*] RETFIE
Operands:	None
Operation:	TOS → PC, 1 → GIE
Status Affected:	None

RETLW	Return with Literal in W
Syntax:	[*label*] RETLW k
Operands:	$0 \leq k \leq 255$
Operation:	k → (W); TOS → PC
Status Affected:	None
Description:	The W register is loaded with the eight-bit literal 'k'. The program counter is loaded from the top of the stack (the return address). This is a two-cycle instruction.

RETURN	Return from subroutine
Syntax:	[*label*] RETURN
Operands:	None
Operation:	TOS → PC
Status Affected:	None
Description:	Return from subroutine. The stack is POPed and the top of the stack (TOS) is loaded into the program counter. This is a two-cycle instruction.

SLEEP	
Syntax:	[*label*] SLEEP
Operands:	None
Operation:	00h → WDT 0 → WDT prescaler, 1 → $\overline{TO}$, 0 → $\overline{PD}$
Status Affected:	$\overline{TO}$, $\overline{PD}$
Description:	The power-down status bit, $\overline{PD}$ is cleared. Time-out status bit, $\overline{TO}$ is set. Watchdog Timer and its prescaler are cleared. The processor is put into SLEEP mode with the oscillator stopped.

SUBLW	Subtract W from Literal
Syntax:	[*label*] SUBLW k
Operands:	0 ≤ k ≤ 255
Operation:	k-(W) → (W)
Status Affected:	C, DC, Z
Description:	The W register is subtracted (2's complement method) from the eight- bit literal 'k'. The result is placed in the W register.

XORLW	Exclusive OR Literal with W
Syntax:	[*label*] XORLW k
Operands:	0 ≤ k ≤ 255
Operation:	(W) .XOR. k → (W)
Status Affected:	Z
Description:	The contents of the W register are XOR'ed with the eight-bit literal 'k'. The result is placed in the W register.

section

1.5 고찰문제

1) RISC와 하버드 구조를 설명하여라.

2) 칩 제공 형태인 PDIP, SOIC, SSOP를 비교하여 설명하여라.

3) PIC16F84A의 한 명령어를 표시하는 워드 폭은 몇 비트이며, 1-바이트, 2-바이트 혹은 3-바이트의 바이트 수를 정수배하는 일반적인 경우와 다르게 설정한 이유에 관하여 논의하여라.

4) POR, PWRT, OST의 시간 지연 동작을 설명하여라.

5) 8개의 레벨로 구성된 하드웨어 스택이 실린더 형태를 취한다는 의미를 설명하여라.

6) 프로그램 메모리와 데이터 메모리의 워드 폭은 서로 같은가 아니면 서로 다른가? 그리고 그 이유를 설명하여라.

7) OPTION 레지스터의 $\overline{\text{RBPU}}$ 비트의 기능을 설명하여라.

8) 포트 A의 RA4 핀은 RA0~RA3 핀과 달리 슈미트 트리거 입력 버퍼를 가진다. 그 이유를 설명하여라.

9) 8-비트 카운터인 프리스케일러는 WDT에 사용될 때에는 포스트스케일러라고도 한다. 그 이유를 설명하여라.

10) 워치독타이머는 무엇이며, 어떠한 용도로 사용될 수 있는지에 관하여 논의하여라.

11) PIC16F84A의 명령어 중에서 두 사이클을 필요로 하는 명령어의 실행 예를 제시하고, 이들의 동작을 설명하여라.

Chapter 2
응용예제

학습개요

여기서는 PIC16F8xxx 계열의 8-비트 마이크로컨트롤러를 이용한 다양한 응용 예제를 다룬다. I/O 포트를 사용한 LED 점멸 제어에서 교통신호등 설계 등을 주요 회로도 및 소스코드와 함께 가능한 상세하게 설명한다. 여기서의 각 장의 내용은 실험/실습을 위한 기초적인 이론 부분, 회로도, 소스코드, 그리고 고찰 등으로 구성하여 각 장의 실험/실습 내용을 충분히 숙지할 수 있도록 구성한다.

section

2.1 I/O Port로 LED 제어

2.1.1 개요

컴퓨터는 기억소자에 들어 있는 내용을 순차적으로 수행하며, 통상적으로 그 결과를 기억소자에 저장한다. 이와 같은 기억소자에 들어 있는 내용이나 연산 결과를 보기 위해서는 컴퓨터 내부 내용을 외부로 연결시켜 주는 창구가 필요하며, 이러한 창구 역할을 용어로 OUTPUT PORT라고 한다. 그리고 그 반대로 컴퓨터에 데이터를 주거나 제어신호를 넣어줄 때는 외부 신호를 컴퓨터 내부로 연결시키는 부분이 필요하다. 이를 INPUT PORT라고 한다. 즉 I/O PORT는 컴퓨터와 외부를 연결하는 장소가 되며, 특히 제어 기능으로 많이 활용되는 마이크로컨트롤러에서는 이를 잘 활용하는 것이 매우 중요하다.

PIC 마이크로컨트롤러는 1Chip 프로세스이며, 1Chip의 제한된 크기에 최대의 기능을 부여하기 위하여 가능한 많은 I/O를 접속할 수 있도록 만들어야 한다. 따라서 1Chip 마이크로컨트롤러는 대부분 하나의 IC Pin (이를 Port라고도 한다) 안에 다양한 기능들을 포함하고 있으며, 참고로 한 개의 Pin에 5가지의 기능을 가지기도 하고, I/O가 분리되어 있기보다는 필요에 따라 선택할 수 있도록 정해두고 있다. 더욱이 모든 I/O Pin들은 프로그램의 크기뿐만 아니라 프로그램 중간에도 Input Port 혹은 Output Port로 변경이 가능하다.

I/O Pin 설정 과정은 프로세스 종류마다 약간씩 다르나, 기본적인 순서는 다음과 같다.

① 먼저 단순 I/O 설정보다 특수 기능을 먼저 설정해야 한다.

② 설정은 마이크로프로세서의 내부 회로를 관리(제어)하는 특수 용도 register(주소와 용도가 결정되어 있는 I/O PORT : PIC 계열에서는 register file 중에서 고유 이름이 명기된 것들)를 통하여 이루어지며, data sheet를 확인해야 한다.

③ 특수 기능에 따른 Pin의 사용 용도가 INPUT인가 OUTPUT인가를 확인하여 I/O 기능을 설정한다.

④ 단순 I/O 기능만 가지는 Pin은 그냥 설정만 하면 된다.

INPUT PORT는 외부 신호를 마이크로프로세서의 내부로 연결시켜 주는 기능이므로 자체만으로는 기억 기능이 없으나, OUTPUT PORT는 일종의 기억소자이므로 출력되는 내용을 읽어서 확인할 수도 있고, 바로 변경하여 출력할 수 있으므로 이를 잘 활용하면 프로그램을 아주 효율적으로 작성할 수 있다.

그림 2.1.1의 회로도에서 보는 바와 같이 8개의 LED가 PB0~PB7 포트에 연결되어 있으며, RA0~RA1에 토글스위치가 연결되어 있다. LED는 "0"이 출력되면 점등이 된다. 토글스위치는 +5[V]에 연결되면 "1", 그라운드에 연결되면 "0"이 해당되는 포트핀에 입력된다. R1~R8은 330[Ω]이며, R9 ~ R10은 5.6[kΩ]이다.

2.1.2 회로도

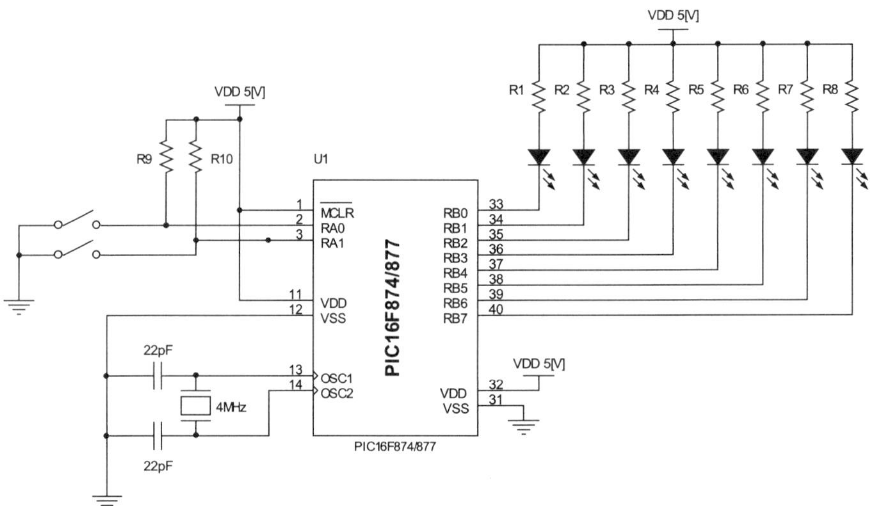

그림 2.1.1 회로도

2.1.3 소스 프로그램

(1) LED ON/OFF

토글스위치 1이 ON이면 PB0~PB3의 LED가 ON 되며, 토글스위치 2가 ON 되면 PB4~PB7의 LED가 ON 된다. 토글스위치 1, 2가 동시에 ON 되면

PB0~PB7의 모든 LED가 ON 된다.

```
#include <c:\piccw\devices\16f874.h>
#device pic16f874 *=8 adc=10
#use delay(clock = 4000000)
#zero_ram
#byte portb = 0x06
#byte porta = 0x05

void main() {
     boolean X1,X2;
     int      temp;
     set_tris_a (0xff);  // A 포트 입력
     set_tris_b (0x00);  // B 포트 출력
     while(TRUE) {
              X1= input (PORT_A0);
              X2= input (PORT_A1);
              if ((X1==0) && (X2==0)) temp = 0x00;
              else if ((X1==1) && (X2==0)) temp = 0x0f;
              else if ((X1==0) && (X2==1)) temp = 0xf0;
              else temp = 0xff;
              portb = temp;
     }
}
```

(2) LED 점멸

토글스위치 1이 ON 되면 PB0~PB3의 LED가 1[sec] 주기로 점멸이 되며, 토글스위치 2가 ON 되면 PB4~PB7의 LED가 0.5[sec] 주기로 점멸이 된다. 토글스위치 1, 2가 동시에 ON이 되면 PB0~PB3의 LED는 1[sec], PB4~PB7의 LED는 0.5[sec]의 주기로 번갈아 가며 점멸한다. 토글스위치 1, 2가 동시에 OFF 되면 PB0~PB7의 모든 LED가 ON 된다.

```
#include <c:\piccw\devices\16f874.h>
#device pic16f874 *=8 adc=10
#use delay(clock = 4000000)
#zero_ram
#byte portb = 0x06
#byte porta = 0x05
```

```
void main() {
     boolean X1,X2;
     boolean X1_FLAG, X2_FLAG;
     int      temp;
     set_tris_a (0xff);  // A 포트 입력
     set_tris_b (0x00);  // B 포트 출력
     while(TRUE) {
             X1= input (PORT_A0);
             X2= input (PORT_A1);
             if ((X1==0) && (X2==0)) {
                     temp = 0xff; portb = temp;
             }
             else if ((X1==1) && (X2==0)) {
                     if(X1_FLAG ==1) {temp = 0x0f; X1_FLAG=0;}
                     else {temp =0x00; X1_FLAG=1;}
                     portb = temp;
                     delay_ms(500);  // 0.5를 delay
             }
             else if ((X1==0) && (X2==1)) {
                     if(X2_FLAG ==1) {temp = 0xf0; X2_FLAG=0;}
                     else {temp =0x00; X2_FLAG=1;}
                     portb = temp;
                     delay_ms(250);
             }
             else {
                     if(X1_FLAG==1) {
                             temp = 0x0f; portb = temp;
                             X1_FLAG=0; X2_FLAG=1;
                             delay (500);
                     }
                     else{
                             temp = 0xf0; portb = temp;
                             X1_FLAG=1; X2_FLAG=0;
                             delay (250);
                     }
             }
     }
}
```

2.1.4 고찰문제

1) 토글스위치 1의 ON/OFF 값을 카운트하여 LED에 디스플레이하여라.

2) 각 LED를 1초 간격으로 Shift 시키며 디스플레이하여라.

3) 0.5초 주기로 하나씩 증가시킨 출력 값을 LED에 디스플레이하여라.

4) 1초 주기로 하나씩 감소시킨 출력 값을 LED에 디스플레이하여라.

2.1.5 I/O 관련 명령어

BIT_CLEAR(var,bit)
– 레지스터 혹은 포트의 해당 비트를 CLEAR(OFF, LOW, 0, 0v)

- var : 변수 또는 포트명
- bit : int8형인 경우(0~7)
  int16형인 경우(0~15)
  int32형인 경우(0~31)까지 지정 가능

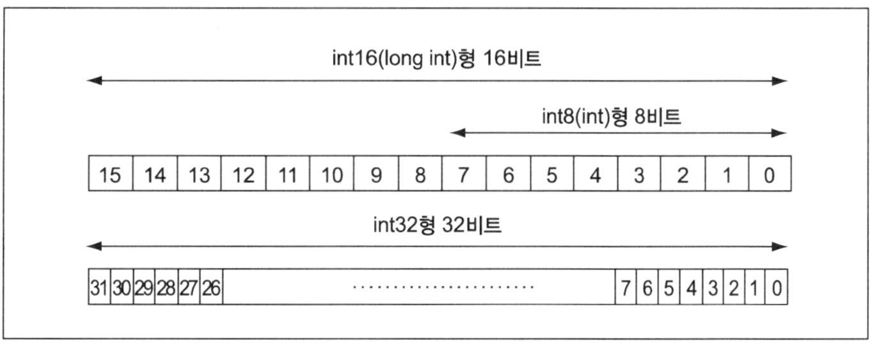

BIT_SET(var,bit)
– 레지스터 혹은 포트의 해당 비트를 SET(ON, HIGH, 1, 5v)

- var : 변수 또는 포트명
- bit : int8형인 경우(0~7)
  int16형인 경우(0~15)

int32형인 경우(0~31)까지 지정 가능

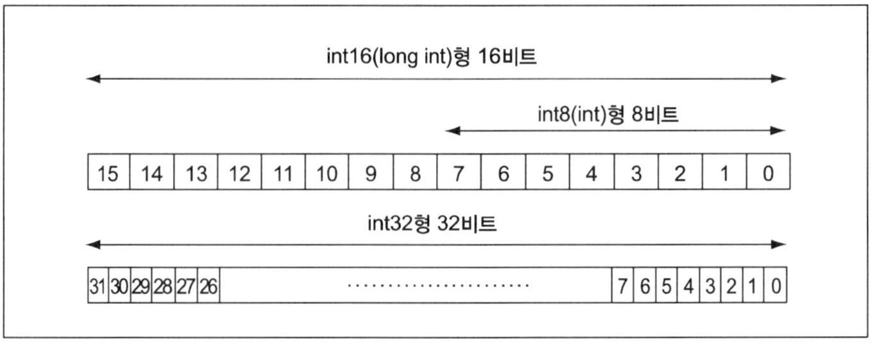

BIT_TEST(var,bit)

– 레지스터 혹은 포트의 해당 비트를 TEST(1인지 0인지 판단)

- var : 변수 또는 포트명
- bit : int8형인 경우(0~7)
  int16형인 경우(0~15)
  int32형인 경우(0~31)까지 지정 가능

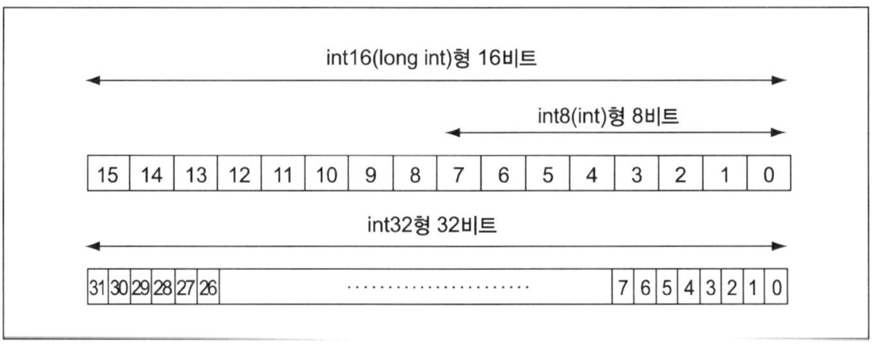

이 명령은 프로그램 명령 중 가장 많이 사용되는 명령 중의 하나이다. 이 명령은 체크하고자 하는 레지스터 및 포트의 해당 비트가 1인지 0인지 판단하는 명령으로 빈번히 사용되는 명령어이다.

b=SHIFT_LEFT(address,bytes,value)
– 왼쪽 쉬프트 입력

- b : 입력된 결과가 저장되는 곳
- address : 입력된 데이터가 저장되는 곳
- byte : 몇 바이트를 사용할 것인가를 선택
- value : 입력되는 포트를 지정

이 명령을 사용하기 위해서는 address가 반드시 배열이거나 또는 "&변수명"의 형태여야 한다.

b=SHIFT_RIGHT(address,bytes,value)
– 오른쪽 쉬프트 입력

- b : 입력된 결과가 저장되는 곳
- address : 입력된 데이터가 저장되는 곳
- byte : 몇 바이트를 사용할 것인가를 선택
- value : 입력되는 포트를 지정

이 명령을 사용하기 위해서는 address가 반드시 배열이거나 또는 "&변수명"의 형태여야 한다. shift_left 명령과는 왼쪽으로 쉬프트할 것인지, 오른쪽으로 쉬프트할 것인지만 차이가 있다.

ROTATE_LEFT(address,bytes)
– 해당 데이터(address)를 좌로 한 번 로테이트시킴

- address : 변수 또는 포트명
- byte : rotate 시키고자 하는 바이트 수

데이터를 좌로 한 번 로테이트시킨 후 다시 저장한다. 즉, 이 명령은 해당 데이터의

7번 비트를 0번 비트로
6번 비트는 7번 비트로
5번 비트는 6번 비트로

4번 비트는 5번 비트로
3번 비트는 4번 비트로
2번 비트는 3번 비트로
1번 비트는 2번 비트로
0번 비트는 1번 비트로 이동한다.

ROTATE_RIGHT(address,bytes)
– 해당 데이터(address)를 우로 한 번 로테이트시킴

- address : 변수 또는 포트명
- byte : rotate 시키고자 하는 바이트 수

데이터를 우로 한 번 로테이트시킨 후 다시 저장한다.
이 명령은 해당 데이터의
7번 비트를 6번 비트로
6번 비트는 5번 비트로
5번 비트는 4번 비트로
4번 비트는 3번 비트로
3번 비트는 2번 비트로
2번 비트는 1번 비트로
1번 비트는 0번 비트로
0번 비트는 7번 비트로 이동한다.

OUTPUT_BIT(pin,value)
– 특정 포트에 1(HIGH) 또는 0(LOW)을 출력

- pin : 핀 이름(pin_a0,,,)
- value : 1(high), 0(low)

마지막에 지정된 #use ?_io 지시어에 의해 입출력 조작이 이루어진다.

```
output_bit(pin_b0, 1);   //portb.0을 1(high,5v,on)을 출력한다.
output_bit(pin_b0, 0);   //portb.0을 0(low,0v,off)을 출력한다.
```

OUTPUT_HIGH(pin)
– 특정 포트에 1(HIGH)을 출력

- pin : 핀 이름(pin_a0, ...)
- out value : 1(high)

마지막에 지정된 #use ?_io 지시어에 의해 입출력 조작이 이루어진다.

```
output_high(pin_b0);   //portb.0을 1로 출력한다.
```

OUTPUT_LOW(pin)
– 특정 포트에 0(LOW)을 출력

- pin : 핀 이름(pin_a0, ...)
- out value : 0(low)

마지막에 지정된 #use ?_io 지시어에 의해 입출력 조작이 이루어진다.

```
output_low(pin_b0);   //portb.0을 0으로 출력한다.
```

b=INPUT(pin)
– 해당 핀으로부터 신호를 입력받아 HIGH(1) 또는 LOW(0) 반환

- pin : 포트명(pin_a0, pin_a1, ...)
- b : high(1) 또는 low(0)

마지막에 지정된 #use ?_io 지시어에 의해 입출력 조작이 이루어진다. 이 명령은 해당 핀으로 입력되는 상태를 읽어서 반환한다.

예1)

```
set_tris_b(0x01);              //pin_b0를 입력으로 설정
if(input(pin_b0))
        output_high(pin_b7);   //b0가 1이면 수행
else
        output_low(pin_b7);    //b0가 0이면 수행
```

b=INPUT_X( )
- 해당 포트로부터 8비트 데이터를 입력

- x : 포트명
  b = input_a() : porta로부터 8비트 입력(하위 6비트만 유효)
  b = input_b() : portb로부터 8비트 입력
  b = input_c() : portc로부터 8비트 입력
  b = input_d() : portd로부터 8비트 입력
  b = input_e() : porte로부터 8비트 입력(하위 3비트만 유효)
- b : 포트로부터 입력된 값(이 값은 포트의 비트 수와 관련)

OUTPUT_X(b)
- 해당 포트로부터 8비트 데이터를 출력

- x : 포트명
  input_a() : porta로부터 8비트 출력(하위 6비트만 유효)
  input_b() : portb로부터 8비트 출력
  input_c() : portc로부터 8비트 출력
  input_d() : portd로부터 8비트 출력
  input_e() : porte로부터 8비트 출력(하위 3비트만 유효)
- b : 상수(0~255), 변수(하위 8비트)

input_x() 명령은 해당 포트로부터 8비트 데이터를 입력받는 명령이며, ouput_x() 명령은 해당 포트로 8비트 데이터를 출력하는 명령이다.

이들 명령은 마지막에 지정된 #use *_io 형식에 따라 입출력이 결정된다.

SET_TRIS_A(valu) PORTA는 6비트
SET_TRIS_B(valu) PORTB는 8비트
SET_TRIS_C(valu) PORTC는 8비트
SET_TRIS_D(valu) PORTD는 8비트
SET_TRIS_E(valu) PORTE는 3비트
- 해당 포트의 입출력 방향 결정(해당 비트가 1이면 입력, 0이면 출력)

- value : 해당 비트가 1이면 입력, 해당 비트가 0이면 출력을 의미한다.

```
set_tris_b(0xff);    //이 경우 bit 7~bit 0이 모두 1이므로 portb는 모두
                     //입력으로 설정된다.
set_tris_b(0x0f);    //이 경우 bit 7~bit 4는 모두 0이므로 출력으로 설정,
                     //bit3~bit0은 모두 1이므로 입력으로 설정된다.
```

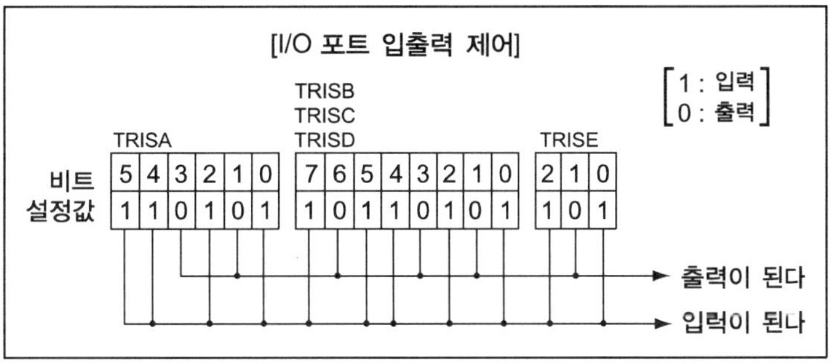

DELAY_MS(time)
– ms 딜레이 함수

- time : 변수를 이용한 딜레이는 0~255,
  상수를 이용한 딜레이는 0~65535까지 가능

이 함수는 시간을 ms 단위로 지연해 주는 함수이다.

이 함수를 사용하기 전에 반드시 #use delay(clock=주파수)를 먼저 선언해 주어야 한다.

DELAY_US(time)
– us 딜레이 함수

- time : 변수를 이용한 딜레이는 0~255,
  상수를 이용한 딜레이는 0~65535까지 가능

이 함수는 시간을 us 단위로 지연해 주는 함수이다.

이 함수를 사용하기 전에 반드시 #use delay(clock=주파수)를 먼저 선언해 주어야 한다.

section

2.2 7-Segment 응용

2.2.1 개요

LED는 ON/OFF 제어만 가능하므로 어떤 정보를 출력하기에는 부족함이 있다. 그러면 디지털 값으로 최소한 숫자라도 표현해 보는 OUTPUT 장치는 없는가? 이것이 7-Segment이다. 10진 숫자('0'에서 '9'까지의 숫자)는 7개의 막대기로 표시가 가능하며, 둥그런 LED 앞면을 길게 만들면 막대 모양의 불을 만들 수 있다. 이것을 7개 묶어 한 개의 소자로 만든 것이 7-Segment 표시기이다. 여러분이 흔히 보는 디지털시계의 숫자 표시와 같은 것이다. 7-Segment는 원적으로 LED가 7개이나, 소수점을 나타내기 위하여 1개가 더 필요하여 실제로는 8개의 LED가 들어 있는 것이 표준이다. 그러므로 7-Segment를 사용하기 위해서 결선해야 되는 선이 2×8개가 되어 아주 복잡한 부품이 된다.

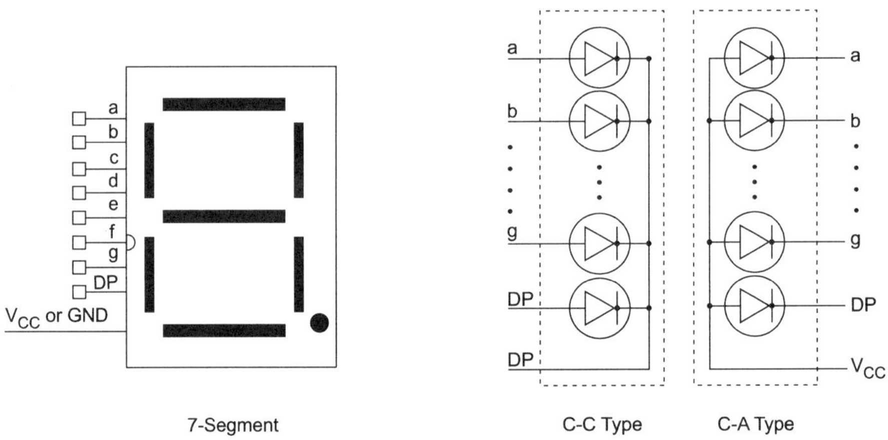

■ 그림 2.2.1 7-Segment의 구조 및 내부 회로

7-Segment의 결선을 최소화하기 위하여 그림 2.2.1과 같이 공통 접지를 이용한다. 공통되는 것에 따라 C-C(Common Cathode), C-A(Common Anode) 두 종류가 있다. 그리고 7-Segment를 1개만 사용하는 경우는 아주 드물고 여러 개를 사용한다. 예를 들어 4개를 사용하면 4×9개의 연결선이 필요하다. 이는 아주 많은 선이다. 이것을 줄이기 위해서 각 segment를 다시 병렬

로 연결한다. 그러면 그림 2.2.2와 같은 소자가 만들어진다.

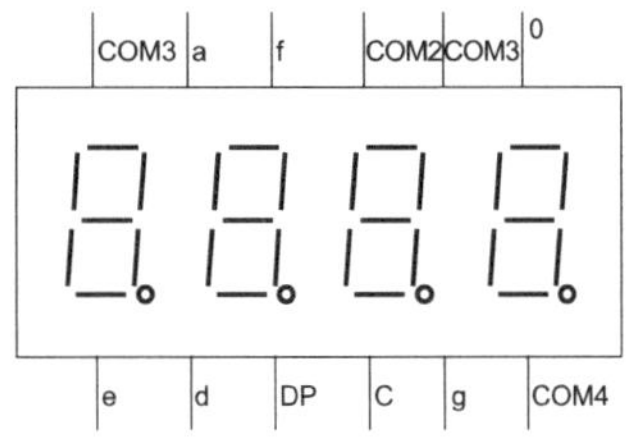

(a) 4-DIGIT 7-SEGMENT 외형

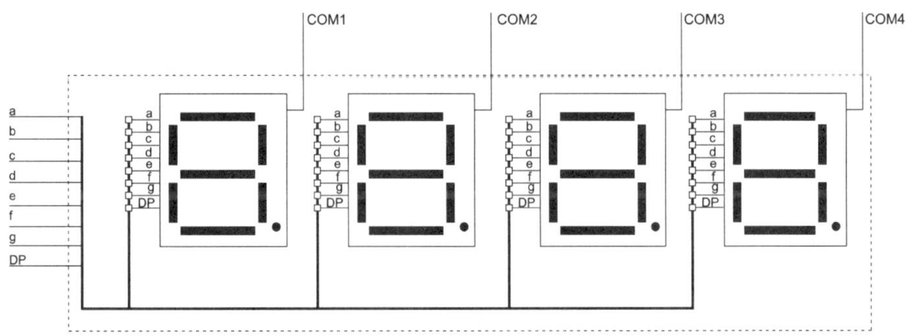

(b) 4-DIGIT 7-SEGMENT 내부 회로

그림 2.2.2 4-DIGIT 7-Segment 내부 회로

Digit를 구동하는 공통선은 여러 개의 LED를 구동하므로 전류가 많이 필요하다. 그래서 실험보드의 회로와 같이 전류 증폭소자를 추가로 사용하는 경우가 많다.

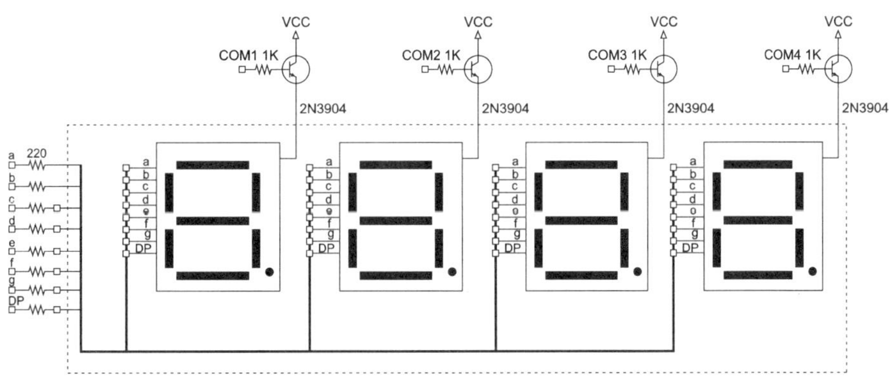

그림 2.2.3 실험보드에 있는 FND Display 회로도

앞에서 설명하였지만 결선을 줄이기 위해서 공통으로 연결하다보니 개별 소자 개념에서 특정 위치에 특정 숫자를 표시하기가 불가능해졌다. 그래서 7-Segment를 구동하는 데는 조금 복잡한 개념이 사용된다. 즉 동시에 4개의 7-Segment에 다른 숫자를 쓰는 것은 안 되므로 특정 시간 동안만(아주 짧은 시간) 특정 위치에(회로도에서는 COM) 특정 숫자(7-Segment 입력 단자)를 표시하고, 위치를 이동하여 반복하는 것이다. 그러면 사람은 LED의 잔상으로 LED 전체가 항상 불이 들어와 있는 것으로 인식한다. 당연히 불 밝기는 어두워진다.

그림 2.2.4는 I/O 포트의 동작 상태를 실험하기 위한 7-Segment 회로도이다. 포트 B의 하위 4비트(RB0~RB3)에는 스위치가 연결되어 있고 상위 4비트(RB4~RB7)에는 LED가 연결되어 있다. 또한 포트 D에는 7-Segment가 연결되어 있다. 포트 D의 하위 4비트는 7-Segment를 하나씩 순차적으로 구동하기 위한 제어신호로 사용된다.

2.2.2 회로도

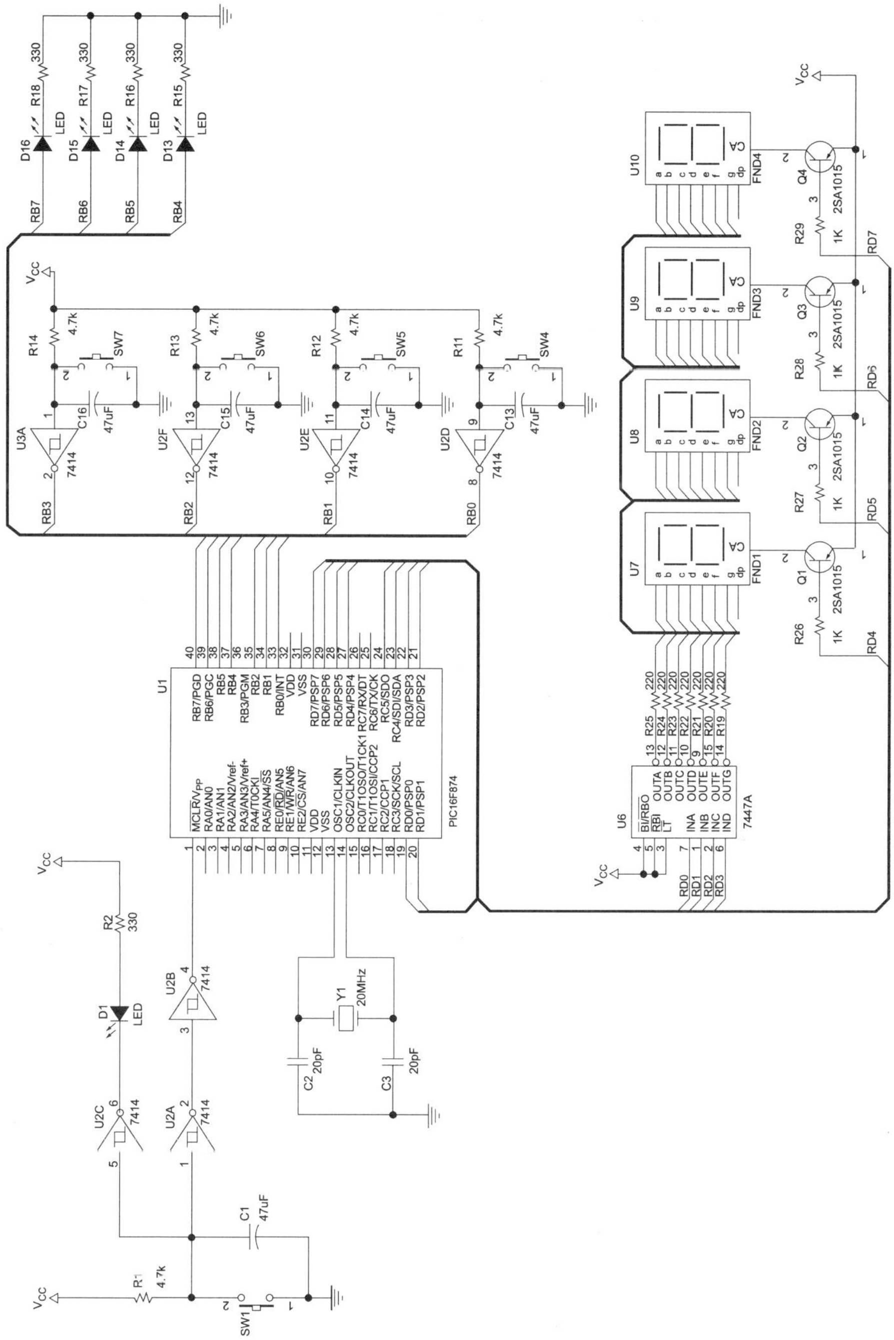

그림 2.2.4 회로도

2.2.3 소스 프로그램

(1) 7-Segment에 숫자 쓰기

다음은 포트 D에 연결되어 있는 7-Segment에 1234가 디스플레이 되도록 하는 프로그램이다.

```
#include <16f874.h>    //PIC16F874 헤더파일 포함
#include <pic.h>
#byte portd=8
#byte trisd=0x08
#use delay(clock=20000000)     //클럭 20kHz 사용

void main()
{
     trisd=0x00;                //입출력 설정 8비트 모두 출력 모드
     portd=0;
     while(1) {
              portd=0b11100001; //FND1에 0이 Display
              portd=0b11010010; //FND2에 0
              portd=0b10110011; //FND3에 0
              portd=0b01110100; //FND4에 7
     }
}
```

(2) LED의 값을 7-Segment에 쓰기

다음은 포트 B에 연결되어 있는 스위치의 값을 7-Segment에 디스플레이 하는 프로그램이다.

```
#include <16f874.h>    //PIC16F874 헤더파일 포함
#byte portb=6
#byte portd=8
#byte temp=0x20
#byte trisb=0x86
#byte trisb=0x88
#use delay(clock=20000000)     //클럭 20MHz 사용

void main()
{
```

```
    trisb = 0x0f;                   //입출력 설정
    trisd = 0x00;                   //입출력 설정 8비트 모두 출력 모드
    portd=0;
    portp=0;
    while(1) {
            portd=0b11100000; //FND1에 0이 Display
            delay_us(100);
            portd=0b11110000;
            delay_us(100);
            portd=0b11010000; //FND2에 0
            delay_us(100);
            portd=0b10110000; //FND3에 0
            delay_us(100);
            portd=0b11110000;
            temp=portb & 0b00001111; //스위치가 아닌 부분의 데이터는 마
                                       스크
            portd=temp | 0b01110000; //제어선 인에이블
            delay_us(100);
            portd=0b11110000;
            delay_us(100);
    }
}
```

2.2.4 고찰문제

1) 0.1초 주기로 하나씩 증가시킨 출력 값을 FND에 디스플레이하여라.

2) 0.5초 주기로 10씩 증가시킨 출력 값을 FND에 디스플레이하여라.

3) FND의 값을 1초 주기로 회전시켜라.

4) 각 스위치에 자릿수를 FND의 자릿수에 할당한 후, 각 스위치의 ON/OFF 값을 카운트하여 디스플레이하여라.

2.2.5 전처지시어 관련 명령어

#ASM
#ENDASM – 인라인 어셈블리어 사용

- #ASM … #ENDASM 사이 안에 있는 어셈블리어를 실행

이 전처지시어는 CCS-C 안에서 어셈블리 언어를 사용할 수 있도록 해주는 지시어이다.

#ASM…#ENDASM 안에 어셈블리 명령을 삽입해야 한다.

#BIT id=x.y
– 비트 지정자 선언

- id : 식별자
- x : 상수 또는 포트명
- y : 해당 비트(0~7)

이 전처지시어는 특정 비트를 정의할 때 사용한다.

#BYTE id=x
– 식별자에 특정 레지스터 번지를 지정

- id : 식별자
- x : 특수 레지스터 및 사용자 램 어드레스

이 지시어는 스페셜 레지스터 및 사용자 램 영역의 특정 어드레스를 바이트 단위로 액세스할 수 있도록 해 주는 지시어이다.

이 지시어를 사용하여 정의된 식별자는 바이트 단위로 제어가 가능하다.

#DEFINE ID STRING
– 사용자 정의

- 유저 정의 문자로 치환

이 전치지시어는 유저가 정의한 내용으로 치환하는 역할을 한다.

예)

```
#define BITS   8    // 프로그램에서 BITS로 입력한 곳은 8로 치환된다.
a = a + BITS;       // a=a+8로 치환된다.
```

#INCLUDE <FILENAME>

– 컴파일러가 제공하는 시스템 헤더파일 포함

- <FILENAME> 컴파일러가 제공하는 헤더파일

이 전치지시어는 컴파일러에세 컴파일러 시스템 니렉토리에서 해당 파일을 참조해서 컴파일하라고 지시한다.

예)

```
#include<c:\piccw\devices\16C54.H>
#include<c:\piccw\devices\16F877.H>
#include<c:\piccw\devices\16f874.h>
```

#INCLUDE USER FILENAME

– 시스템 헤더파일 이외의 파일을 지정(유저 정의 파일)

- USER FILENAME 유저가 만든 헤더파일 및 소스 파일

이 전치지시어는 컴파일러에게 유저가 만든 파일을 포함해서 컴파일하라고 지시한다.

예)

```
#include "lcd.c"
#include "iodef.h"
#include "c\piccw\devices\16f874.h"
```

#DEVICE CHIP

– 컴파일러에게 하드웨어 구조를 알림(ROM,RAM,ADC,Map...)

- 컴파일러에서 CHIP의 특징을 알려줌
- RAM 지정을 위한 포인터 설정

: *=5　　　12비트 계열
: *=8　　　12비트, 14비트 계열
: *=16　　14비트 계열

- ADC 해상도 설정

ADC=8　　0x00 ~ 0xff
ADC=10　　0x00 ~ 0x3ff
ADC=11　　0x00 ~ 0x7ff
ADC=16　　0x00 ~ 0xffff

이 전치지시어는 컴파일러에게 칩에 대한 RAM과 ROM 그리고 ADC 해상도 등의 정보를 알려준다. PIC 칩은 종류에 따라 RAM과 ROM 용량이 다르므로 컴파일러가 컴파일할 때 해당 칩이 어느 정도의 RAM과 ROM을 가지고 있는지 알아야 컴파일러가 적당한 RAM과 ROM 번지에 변수와 프로그램을 위치시킬 수 있기 때문이다.

유저가 사용하는 변수는 특별한 지시가 없으면 컴파일러가 알아서 적당한 RAM 번지에 변수를 할당한다. PIC 칩을 FILE REGISTER MAP 사이즈가 256바이트 이하인 것도 있고, 그 이상인 것도 있다. 256바이트 이하인 것은 별도의 지정 없이도 모든 FILE REGISTER MAP을 액세스할 수 있지만 그 이상인 것은 8비트 포인터로는 지정할 수 없다. 이때는 16비트 포인터를 사용해야 256바이트 이상의 FILE REGISTER MAP을 지정할 수 있다. 하지만 이 경우 모든 데이터 메모리 참조 부분이 16비트가 되므로 더 많은 프로그램 메모리를 차지하게 되는 단점이 있다. 각종 응용 시스템에 따라 다르겠지만 유저 램 영역을 사용하지 못하는 것보다는 프로그램 메모리를 조금 더 사용하는 것이 나을 수도 있다.

이 지시이는 반드시 해당 디바이스의 헤더피일을 오픈히는 명령 바로 밑에 기술해야 한다.

#INLINE
– 컴파일러에게 INLINE으로 번역하게 지시함

- 함수 INLINE으로 번역하게 지시함

이 전치지시어는 컴파일러에게 inline으로 번역하라고 지시한다. 사용법은 함수 위에 "#inline"을 기술하면 된다. 서브루틴을 호출할 때 call로 호출하고 return으로 복귀하도록 하는 것이 정상인데 서브루틴을 #inline으로 선언하면 해당 서브루틴의 내용을 호출할 때마다 그대로 복사하라고 하는 지시어이다. 이 경우 코드가 중복이 되므로 프로그램 메모리는 늘어나지만 call로 호출하는 것이 아니라서 스택 사용은 줄일 수 있다. 만약 이 지시어가 없고, 한 곳에서만 특정 서브루틴을 호출하는 경우 컴파일러는 inline으로 번역하는 것이 최상이라고 생각해서 inline으로 번역한다.

#INT_xxx 인터럽트 소스
– 인터럽트 서비스 루틴 정의

- xxx : 인터럽트 소스(int_ext, int_rda, int_tbe, ...)

이 전치지시어는 #int_xxx 다음에 오는 함수가 해당 인터럽트가 발생했을 때 실행할 인터럽트 서비스 루틴임을 알린다.

예)

```
#int_ext ◄──────────── 이 지시어는 정해진 형식을 따라야 한다.
ext_isr( ) {
     ++cnt;
}
```

위의 함수 PIC의 인터럽트 소스 중 외부 인터럽트(에지 인터럽트 PORTB.O)가 발생했을 때 이곳으로 와서 명령은 처리한다. 즉, 외부 인터럽트가 발생할 때마다 cnt 변수를 1씩 증가시킨다.

다음 자주 사용하는 PIC 인터럽트 소스들이다. 다른 11개의 인터럽트 소스에 대해서는 PIC의 매뉴얼을 참고하기 바란다.

INT_EXT	외부 인터럽트
INT_RTCC	Timer0(RTCC) 인터럽트
INT_TIMER0	Timer0(RTCC) 인터럽트
INT_RB	PORTB.4 ~ PORTB.7까지의 change 인터럽트
INT_AD	A/D 완료 인터럽트
INT_EEPROM	EEPROM write 완료 인터럽트

INT_TIMER1	Timer1 인터럽트
INT_TIMER2	Timer2 인터럽트
INT_CCP1	CCP1 capture 인터럽트
INT_CCP2	CCP2 capture 인터럽트
INT_SSP	SPI or 1^2C activity
INT_PSP	Parallel Slave Port data in 인터럽트
INT_TBE	RS232C 송신 인터럽트
INT_RDA	RS232C 수신 인터럽트

#INT_GLOBAL
– 이 지시어 다음에 오는 인터럽트 서비스 루틴을 프로그램 메모리 4번지에 위치시킴

- 인터럽트 서비스 루틴을 4번지에 위치시킴

PIC의 인터럽트 벡터는 4번지이다. 이 지시어를 쓰지 않으면 컴파일러가 알아서 인터럽트 서비스 루틴을 적당한 프로그램 메모리 번지에 놓이게 한다. 그러나 이 전치지시어를 사용하면 그 다음에 오는 인터럽트 서비스 루틴은 프로그램 메모리 4번지에 놓이게 한다.

#ORG start,end
– 특정 프로그램 메모리에 소스 코드 할당

- start : 프로그램의 시작 위치
- end : 프로그램의 끝 위치

- #org start, end // start와 end 사이에 놓이게 함
- #org segment // start와 end 사이에 놓이게 함
- #org start, end {} // start와 end 사이에 놓이게 함
- #org start, end auto=0

이 전치지시어는 컴파일러에게 이 전치지시어 다음에 오는 명령어는 start 번지부터 end 번지 사이에 놓으라고 지시한다.

#LOCATE id=x
- 식별자에 특정 레지스터 번지를 지정

- id : 식별자
- x : 특수 레지스터 및 사용자 램 어드레스

이 지시어는 #byte 지시어와 같이 식별자를 특정 번지에 지정하며, 이 지시어를 사용하면 컴파일러가 이 영역을 사용하지 못하도록 한다.

예1) #locate를 사용한 경우

```
#include<c:\piccw\devices\16F877.h>
#device PIC16F877 *=16 adc=10        //16비트 포인터로 사용
#use delay(clock = 4000000)
#byte portb = 0x06                   //portb 레지스터를 6으로 지정한다.
#byte portc = 0x07                   //portc 레지스터를 7로 지정한다.
#zero_ram

int i;
int bf;
int temp;
#locate  temp = 0x21
void main(){

   set_tris_b(0x00);       //portb를 출력으로 지정한다.
   set_tris_c(0x00);       //portc를 출력으로 지정한다.

   bf = 0x34
   temp = 0x77;
   while(1) ;

}
```

#PRIORITY
- 인터럽트의 우선순위 결정

- 인터럽트의 우선순위 결정

이 전치지시어는 인터럽트의 우선순위를 결정해 준다.

PIC 마이컴의 인터럽트 소스는 여러 개 있는 반면 인터럽트가 걸렸을 때

분기하는 인터럽트 벡터는 단 하나뿐이다. 그래서 동시에 한 개 이상의 인터럽트가 발생했을 때 어떤 인터럽트를 먼저 처리할 것인가를 결정해야 하는데 이것을 결정해 주는 것이 #priority 지시어이다.

참고로 어셈블리어에서는 인터럽트 벡터(04h)에서 먼저 체크하는 플래그의 인터럽트가 먼저 처리된다.

#RESERVE address
– 특정 RAM 영역을 예약하는 명령

- 특정 유저 램 영역을 컴파일러가 사용하지 못하게 함
- #reserve address : 지정된 address 번지를 컴파일러가 사용하지 못하도록 예약
- #reserve address,address,address : 한 개 이상 나열한 address 번지를 컴파일러가 사용하지 못하도록 예약
- #reserve start:end : start 번지부터 end 번지 사이의 영역을 컴파일러가 사용하지 못하도록 예약

이 전치지시어는 유저 램 영역 중 일부를 컴파일러가 사용하지 못하도록 예약해 놓는 명령이다. 이 명령은 반드시 #device 지시어 다음에 사용해야 한다. 이 전치지시어를 사용하지 않으면 컴파일러는 현재 사용 가능한 램 영역을 할당해서 사용한다. 그러나 이 전치지시어를 사용하여 예약해 놓은 램 영역은 컴파일러가 사용할 수 없다.

#ROM
– HEX 파일의 특정 프로그램 메모리에 데이터를 저장하는 명령

- 특정 프로그램 메모리에 데이터 저장

이 전치지시어는 HEX 파일의 특정 프로그램 메모리에 데이터를 저장하는 전치지시어이다.

예)

```
#rom 0x2100 = {1,2,3,4,5,6,7,8}
```

#SEPARATE
– 컴파일러가 #INLINE으로 번역하는 것을 막아줌

- 컴파일러가 #inline으로 번역 못하게 지시함

이 전치지시어는 컴파일러가 함수를 #inline으로 번역하지 못하도록 하여 call, retlw에 의한 서브루틴으로 번역하도록 유도한다. 간혹 함수 하나의 크기가 페이지 바운더리를 넘어서는 경우, 컴파일러는 "out of rom"이라는 에러 메시지를 발생시킨다. 프로그램 메모리 용량이 많이 남아 있는 데에도 불구하고 "out of rom"이라는 에러 메시지가 나오면 함수 하나의 크기가 너무 커져서 페이지 바운더리를 넘어가는 경우라고 볼 수 있다. 이때, 함수 앞에 #separate 명령을 써주면 강제로 call, retlw에 의한 서브루틴으로 번역하도록 해서 이 문제를 해결할 수 있다. #separate 지시어를 사용하면 rom(프로그램) 영역은 절약할 수 있지만, 스택을 사용하게 되는 단점도 있다.

#USE DELAY(CLOCK=speed)
– 프로세서의 클럭과 각종 함수에서의 시간 제어, 딜레이

- speed : 칩에서 사용할 주파수
- #use delay(clock=speed) : delay 함수(delay_ms(), delay_us()), 함수 사용 중 워치독타이머를 클리어하지 않음
- #use delay(clock=speed,restart_wdt) : delay 함수(delay_ms(), delay_us()), 함수 사용 중 워치독타이머를 클리어함

이 전치지시어는 프로세서의 클럭과 각종 함수에서의 시간 제어, 딜레이 등 시간에 관련된 처리를 해 주는 지시어로 아주 중요하다.

#use delay(clock = 4000000)과 같이 선언하면 프로세서의 클럭이 4MHz임을 컴파일러에 알려주고 컴파일러는 이것을 기초로 각종 시간 제어와 딜레이 시간을 계산한다.

예) 이 프로그램은 portb.0을 100ms on(high), 100ms off(low) 출력을 반복해서 구형파를 발생시키는 예이다.

```
#include<c:\piccw\devices\16F874.h>
```

```
#device pic16f874 *=8 adc=10
#use delay(clock=4000000)      // 메인클럭이 4MHz

void main() {
   while(1) {
         output_high(pin_b0); // portb.0을 HIGH 출력
         delay_ms(100);       // 100ms 딜레이
         output_low(pin_b0);  // portb.0을 low 출력
         delay_ms(100);       // 100ms 딜레이
         }
}
```

#USE FIXED_IO(port_OUTPUTS=pin,pin..)
– 입출력 핀 고정

- port : 포트 이름
- pin : 해당 포트의 핀 이름(pin_a0,pin_a1,pin_b0,pin_c2, ...)

이 전치지시어는 해당 포트의 각각의 핀에 대하여 입출력을 지정하는 지시어로 outputs = pin, pin으로 지정된 포트는 출력이 되고, 지정되지 않은 포트는 자동으로 입력으로 설정되며, 다른 #use 지시어를 만나기 전까지 계속 현재 지정된 입출력 상태를 유지한다. 이 전치지시어는 입출력이 고정되어 있는 응용에 적합하다.

#ZERO_RAM
– 유저 램 영역 클리어 (ram clear 명령)

- 유저 램 영역 클리어

이 전치지시어는 유저 램 영역을 0으로 초기화한다.

예) 다음 예는 PIC16F874의 램 클리어 명령을 사용한 예이다.

```
#include<c:\piccw\devices\16F874.h>
#device pic16f874 *=8 adc=10
#use delay(clock=4000000)
#zero_ram   //ram 클리어
void main() {
```

```
    while(1) {

    }
}
```

section

2.3 4×4 키패드 응용

2.3.1 개요

스위치의 개수가 적을 경우에는 개별 스위치를 개별 I/O pin에 연결시키면 되나, 스위치가 많아지면 그렇게 할 수가 없다. 예로 PIC16F84는 I/O pin이 13개이므로 최대 13개의 스위치만을 직접 읽을 수 있다. 따라서 많은 스위치 신호를 받기 위한 다른 방법이 필요하며, 7-Segment와 비슷한 방법으로 구현할 수 있다. 대표적인 방법이 그림 2.3.1과 같은 회로를 사용하는 Key matrix scanning 방법이다.

이 실험은 4×4 키패드를 PIC 마이컴과 연결하고 C 언어를 사용하여 키패드의 눌린 상태를 체크하여 리턴된 값을 LED로 출력하는 실험이다. 적은 수의 포트만으로 여러 개의 키 입력을 받고자 할 때 주로 응용되는 것이 키패드를 이용한 키 입력 방법이다. 4×4 키패드를 입력받는 데에 총 8개의 포트가 사용되었지만, 16개의 키 상태를 체크할 수 있다.

스위치 수	매트릭스	필요한 I/O 핀
8	2×4	6
12	3×4	7
16	4×4	8
20	5×4	9

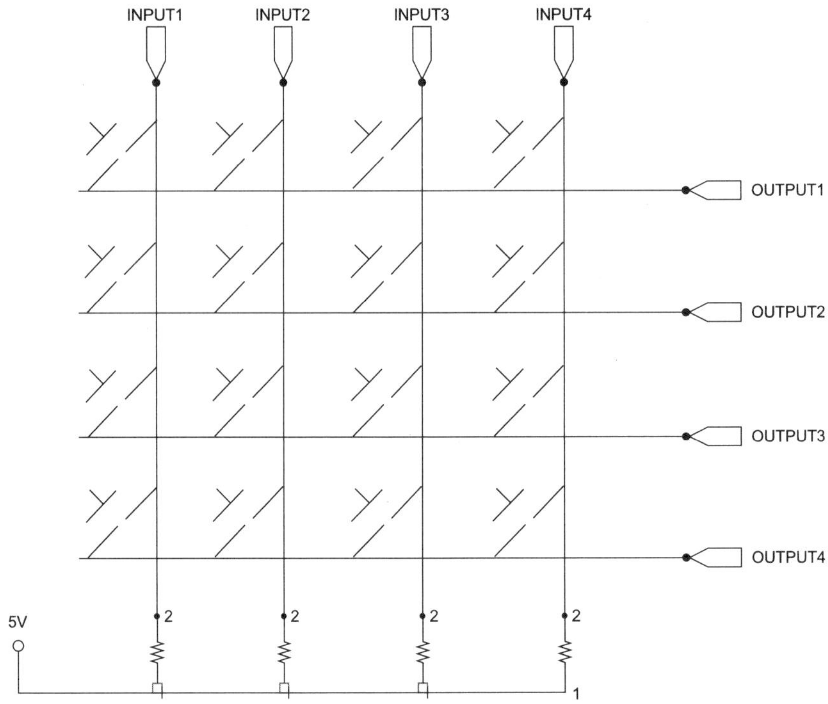

그림 2.3.1 키패드의 하드웨어 구조

4×4 키패드의 경우 4개는 입력 포트, 4개는 출력 포트로 사용하고, 입력 포트에는 모두 풀업 저항을 연결한다. 출력 포트(OUTPUT1~OUTPUT4)를 하나씩 LOW로 만들면서, 입력 포트(INPUT1~INPUT4)를 읽어오는 방법을 사용한다. 예를 들어 OUTPUT1 핀만 LOW로 만들고, 나머지 OUTPUT2, 3, 4 핀을 HIGH로 만든 상태에서, 입력 포트를 읽어오면 OUTPUT1과 연결된 스위치 중 눌려진 스위치 위치에서 LOW가 검출된다. 만약 아무 스위치도 누르지 않았다면, 모든 입력 포트는 풀업 저항에 의해서 HIGH가 검출된 것이다. 그 다음에는 OUTPUT2를 LOW로 만들고, 다른 OUTPUT 1, 3, 4 핀을 HIGH로 만든 상태에서 위의 작업을 반복하면서 키의 상태를 전부 스캔한다.

출력 포트에서 나오는 신호를 스캔 신호라고 한다. 스캔 신호가 LOW로 되어 있는 열의 스위치만 입력받기 때문이다. 스캔 신호는 빠르게 반복되므로, 16개 중 어떤 키가 입력되더라도 즉시 알아낼 수 있다. 그리고 입력된 스캔코드 값을 PORTD에 연결된 LED에 출력한다. 그림 2.3.2는 회로도이다.

2.3.2 회로도

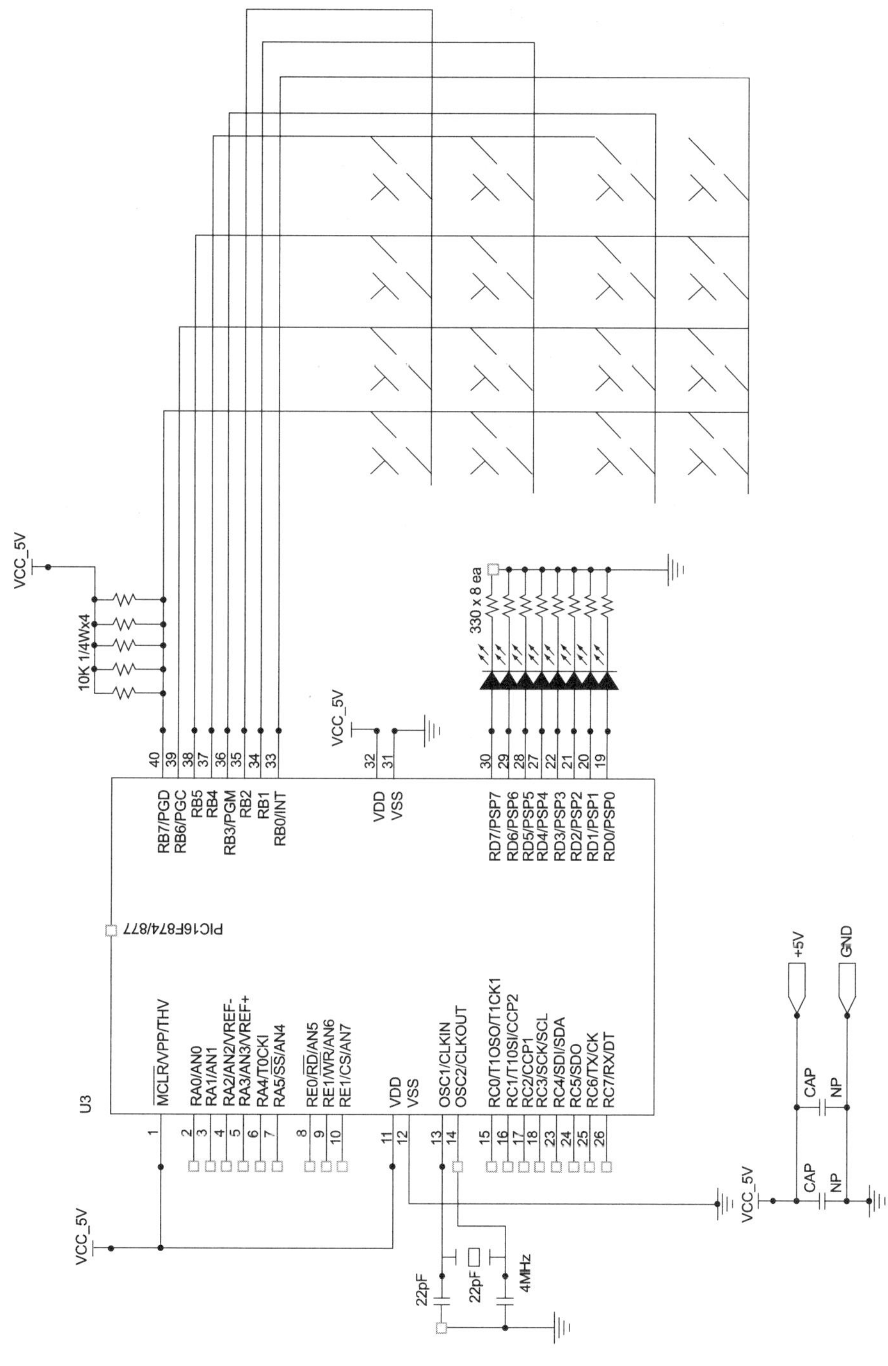

■ 그림 2.3.2 회로도

2.3.3 프로그램

(1) 4×4 키패드 실험

스캔 코드 값이 1~9까지는 제대로 출력되지만 0은 10으로 출력된다. 그 이유는 0번 키일 경우 LED에 출력을 확인할 수 없다. 왜냐하면 0이면 모든 LED가 off 상태이기 때문에 0번 키를 눌렀는지 아무 키도 누르지 않았는지 구분이 안 되기 때문이다. 또한 A~F는 12~16으로 출력된다.

```
#include <c:\piccw\devices\16f764.h>
#devide pic16f874 *=8 adc=10
#use delay(clock=4000000)
#byte portb = 0x06
#byte portd = 0x08

int scancode;            //키 코드 값을 전역변수로 선언
int keypad_sub()         //눌려진 키가 있으면 1을 리턴
{
    scancode++;
    if(bit_test(portb, 4)==0) return 1; //portb.4를 검사
    scancode++;
    if(bit_test(portb,5)==0) return 1;
    scancode++;
    if(bit+test(portb,6)==0) return 1;
    scancode++;

    if(bit_test(portb,7)==0) return 1;
    scancode++;

    if(bit_test(portb,7)==0) return 1;
    return 0;            //눌려진 키가 없음
}

void keypad_in()
{
    scancode = 0;
    portb = 0b11111110;         //portb.0을 low하고 아래의
                                  keypad_sub() 호출
    if(keypad_sub()==1) return;
    portb = 0b11111101;
    if(keypad_sub()==1) return;
```

```
        portb = 0b11111011;
        if(keypad_sub()==1) return;
        portb = 0b1111011;
        if(keypad_sub()==1) return;
        scancode = 0;
}

void main()
{
        set_tris_b(0xf0);            //상위 니블은 입력, 하위 니블은 출력
        set_tris_d(0x00);            //키 값 출력 포트

        while(1)
        {
                keypad_in();         //키패드를 검사
                portd = scancode;    //스캔 코드 값을 LED에 출력
        }
}
```

2.3.4 고찰문제

1) 출력을 LED에서 FND로 교체 후 키패드의 입력 값을 FND에 출력하여라.

2) A~F 값을 LED에 디스플레이하여라.

3) 하위 4비트의 LED는 키패드의 입력 값을 상위 4비트의 LED는 키패드의 보수 값을 디스플레이하여라.

4) 키패드의 값을 입력한 후 하위 4비트 LED에 디스플레이하여라. 그리고 다음 키패드의 값이 입력되면 하위 4비트의 값을 상위 4비트의 LED로 이동시킨 후 입력된 값을 하위 4비트에 디스플레이하여라.

2.3.5 A/D 관련 명령어

PIC 마이컴은 종류에 따라 다르지만 A/D 기능을 가지고 있는 칩들이 있다. A/D 포트의 수도 종류에 따라 다르고, 해상도(분해능) 또한 다르다. A/D 컨버터란 아날로그 값을 디지털 값으로 변환해 주는 장치를 말한다. PIC 마이컴에서는 A/D 포트로 입력되는 아날로그 값 0v~5v(vref 기능을 사용하면 verf

입력된 전압)를 디지털 값으로 변환해 준다. 즉 0v~5v 사이의 아날로그 값을 해상도 범위 안의 디지털 값으로 반환해 준다. 만약, verf 단자에 3v를 입력하면 0v~3v 사이를 해상도 범위 안의 디지털 값으로 반환한다. PIC16F87X 계열은 해상도가 10비트이므로 반환되는 값은 0~1023까지의 디지털 값이 반환된다.

해상도는 얼마나 정밀하게 나눌 수 있는가를 의미한다. 해상도가 8비트라고 하면 8비트로 표현할 수 있는 값이 0~255, 즉 256개로 나눌 수 있고, 해상도가 10비트라면 0~1023, 12비트면 0~2047, 16비트면 0~65535까지를 나눌 수 있다는 의미이다.

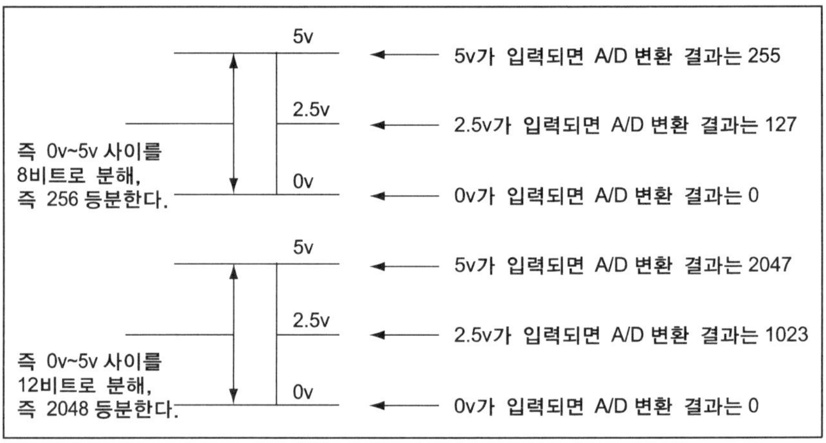

위의 그림을 보면 8비트일 경우 0v~5v 사이를 256등분하는 데에 비해 12비트일 경우는 2048등분을 한다. 8배 더 세밀하게 나눈다는 의미이다. 해상도가 높을수록 정교한 제어를 할 수 있다. 이 기능을 사용하면 배터리의 전압 측정, 서미스터 온도값 측정 아날로그 신호로 입력되는 값을 제어할 수 있다. PIC에는 아날로그 신호를 입력받을 수 있는 A/D 포트가 여러 개 있다. PIC16F874/877에서는 AN0, AN1, ... , AN7이라고 되어 있는 포트가 A/D 가능한 포트이다. PIC16F87X 칩은 해상도가 10비트이다.

SETUP_ADC(mode)
– A/D 기능 옵션 설정

- mode : A/D 기능 옵션 설정

이 명령어는 A/D 기능을 사용하기 위해 설정하는 옵션이며, 다음과 같은 옵션이 있다. 이 명령은 A/D 사용 여부와 사용한다면 A/D 변환을 어떤 기준 시간에 맞추어 할 것인가를 결정하는 명령이다. A/D 기능을 사용하기 위해서는 반드시 선택해 주어야 한다.

- mode

ADC_OFF	: A/D 기능을 사용하지 않음. 모두 디지털 포트로 사용함
ADC_CLOCK_DIV_2	: 클럭을 2분주해서 사용
ADC_CLOCK_DIV_8	: 클럭을 8분주해서 사용
ADC_CLOCK_DIV_32	: 클럭을 32분주해서 사용
ADC_CLOCK_DIV_INTERNAL	: 내부 클럭을 사용

PIC 마이컴의 A/D 포트는 아날로그 입력을 디지털로 바꾸어 주는 A/D 기능으로 사용할 수도 있지만 모두 디지털 I/O 포트로 사용할 수 있고, 또는 정해진 설정값에 의해 A/D와 I/O 포트를 혼용해서 사용하는 것도 가능하다(setup_adc_ports() 명령 참조).

SETUP_ADC_PORTS(value)
– A/D로 사용할 포트 지정

- value : A/D로 사용할 포트 지정

이 명령은 PIC 칩의 아날로그와 관련된 포트를 어떻게 사용할 것인지를 결정하는 명령으로 다음과 같은 지정이 가능하다.

NO_ANALOGS	None (모두 디지털 I/O로 사용)
ALL_ANALOG	: RA0 RA1 RA2 RA3 RA5 RE0 RE1 RE2 Ref=Vdd
ANALOG_RA3_REF	: RA0 RA1 RA2 RA5 RE0 RE1 RE2 Ref=RA3
A_ANALOG	: RA0 RA1 RA2 RA3 RA5 Ref=Vdd
A_ANALOG_RA3_REF	: RA0 RA1 RA2 RA5 Ref=RA3
RA0_RA1_RA3_ANALOG	: RA0 RA1 RA3 Ref=Vdd
RA0_RA1_ANALOG_RA3_REF	: RA0 RA1 Ref=RA3
ANALOG_RA3_RA2_REF	: RA0 RA1 RA5 RE0 RE1 RE2 Ref=RA2,RA3

ANALOG_NOT_RE1_RE2	: RA0 RA1 RA2 RA3 RA5 RE0 Ref=Vdd
ANALOG_NOT_RE1_RE2_REF_RA3	: RA0 RA1 RA2 RA5 RE0 Ref=RA3
ANALOG_NOT_RE1_RE2_REF_RA3_RA2	: RA0 RA1 RA5 RE0 Ref=RA2,RA3
A_ANALOG_RA3_RA2_REF	: RA0 RA1 RA5 Ref=RA2,RA3
RA0_RA1_ANALOG_RA3_RA2_REF	: RA0 RA1 Ref=RA2,RA3
RA0_ANALOG	: RA0
RA0_ANALOG_RA3_RA2_REF	: RA0 Ref=RA2,RA3

Ref는 기준 전압을 입력받는 핀을 의미한다. set_adc_ports(ALL_ANALOG); 로 설정했을 경우 기준(Ref) 전압은 VDD를 기준으로 하고, 모든 A/D 관련 포트를 A/D로 사용함을 의미한다.

PIC 칩에는 A/D 포트가 여러 개 있지만 A/D 컨버터는 하나밖에 없다. 따라서 다음의 그림 2.3.3처럼 멀티플렉서에 의해 선택된 A/D 포트가 A/D 컨버터를 사용하는 것이다.

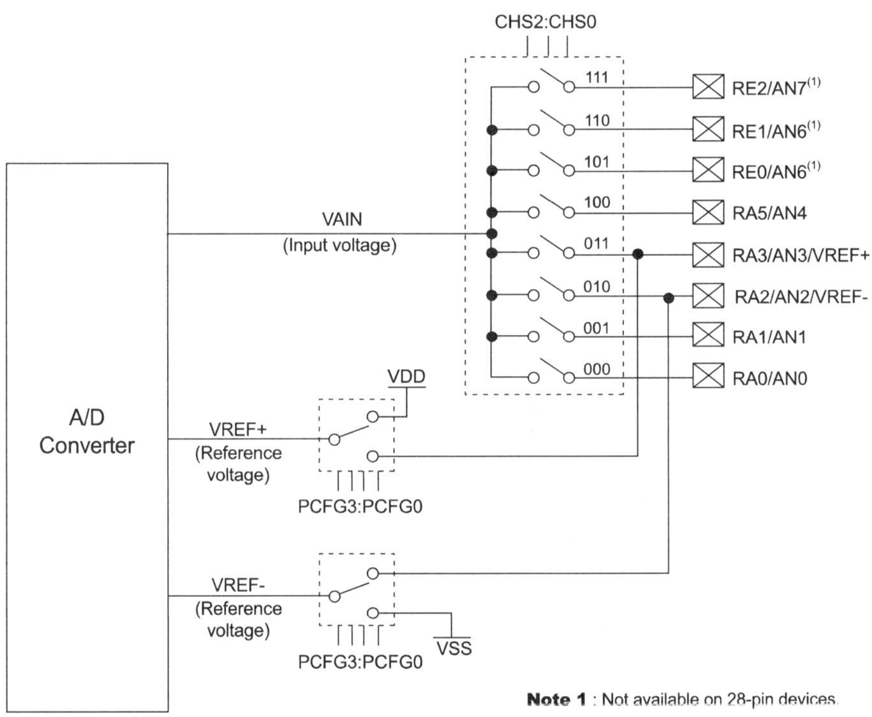

▮ 그림 2.3.3 A/D 포트의 내부 구조

SET_ADC_CHANNEL(chan)
– 입력받을 A/D 포트 설정

- chan : 0~7, PIC 칩에 따라 다름

이 명령은 A/D 입력을 받을 포트를 선택하는 명령이다.

예)

```
set_adc_channel(2);          //2번 채널을 선택
bf = read_adc();             //2번 채널에서 A/D 변환값을 읽음
```

PIC 칩의 A/D 포트는 여러 개가 있지만, 실제로는 하나의 A/D 컨버터를 멀티플렉서를 써서 여러 개의 포트에 스위칭하면서 할당하는 것이다. 이 멀티플렉서의 선택을 바꾸어 주는 명령이 SET_ADC_CHANNEL()이다.

i=READ_ADC()
– SET_ADC_CHANNLE(chan)으로 설정된 포트에서 A/D 값 읽음

- i : 0 <= i <= 255(해상도 8비트의 경우) int형
  0 <= i <= 1023(해상도 10비트의 경우) long int형

이 명령은 현재 선택된 채널로부터 A/D 값을 읽어서 i에 반환해 주는 명령이다.

PIC 칩은 칩 종류에 따라 해상도가 다르므로 반환되는 값도 다르다. 따라서 변수를 선언할 때 현재 개발하고자 하는 칩의 해상도가 몇 비트인가 확인하고 변수를 선언해야 한다. A/D 변환 후 디지털로 바뀐 데이터는 스페셜 레지스터 ADRES(0x1e)에 저장된다. 따라서 어셈블리어를 사용하는 분은 이 레지스터를 읽으면 된다.

section

2.4 도트 매트릭스 응용

2.4.1 개요

도트 매트릭스 LED는 지하철역에 걸려 있는 LED 전광판에 쓰이는 디스플레이 소자이다. LED 여러 개를 일정한 간격으로 배열한 것으로, 여기에 문자 캐릭터 및 그림 데이터를 표시할 수 있다. 여기에서는 5×6 도트 매트릭스 LED에 아스키코드 문자를 표시하는 실험을 해보도록 한다.

5*7 dot matrix LED 그림 2.4.1과 같이 5*7개의 LED를 매트릭스 형태로 배선시켜 기판 위에 부착해 놓은 것으로서, 영문자나 숫자나 어떤 형상을 표시하는 데 사용된다. dot matrix에는 그림 2.4.1과 같이 X선이 공통 cathode 형태로 되어 있는 것이 있고, 다이오드 방향이 이와는 반대로 되어 있어서 Y선이 공통 cathode 형태로 되어 있는 것이 있다. 지금 X선 공통형을 사용한다고 할 때 여기서 예컨대 맨 좌측의 라인(RA4)만을 점등하려면 그림 2.4.1에서 포트 A에는 1110 1111이라는 2진 데이터를 출력하여 RA4의 라인만이 0V가 되게 하고, 포트 B에는 1111 1111이라는 2진 데이터를 출력하여 모든 anode에 5V의 전압을 인가해야 한다. anode에는 +5V, cathode에는 0V의 전압이 인가되어야만 LED에 불이 켜지기 때문이다.

맨 좌측 line이 켜지면 얼마 후에는 다음 line이 켜질 차례이다. 이때에는 포트 A에 출력될 값이 1111 0111이면 된다. 즉, CF=1인 가운데 1110 1111을 우측으로 쉬프트해서 도트 A에 출력하면 된다. 이렇게 계속하다가 보면 1111 1110일 때가 온다. 이때에는 RA0에 연결된 line이 켜진다. 이제 RA0까지 점등했으므로 처음으로 되돌아가서 RA4에 연결된 line을 점등한다. 이와 같은 작업을 계속한다.

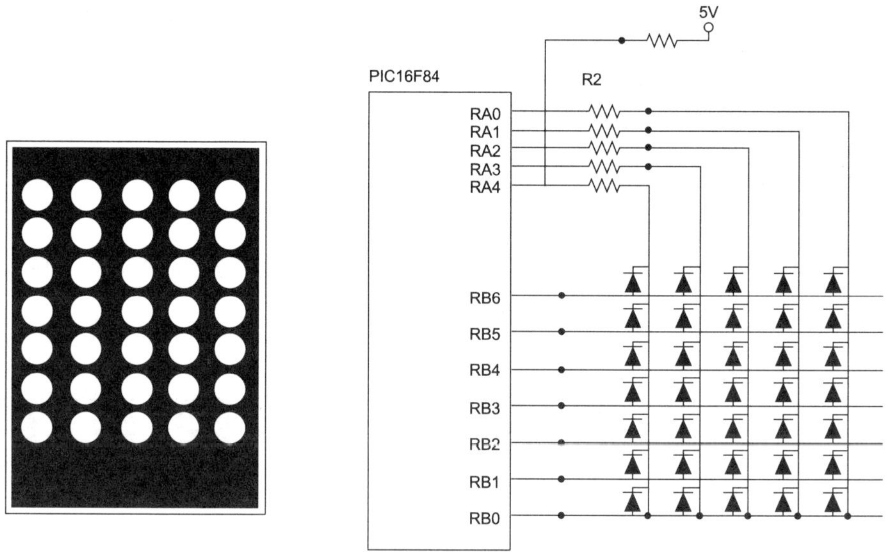

■ **그림 2.4.1** 5*7 dot matrix LED의 외관과 그 연결

이상의 설명은 X선 공통형에 대한 것이고, Y선 공통형에는 적용되지 않는다. Y선 공통형에서는 종으로 라인이 이루어지지 않고, 횡으로 라인이 이루어지기 때문에 2진수 1011 1111을 포트 B에 출력하고, 11111111을 포트 A에 출력해야 한다. 그리고 CF=1인 가운데 포트 B에 출력할 값을 우회전해야 한다.

5*7 Dot matrix LED에 영문자나 숫자를 표시하기 위해서는 그 글자의 형태에 대응하는 LED들 만을 점등해야 한다. 예컨대 A자를 표시하기 위해서는 같이 종으로 X_4 Line에서는 Y_4~Y_0의 LED들이 점등되고, X_3 Line에서는 Y_2와 Y_5의 LED만이 점등되며, … X_0 Line에서는 Y_4~Y_0의 LED들이 점등되어야 한다. 그림 2.4.2는 각 영문자에 대한 자형이다.

5*7 Dot matrix LED에 이러한 문자를 표시하는 방법은 소위 다이내믹(Dynamic) 점등 방식에 의한다. 다이내믹 점등 방식은 근본적으로는 눈의 잔상효과(가현운동)를 이용하는 것으로서, X_4에서 X_0까지 한 라인씩을 1/18초 이내로 계속 바꿔가면서 어느 문자에 대응하는 LED들만을 점등하면 우리의 눈은 정시된 문자로 보이는 현상을 이용하는 것이다. 이때 X_4에서 X_0까지 계속 한 라인씩 바꾸는 것을 주사(Scan)라고 한다.

그림 2.4.2에서 X축의 X_4~X_0은 Scan line이고, Y축의 Y_6~Y_0는 Data line이

다. 지금 여기에 A자를 표시하려면 X축에는 1110 1111B를 출력하여 X4 (RA4)만 논리 0이 되도록 하고, Y축에는 0001 1111B를 출력하여 X_4X_4, X_4X_3, X_4X_2, X_4X_1, X_4X_0 등의 LED만이 점등되도록 한다. 다음 순간 X축에는 1111 0111B를 출력하고 Y축에는 00100100B를 출력하여 X_3X_5와 X_3X_2의 LED만 점등되도록 한다. 이처럼 X축에는 0이 하나씩 우측으로 옮겨져 $X_4X_3X_2X_1X_0$의 순서로 하나씩 0이 되도록 하고, Y축에는 A자에 대응되는 값을 그림 2.4.3과 같이 출력한다.

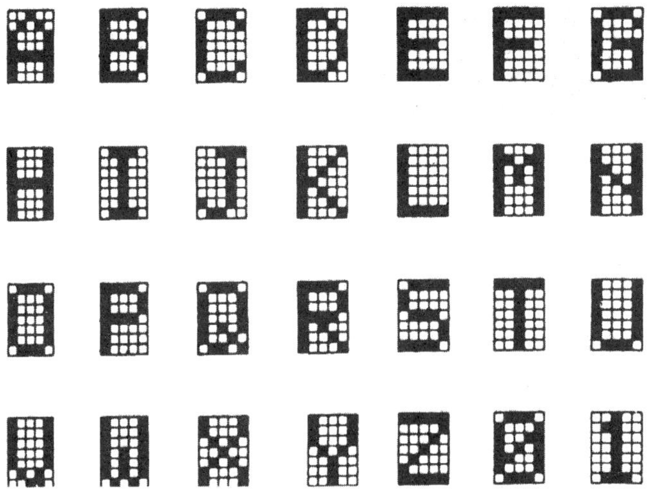

그림 2.4.2 영문자의 자형

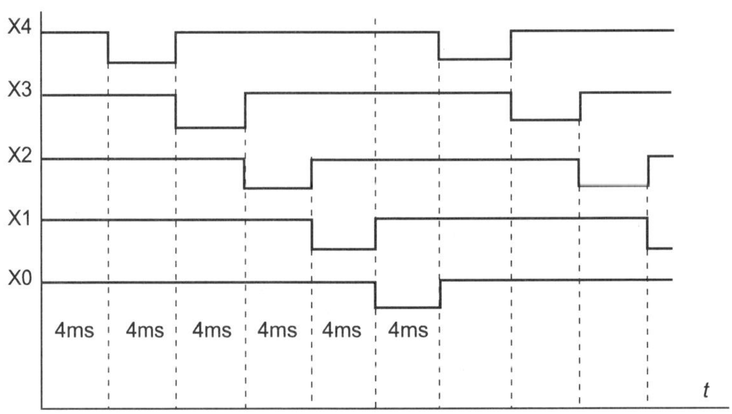

그림 2.4.3 scan 순서

0 0 0 1 1 1 1 1 …… X_4가 0일 때

0 0 1 0 0 1 0 0 …… X_3가 0일 때

0 1 0 0 0 1 0 0 …… X_2가 0일 때

0 0 1 0 0 1 0 0 …… X_1가 0일 때

0 0 0 1 1 1 1 1 …… X_0가 0일 때

위의 데이터에서 1을 중심으로 보면 90° 틀어진 A자 모양이 됨을 알 수 있을 것이다. 위 관계를 실제 시스템과 관련하여 좀 더 자세히 보기로 한다. 그림 2.4.2에서 Y_6~Y_0는 포트 B(RB6~RB0)에 연결되고, X_4~X_0는 포트 A(RA4~RA0)에 연결되어 있다. 단 RA4에는 반드시 외부 풀업저항을 연결해야 한다.

포트 A에는 1110 1111B라는 2진 신호를 CF=1인 가운데 RRF(Rotate right with carry) 명령으로 하나씩 이동함으로써 $X_4 \rightarrow X_3 \rightarrow X_2 \rightarrow X_1 \rightarrow X_0$의 순서로 어느 하나가 0이 되도록 하고, 포트 B에는 A자 형태에 대응하는 데이터를 X축의 변화와 동기해서 출력한다.

A자에 대응하는 데이터는 탐색표로서 기억장치의 일정 영역에 미리 넣어 둔다. 처음에 SCAN_CNT=0으로 해두면, ADDWF PC에 의해서 맨 위에 있는 데이터가 불려와서 포트 B에 출력되고, 이에 +1하여 SCAN_CNT=1로 되면 그 다음 데이터가 불려와서 포트 B에 출력되며, …, 다시 +1하여 SCAN_CNT=6으로 되면 마지막 데이터가 불려와서 포트 B에 출력된다.

X축의 변화에 동기해서 문자 데이터를 Y축에 출력하는 것은 그림 2.4.3의 Time chart와 같이 일정 시간간격으로, 그것도 1/18초 이내로 반복되어야 한다.

그림 2.4.4는 실험을 위한 회로도이다.

2.4.2 회로도

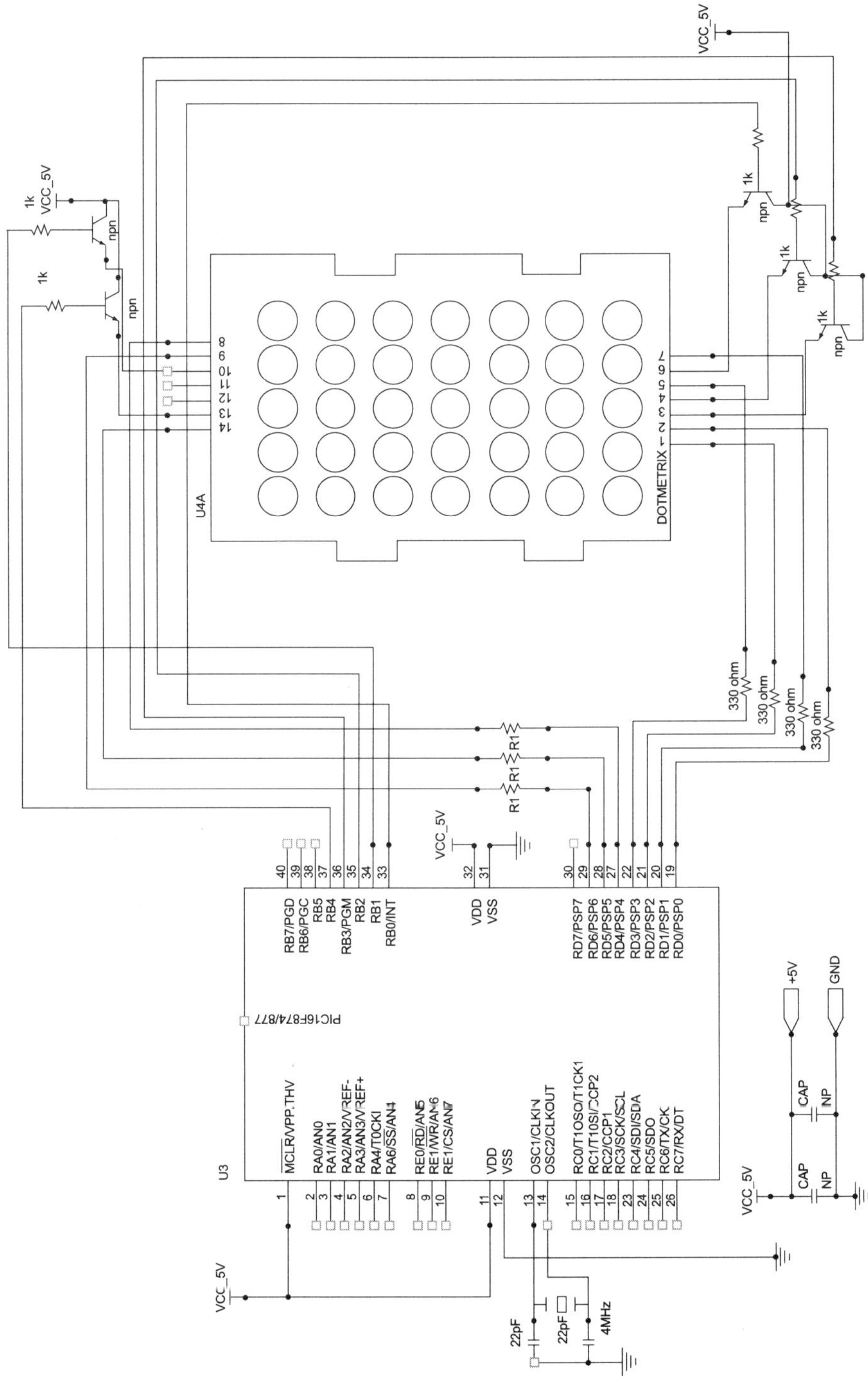

■ 그림 2.4.4 회로도

2.4.3 소스 프로그램

(1) 도트 매트릭스 응용 실험

```
#include <c:\piccw\devices\16f874.h>
#devide pic16f874 *=8 adc=10
#use delay(clock=4000000)

#zero_ram
#byte portb = 0x06
#byte portd = 0x08

//아스키 폰트 데이터를 만든다.
const int font_data[48][5]=
{
     {0x00,0x00,0x00,0x00,0x00},          //0 ASCII blank
     {0x00,0x00,0x7d,0x00,0x00},          //1 ASCII ! 21
     {0x00,0x70,0x00,0x70,0x00},          //2 ASCII " 22
     {0x14,0x7f,0x14,0x7f,0x14},          //3 ASCII # 23
     {0x24,0x2a,0x7f,0x2a,0x12},          //4 ASCII $ 24
     {0x23,0x13,0x08,0x64,0x62},          //5 ASCII % 25
     {0x05,0x22,0x55,0x49,0x36},          //6 ASCII & 26
     {0x00,0x00,0x60,0x50,0x00},          //7 ASCII ' 27
     {0x00,0x41,0x22,0x1c,0x00},          //8 ASCII ( 28
     {0x00,0x1c,0x22,0x41,0x00},          //9 ASCII ) 29
     {0x14,0x08,0x3e,0x08,0x14},          //10ASCII * 2a
     {0x08,0x08,0x3e,0x08,0x08},          //11ASCII + 2b
     {0x00,0x00,0x06,0x05,0x00},          //12ASCII , 2c
     {0x08,0x08,0x08,0x08,0x08},          //13ASCII - 2d
     {0x00,0x00,0x03,0x03,0x00},          //14ASCII . 2e
     {0x20,0x10,0x08,0x04,0x02},          //15ASCII / 2f

     {0x3e,0x51,0x49,0x45,0x3e},          //16ASCII 0 30
     {0x00,0x01,0x7f,0x21,0x00},          //17ASCII 1 31
     {0x31,0x49,0x45,0x43,0x21},          //18ASCII 2 32
     {0x46,0x69,0x51,0x41,0x42},          //19ASCII 3 33
     {0x04,0x7f,0x24,0x14,0x0c},          //20ASCII 4 34
     {0x4e,0x51,0x51,0x51,0x72},          //21ASCII 5 35
     {0x06,0x49,0x49,0x49,0x1e},          //22ASCII 6 36
     {0x70,0x48,0x47,0x40,0x40},          //23ASCII 7 37
     {0x36,0x49,0x49,0x49,0x36},          //24ASCII 8 38
     {0x3c,0x4a,0x49,0x49,0x30},          //25ASCII 9 39
     {0x00,0x00,0x36,0x36,0x00},          //26ASCII : 3A
```

```
    {0x00,0x00,0x36,0x35,0x00},          //27ASCII ; 3B
    {0x00,0x41,0x22,0x14,0x08},          //28ASCII < 3C
    {0x14,0x14,0x14,0x14,0x14},          //29ASCII = 3D
    {0x08,0x14,0x22,0x41,0x00},          //30ASCII > 3E
    {0x30,0x48,0x44,0x45,0x20},          //31ASCII ? 3F
    {0x3e,0x41,0x4f,0x49,0x26},          //32ASCII @ 40
    {0x3f,0x44,0x44,0x44,0x3f},          //33ASCII A 41
    {0x36,0x49,0x49,0x49,0x7f},          //34ASCII B 42
    {0x22,0x41,0x41,0x41,0x3e},          //35ASCII C 43
    {0x1c,0x22,0x41,0x41,0x7f},          //36ASCII D 44
    {0x41,0x49,0x49,0x49,0x7f},          //37ASCII E 45
    {0x40,0x48,0x48,0x48,0x7f},          //38ASCII F 46
    {0x2f,0x49,0x49,0x41,0x3d},          //39ASCII G 47

    {0x7f,0x08,0x08,0x08,0x7f},          //40ASCII H 48
    {0x00,0x41,0x7f,0x41,0x00},          //41ASCII I 49
    {0x40,0x7e,0x41,0x01,0x02},          //42ASCII J 4A
    {0x41,0x22,0x14,0x08,0x7f},          //43ASCII K 4B
    {0x01,0x01,0x01,0x01,0x7f},          //44ASCII L 4C
    {0x7f,0x20,0x18,0x20,0x7f},          //45ASCII M 4D
    {0x7f,0x04,0x08,0x10,0x7f},          //46ASCII N 4E
    {0x3e,0x41,0x41,0x41,0x3e},          //47ASCII O 4F

const int font_data1[48][5] =
{
    {0x30f,0x48,0x48,0x48,0x7f},         //48ASCII P 50
    {0x3d,0x42,0x45,0x41,0x3e},          //49ASCII Q 51
    {0x31,0x4a,0x4c,0x48,0x7f},          //50ASCII R 52
    {0x46,0x49,0x49,0x41,0x31},          //51ASCII S 53
    {0x40,0x40,0x7f,0x40,0x40},          //52ASCII T 54
    {0x7e,0x01,0x01,0x01,0x7e},          //53ASCII U 55
    {0x7c,0x02,0x01,0x02,0x7c},          //54ASCII V 56
    {0x7e,0x01,0x0e,0x01,0x7e},          //55ASCII W 57
    {0x63,0x14,0x08,0x14,0x63},          //56ASCII X 58
    {0x70,0x08,0x07,0x08,0x70},          //57ASCII Y 59
    {0x61,0x51,0x49,0x45,0x43},          //58ASCII Z 5a
    {0x00,0x41,0x41,0x7f,0x00},          //59ASCII [ 5b
    {0x54,0x34,0x1f,0x34,0x54},          //60ASCII | 5c 앤화화 표시
    {0x00,0x7f,0x41,0x41,0x00},          //61ASCII ] 5d
    {0x10,0x20,0x40,0x20,0x10},          //62ASCII  · 5e
    {0x01,0x01,0x01,0x01,0x01},          //63ASCII _ 5f
    {0x00,0x10,0x20,0x40,0x00},          //64ASCII ' 60
    {0x0f,0x15,0x15,0x15,0x02},          //65ASCII a 61
```

```
    {0x0e,0x11,0x11,0x09,0x7f},         //66ASCII b 62
    {0x02,0x11,0x11,0x11,0x0e},         //67ASCII c 63

    {0x7f,0x09,0x11,0x11,0x0e},         //68ASCII d 64
    {0x0c,0x15,0x15,0x15,0x0e},         //69ASCII e 65
    {0x20,0x40,0x48,0x3f,0x08},         //70ASCII f 66
    {0x3e,0x25,0x25,0x25,0x18},         //71ASCII g 67
    {0x0f,0x10,0x10,0x08,0x7f},         //72ASCII h 68
    {0x00,0x01,0x5f,0x11,0x00},         //73ASCII I 69
    {0x00,0x52,0x11,0x01,0x02},         //74ASCII j 6a
    {0x00,0x11,0x0a,0x04,0x7f},         //75ASCII k 6b
    {0x00,0x01,0x7f,0x41,0x00},         //76ASCII l 6c
    {0x0f,0x10,0x0c,0x10,0x1f},         //77ASCII m 6d
    {0x0f,0x10,0x0c,0x10,0x1f},         //78ASCII n 6e
    {0x0e,0x11,0x11,0x11,0x0e},         //79ASCII o 6f

    {0x08,0x14,0x14,0x14,0x1f},         //80ASCII p 70
    {0x1f,0x0c,0x14,0x14,0x08},         //81ASCII q 71
    {0x08,0x10,0x10,0x08,0x1f},         //82ASCII r 72
    {0x02,0x15,0x15,0x15,0x09},         //83ASCII s 73

    {0x02,0x01,0x11,0x7e,0x10},         //84ASCII t 74
    {0x1f,0x02,0x01,0x01,0x1e},         //85ASCII u 78
    {0x1c,0x02,0x01,0x02,0x1c},         //86ASCII v 76
    {0x1e,0x01,0x0e,0x01,0x1e},         //87ASCII w 77
    {0x11,0x0a,0x04,0x0a,0x11},         //88ASCII x 78
    {0x1e,0x05,0x05,0x05,0x18},         //89ASCII y 79
    {0x11,0x19,0x15,0x14,0x11},         //90ASCII z 7a
    {0x00,0x41,0x36,0x08,0x00},         //91ASCII { 7b
    {0x00,0x00,0x7f,0x00,0x00},         //92ASCII | 7c
    {0x00,0x08,0x36,0x41,0x00},         //93ASCII } 7d
    {0x08,0x1c,0x2a,0x08,0x08},         //94ASCII -> 7e
    {0x08,0x08,0x2a,0x1c,0x08}};        //95ASCII <- 7f

//실제로 폰트를 출력하는 함수
void disp data(int bf, int scan seq)
{
    pirtd = 0xff;
    portb = scan_seq;
    portd = bf^0xff;              //데이터가 0인 경우 LED가 ON 되므로 0xff
                                  //와 비트별 exclusive or 연산을 함
    delay_us(30);
}
```

```
//해당 아스키코드를 불러오는 함수
void font_fetch(int code_no)
{
    if(code_no<=0x4f){
        code_no = code_no - 0x20; //아스키 코드 값과 일치하도록 하기 위해
        disp_data(font_data[code_no][0],1);   //첫 번째 스캔 신호 1
        disp_data(font_data[code_no][1],2);   //두 번째 스캔 신호 2
        disp_data(font_data[code_no][2],4);   //세 번째 스캔 신호 3
        disp_data(font_data[code_no][3],8);   //네 번째 스캔 신호 4
        disp_data(font_data[code_no][4],16);  //다섯 번째 스캔 신호 5
    }
    else {
        code_no = code_no - 0x50; //아스키 코드 값과 일치하도록 하기 위해
        disp_data(font_data[code_no][0],1);
        disp_data(font_data[code_no][1],2);
        disp_data(font_data[code_no][2],4);
        disp_data(font_data[code_no][3],8);
        disp_data(font_data[code_no][4],16);
    }
}

void main() {
    int ascii_no;
    set_tris_b(0x00);
    set_tris_d(0x00);

    while(1) {
        font_fetch('A');        //대문자 'A' 표시
    }
}
```

2.4.4 고찰문제

1) 도트 매트릭스에 자신의 영문 이름을 0.5초 주기로 점멸 시키며 디스플레이하여라.

2) "Daegu Unv."를 도트 매트릭스에 디스플레이하여라.

3) 도트 매트릭스에 적절한 영상을 디스플레이하여라.

4) 도트 매트릭스의 상위 2라인은 0.2초 주기로 그 다음 2라인은 0.5초 주기로 그 외에 라인은 1초 주기로 점멸시켜라.

section

2.5 LCD 응용

2.5.1 개요

일반적인 응용에서는 많은 숫자를 표시할 필요가 있다. 그러나 이를 프로세서가 직접 관리하면서 다른 일을 하기에는 어려움이 많이 있게 된다. 그래서 숫자나 글자를 전담해서 나타내 주는 단위 기능을 갖는 장치를 많이 사용한다. 대표적인 것이 LCD display module이다. 즉 액정표시기를 사용하여 많은 양의 숫자나 글자를 표시해 주는 장치를 말한다. 이것도 기본적으로는 우리가 실험해 보았던 Scanning 방법을 이용하여 많은 글자를 표시해 주는 것이다. 따라서 한 개 이상의 프로세서가 사용되고 있다. 이번 실험은 LCD module에 글자를 써 보도록 하자. 상용으로 판매되고 있는 기본 장치를 병렬 데이터 전송 방법으로 표시하고자 하는 글자를 전송한다. 왜냐하면 데이터 전송속도가 빠르기 때문이다. 그러나 외부와의 연결 Pin이 많아져 하드웨어가 복잡해지므로 우리가 사용하는 실습보드에는 병렬 전송을 직렬 전송으로 변환시켜 주는 회로를 추가하여(LCD 아래에 별도로 부착된 기판) 사용하고 있다. 그리고 한글 표시는 표준 글자 표시가 아니고 조합으로 만들어 표시하므로 한글을 일단 LCD에 직접 표시하기에는 어려움이 많다. 그래서 한글을 표준코드로 주면 글자로 표시해 주는 역할도 이 추가 보드가 하게 된다. 우리는 이것을 한글 LCD라 한다.

시리얼 LCD를 제어하기 위해서는 우선 시리얼 LCD 사용법부터 알아야 한다. 시리얼 LCD는 그림 2.5.1과 같은 모양을 하고 있으며, 세 가닥의 선으로 연결하도록 되어 있다.

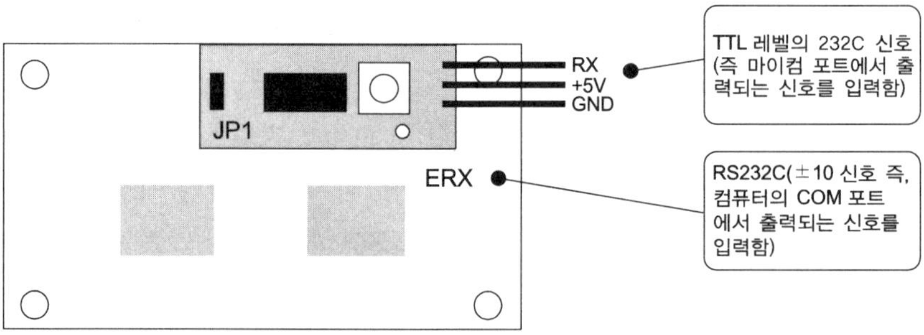

▌그림 2.5.1 Serial LCD 모듈

+5V, GND는 전원 연결선이고, RX선이 RS232C 수신선이다. 5V 레벨의 19200(4800) Baud, None 패리티, 8비트, 1스톱 비트 프로토콜을 사용하고 있다. (ELCD 컨트롤러의 JP1은 19200/4800 보레이트를 선택하는 점퍼이다. 디폴트로 19200이 설정되어 있으며, 4800으로 전환 시는 JP1을 잘라내면 된다.)

시리얼 LCD에 명령 코드와 데이터를 보내면, 이에 상응하는 동작을 하도록 되어 있다. 예를 들어 위치를 지정하는 LOCATE 명령인 0xA0을 먼저 보내고, X축 좌표와 Y축 좌표를 보내면 커서의 위치가 조정된다.

A0	0	0

이런 식으로 명령코드와 이에 필요한 데이터를 보내는 것만으로 간단하게 LCD에 문자를 표시할 수 있다. 명령에 따라서는 데이터가 필요 없는 명령도 있다.

다음은 시리얼 LCD에서 사용하는 명령 코드와 데이터 송신 방법을 정리한 표이다.

명령 (16진수)	전송 예	전송 바이트 수	설 명
A0	A0	1	LCD를 초기화한다. 코멘트를 보낸 후 최소한 10ms의 딜레이 타임이 필요하다.
A301	A3 01	2	LCD 화면을 클리어한다. 표시 위치는 0,0으로 자동 지정된다.
A1X Y	A1 01 01	3	표시 위치를 지정한다. (X축은 0부터 최대 20, Y축은 0부터 최대 3까지이다.)
A2 String 0	A2 41 42 00	가변	LCD에 글자를 표시하는 명령이다. 문자열의 끝에 반드시 0을 보내야 한다. (End Code 임)
A3 0C	A3 0C	2	커서 OFF
A3 0E	A3 0E	2	커서 ON(Default)
A4 Code Data 8개	A4 08 03 01 0B A0 AA A3 80 30	10	캐릭터 코드 8부터 15까지 8개 영역은 유저가 정의할 수 있는 영역이다. 이 영역에 임의의 비트맵 데이터를 전송하면, 특수부호 등을 표시할 수 있다.

참고적으로 명령코드가 16진수 A3라고 해서 “A”를 보내고 “3”을 보내는 것이 아니라, 1바이트로 0xA3을 보내는 것이다. (2진수로는 0b10100011이다.)

LCD 상에 어떤 문자를 표시하기 위해서는 표시 명령이 0xA2와 ASCII 코드로 된 문자열, 맨 마지막에는 End Code인 0을 반드시 보내야 한다. 데이터는 아스키 코드표를 참조하라.

예를 들어 시리얼 LCD 쪽으로 아래와 같은 코드를 송신한다면, LCD 상에는 “COMFILE”이 표시된다.

A3 **01**

A1 **00** **00**

A2 **43** **4F** **4D** **46** **49** **4C** **45** **00**

그림 2.5.2에 회로도가 주어져 있다.

2.5.2 회로도

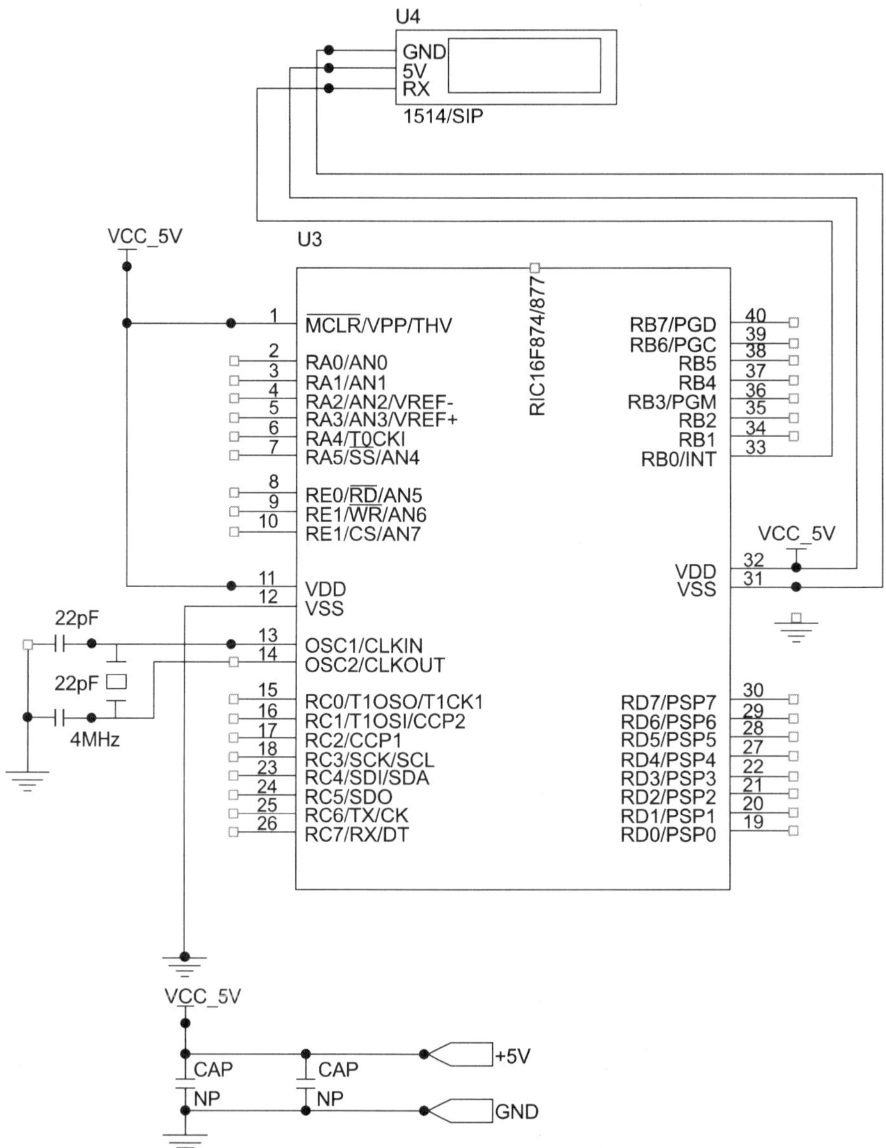

▮ 그림 2.5.2 회로도

2.5.3 소스 프로그램

(1) Serial 영문 LCD 응용 실험

시리얼 LCD 모듈은 RS232C 입력을 받아 LCD 상에 표시해 주는 디스플레이 장치이다. 일반적인 방식으로 캐릭터 타입의 LCD를 제어할 때는 최소 7개의 I/O 포트를 사용하며, 제어 또한 쉽지 않은 반면, 시리얼 프로토콜을 사용하면 I/O 포트가 하나만 필요하며 CCS-C 컴파일러에서 지원하는 RS232C 출력 전용 명령으로 쉽게 제어할 수 있다. CCS-C에 준비된 출력 전용 명령으로는 Printf와 Putc 명령이 있다. 이 명령을 사용하며 데이터를 출력한 경우 출력되는 데이터는 RS232C 형식으로 출력이 되므로 Serial LCD에 바로 표시가 가능하다.

```
#include<c:\piccw\devices\16f874.h>
#device pic16f874 *=8 adc=10
#use delay(clock=4000000)
#use rs232(baud = 19200, xmit = PIN_B0, rec = PIN_B1)

void main()
{
    unsigned int cnt = 0;
                         // 0~255까지 표현하기 위해 unsigned int 선언
    printf("%c%c, 0xa3, x01);  // 친 코멘드 전송
    delay_ms(10);
    while(1) {
        printf("%c%c%c", 0xa1, 0, 0);  // locate 0,0
        printf("%cCOMFILE %c", 0xa2, 0);  // "COMFILE" 전송
        printf("%c%c%c", 0xa1, 0, 1);  // locate 0,1
        printf("%cTEST : %u %c", 0xa2, cnt, 0);
                                    // "TEST : " 전송, cnt 값 전송
        cnt++;                      // cnt 값 1 증가
        }
}
```

(2) Serial 한글 LCD 응용 실험

시리얼 영문 LCD가 아스키 데이터만을 지원하는 반면 시리얼 한글 LCD 모듈은 한글과 아스키 데이터, 간단한 그래픽 로고 등을 표시할 수 있다. 시

리얼 한글 HLCD114는 RS232C 4800 보드레이트만을 지원한다. 그래서 #use RE232(baud=4800, xmit=PIN_B0, rcv=PIN_B1)로 구성되어 있다.

```
#include <c:\piccw\devices\16f874.h>
#deice pic16f874 *=8, adc=10
#use delay(clock=4000000);
#use rs232(baud=19200, xmit=PIN_B0, rcv=PIN_B1)

void main()
{
    unsigned int cnt = 0;
    printf("%c%c", 0xa3, 0x1); // cls 코멘드 전송

    while(1) {                                          // 무한루프
            printf("%c%c%c", 0xa1, 0, 0);               // locate 0,0
            printf("%cCOMFILE %c", 0xa2, 0);            // "COMFILE" 전송

            printf("%c%c%c", 0xa1, 0, 1);               // locate 0,1
            printf("%c%c%c%c%c%c%c%c, 0xa2, 0xc4, 0xf1, 0xcc,
            0x61, 0xb7, 0xa9, 0);                       // "컴파일" 전송
            printf("%c%c%c%c%c%c%c%c, 0xa2, 0xc9, 0x41, 0xc7,
            0x61, 0x91, 0xa9, 0);                       // "테크놀" 전송
            // 윗 줄에 이어서 한 라인으로 작성하십시오. "로지(주)" 전송
            printf("%c%c%c%c%c%c%c%c%c%c, 0xa2, 0x9d, 0xa1,
            0xbb, 0xa1, 0x28, 0xba, 0x81, 0x29, 0);
            printf("%c%c%c", 0xa1, 0, 2);               // locate 0,2
            printf("%c%c", 0xc0, 0x01);                 // 가로 2배 확대
            printf("%c%c%c%c%c%c%c%c, 0xa2, 0xc4, 0xf1, 0xcc,
            0x61, 0xb7, 0xa9, 0);                       // "컴파일" 전송
            printf("%c%c", 0xc0, 0x00);                 // 가로 2배 취소
            printf("%c%c%c", 0xa1, 0, 3);               // locate 0,3
            printf("%cTEST : %u %c", 0xa2, cnt, 0);
                                                // "TAST : " 전송, cnt 값 전송
            cnt++;
    }
}
```

2.5.4 고찰문제

1) 자신의 영문 이름을 LCD에 디스플레이하여라.

2) 자신의 한글 이름을 LCD에 디스플레이하여라.

3) “대구대학교“를 LCD에 디스플레이하여라.

4) B포트에 스위치를 설치하여 변화되는 값을 LCD에 디스플레이하여라.

2.5.5 RS2132 I/O 관련 명령어

사람과 사람이 의사소통을 하기 위해서는 말, 글, 수화 등을 사용하여 의사를 전달할 수 있다. 그러면 마이컴과 컴퓨터, 마이컴과 마이컴, 마이컴과 기타 장치들은 어떻게 통신할 것인가? 사람끼리도 서로 이미 알고 있는 말고 글로 대화를 하듯 기계장치들은 어떤 정해진 프로토콜로 통신을 한다. 통신 방식은 여러 가지가 있지만 가장 흔하게 사용되는 방식이 RS232C 방식이다. 이 방식을 알게 되면 컴퓨터와도 데이터를 주고 받을 수 있다. PIC 마이컴 중에는 RS232C를 지원하기 위해 TX, RX 포트가 준비되어 있는 칩도 있고, 그렇지 않은 칩도 있다. TX, RX 기능이 없는 칩은 소프트웨어 방식으로도 얼마든지 구현할 수는 있지만 완벽하게 RX 기능을 수행할 수는 없다.

CCS-C를 사용한 RS232C 통신에는 방법 하드웨어 방식과 소프트웨어 방식의 두 가지가 있는데 여기서는 소프트웨어 방식에 대하여 언급한다.

RS232C 통신은 시리얼 통신의 대표적인 프로토콜이다. 이와 반대되는 통신이 병렬 통신이다.

[RS232 통신]

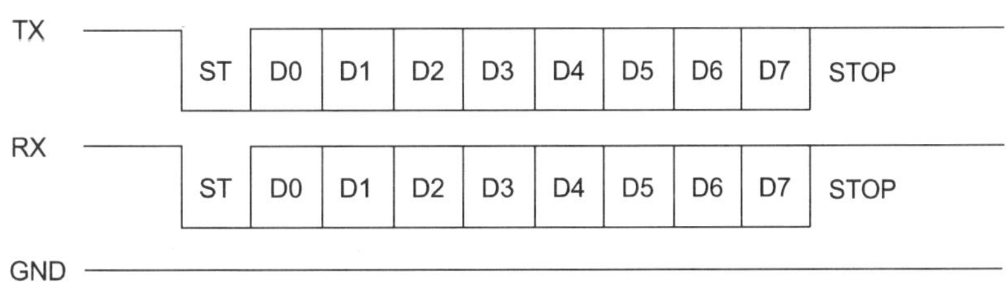

[병렬 통신]

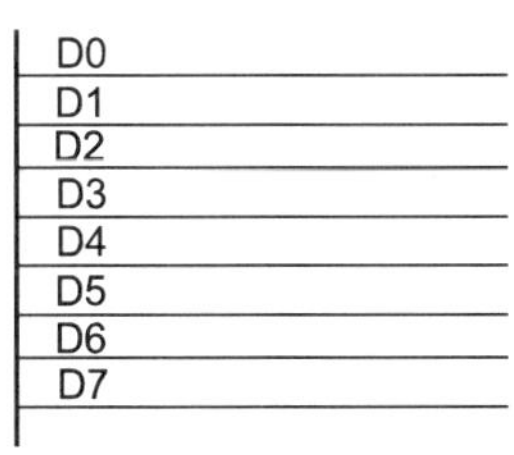

RS232C 시리얼 통신은 앞의 그림과 같이 TX, RX, GND 3선으로 구성되어 있다. 이 중 실제 데이터 전송은 TX, RX 선으로 데이터가 입출력된다. 그러므로 속도가 느리지만 포트 수를 적게 사용하므로 경제적이다. 앞의 두 번째 그림과 같이 병렬 방식은 한 번에 8비트씩 입출력이 되므로 속도는 빠르지만 포트 수를 많이 사용하는 단점이 있다.

#USE RS232(BAUD=baud,XMIT=pin,RCV=pin,[options])
– RS232C 통신 옵션 설정

- RS232C 통신 옵션 설정

이 전치지시어는 컴파일러에게 RS232C를 사용하며, 보레이트, TX pin, RX pin 등 RS232C와 관련된 설정을 알려준다.

프로그램 내에서 다른 #use RS232C를 만나기 전까지 전에 설정된 상태를 계속 유지한다. 이 전치지시어를 사용하기 전에 반드시 #use delay (clock=주파수) 지시어가 먼저 선언되어야 한다. #use RS232C 전치지시어를 선언함으로써, GETCH, PUTCHAR 그리고 PRINTF 명령을 사용할 수 있다. 만약 I/O가 STANDARD_IO가 아니라면, 이 전치지시어가 선언되기 전에 #FIXED_IO나 #FAST_IO 지시어가 선언되어야 한다.

이 전치지시어는 다음과 같은 옵션이 있다.

옵션

RESTART_WDT	: GETC() 명령 사용 중 워치독타이머 클리어
INVERT	: 데이터 신호 반전(MAX232 IC를 사용할 때는 필요 없음)
PARITY = X	: 패리티 설정, N(없음), E(짝수), O(홀수)
BITS = X	: 5~9(5~7비트의 경우 SCI와 함께 사용되지 않음)
FLOAT_HIGH	: 라인을 HIGH로 하지 않는다. OPEN COLLECTOR OUTPUT일 경우 사용
ERRORS	: 수신 에러 표시 및 에러 리셋
BRGH10K	: 에러율이 있는 보레이트를 사용하려 할 때
ENABLE = pin	: 485 통신을 할 때 송신 중에 해당 핀을 HIGH로 함

소프트웨어 방식의 RS232C를 사용할 경우는 아무 포트나 사용 가능하다.

```
#use RS232(baud=9600, xmit=pin_a2, rcv=pin_a3)
// 보레이트 9600, 송신 핀 pin_a2, 수신 핀 pin_a3을 사용한다고
// 컴파일러에게 알림
```

PIC 마이컴 중에는 하드웨어적으로 구성된 tx, rx 인터럽트 기능이 있는데 이 기능을 사용하기 위해서는 반드시 tx(portc.6), rx(portc.7) 핀을 사용해야 하며 관련된 인터럽트 기능도 설정해 주어야 한다.

```
// 하드웨어 RS232C 포트 사용 시

#use RS232(baud = 9600, xmit = PIN_C6, rcv = PIN_C7)
enable_interrupts(INT_TBE);        // 송신완료 인터럽트
enable_interrupts(INT_RDA);        // 수신완료 인터럽트
enable_interrupts(GLOBAL);         // GLOBAL 인터럽트 기능을 Enable 해야 함
```

ch=GETC(),GETCH(),GETCHAR()
– RS232C로 입력된 데이터를 한 바이트 읽음

- ch : 시리얼로 입력된 데이터를 한 바이트 읽어서 변수 ch에 저장

이 명령은 RS232C로 입력된 데이터를 읽어 들이는 명령으로, 이 명령을 사용하기 전에 반드시 #use delay(clock = 주파수), #use RS232 지시어가 선언되어 있어야 한다.

GETS(char *string)
– Return(13)이 입력될 때까지 문자열을 입력받음

- char *string : string은 반드시 *string 변수 형태를 사용해야 함

이 명령은 gets() 명령을 사용하여 한 문자를 입력받는데 한 문자 입력 후 return(13)이 입력될 때까지 기다린다.

예) gets()로 한 문자 입력받기

```
#include<c:\piccw\devices\16F874.h>
#device pic16f874 *=8 adc=10
```

```
#use delay(clock=4000000)
#use RS232(baud=9600,parity=N,xmit=PIN_B0,rcv=PIN_B1)
void main() {
      char *ch;

      while(1) {
          gets(&ch);              //한 문자 입력
          printf("%c",ch);        //pc 쪽으로 받은 데이터 재전송
            }
}
```

PUTC(char),PUTCHAR(char)
– RS232C로 한 문자 전송

- char : 전송하고자 하는 데이터의 아스키코드, HEX 값, 변수명
  putc(char)와 putchar(char) 모두 같은 기능

이 명령은 RS232C로 한 문자를 전송하는 명령이다.

PUTS(string)
– 문자열 + 13(return) + 10(line feed)을 출력

- string : 출력하고자 하는 데이터를 " " 안에 넣음

이 명령어는 전송하고자 하는 문자열을 " " 안에 넣고 이 명령을 실행하면 문자열과 chr(13) + chr(10)이 문자열에 자동으로 삽입되어 출력된다.

b=KBHIT()
– RS232C rx 핀으로 입력되는 start 신호(low)를 검출

- b : TRUE / FALSE

이 명령은 RS232C start 신호를 검출하는 명령이다.

이 명령은 키보드를 누르면 첫 RS232C 스타트 신호가 발생되는데 이 스타트 신호를 검출하는 역할을 한다.

PRINTF([function],string,[value])
– RS232C 형식으로 출력하는 명령

- function : 출력하고자 하는 형식
- string : 출력하고자 하는 문자열
- value : 출력하고자 하는 값

이 명령은 소프트웨어 방식의 RS232C로 데이터를 출력하는 명령이다. PC 어플리케이션을 작성할 때 쓰이는 printf 명령이 PC의 모니터 화면에 데이터를 표시하는 반면, CCS-C에서 해당 tx 핀으로 RS232C 형태의 데이터를 출력한다.

Function(기능)

C	Character	한 문자
S	String or character	문자열 또는 문자
U	Usinged int	8비트 양수
x	Hex int(lower case output)	소문자 HEX
X	Hex int(upper case output)	대문자 HEX
D	Signed int	부호 있는 8비트 −128~127
%e	Float in exp format	지수
%f	Float	실수형
Lx	Hex long int(lower case)	16비트 소문자 HEX
LX	Hex long int(upper case)	16비트 대문자 HEX
lu	unsigned decimal long	부호 없는 16비트 10진수
ld	signed decical long	부호 있는 16비트 10진수
%	Just a %	% 기호 자체를 표시

형식	값 = 0x12	값=0xfe
%03u	018	254
%u	18	254
%2u	18	*
%5	18	254
%d	18	−2
%x	12	Fe
%X	12	FE
%4X	0012	00FE

section

2.6 입·출력 포트 확장

2.6.1 개요

PIC 칩은 종류에 따라 메모리, I/O, 램, 특수 기능 등 다양한 칩이 있다. 하지만 프로그램을 작성하다 보면 I/O 포트가 모자라서 부득이하게 칩을 바꿔야 하는 경우가 발생할 경우도 있다. 이럴 때는 시리얼 출력 확장 IC 74HC595를 사용하면 3개의 I/O 포트로 8개의 포트를 만들 수 있다. 74HC595 2개를 사용하면 4개의 I/O 포트로 16개의 출력 포트를 만들 수 있다. PIC은 입력 포트에 있어서도 마찬가지이다. 외부에 8비트 래치 시프트 레지스터 74HC597을 연결하여 입력 포트를 확장할 수 있다. 사용법은 74HC595와 유사하다.

74HC595 칩의 SER 단자에 시리얼 데이터를 입력하면서 클럭과 래치신호를 주면 해당 시리얼 데이터가 하나씩 시프트되면서 이동하게 된다. 위와 같은 동작을 8번 반복하게 되면 8비트가 시프트된다. 시프트되는 도중에는 출력값이 변하지 않으며, RCLK (PIN12)에 펄스가 가해진 뒤 한꺼번에 8비트 출력이 바뀐다. 1개 이상의 74HC595를 사용할 경우는 첫 번째 74HC595의 QH'(PIN9)를 두 번째 74HC595의 SER(PIN14)에 연결하며, 첫 번째 데이터들이 두 번째 74HC595로 이동하여 16비트가 시프트되는 것이다. 이와 같이 하면 여러 개의 74HC595를 연결할 수 있다. 이때 74HC595의 SRCLK (PIN11)은 모든 74HC595의 SRCLK와 공통으로 연결한다. 시프트가 완료된 후에는 각각의 74HC595의 RCLK(PIN12) 래치신호를 해제한다. 74HC597 칩의 ABCDEFGH 단자에 풀업 스위치를 연결하여 스위치를 ON/OFF 하면 PORTB와 PORTD에 연결된 LED가 ON/OFF 된다. 스위치가 풀업되어 있으므로 입력이 평상시에는 16개의 LED가 모두 켜져 있는 상태이다. SRCK(PIN12)에 클럭을 가하면 현재 스위치의 상태가 래치되며, SRLOAD 신호는 전송을 시작하는 신호이다. 74HC597 U2의 QH(PIN9)와 74HC597 U1의 SER(PIN14)를 연결하고 74HC597 U1의 QH(PIN9)와 74HC597 U2의 SER(PIN14)를 연결한다. 그리고 74HC597 U1과 74HC597 U2 각각의 SRCK와 SRLOAD, SRCLK를 서로 연결하고 SRCLR 단자는 5V에 연결한다. 이렇게 한 후 프로그램에서 16번 클럭을 발생하면서 74HC597 U1의 SER (PIN14)과 연결된 입력 포트를 체크하여 16비트 입력값을 읽어 들인다.

2.6.2 회로도

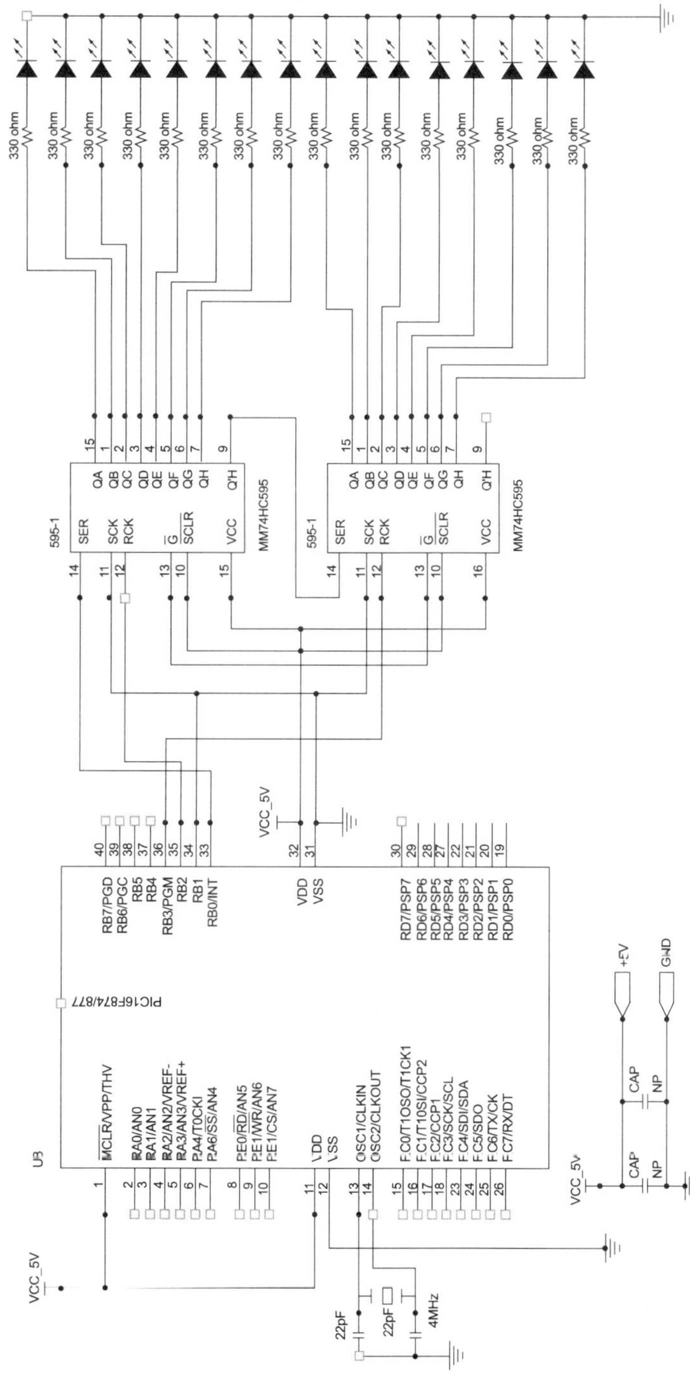

■ **그림 2.6.1** 595를 이용한 출력 포트 확장 회로도

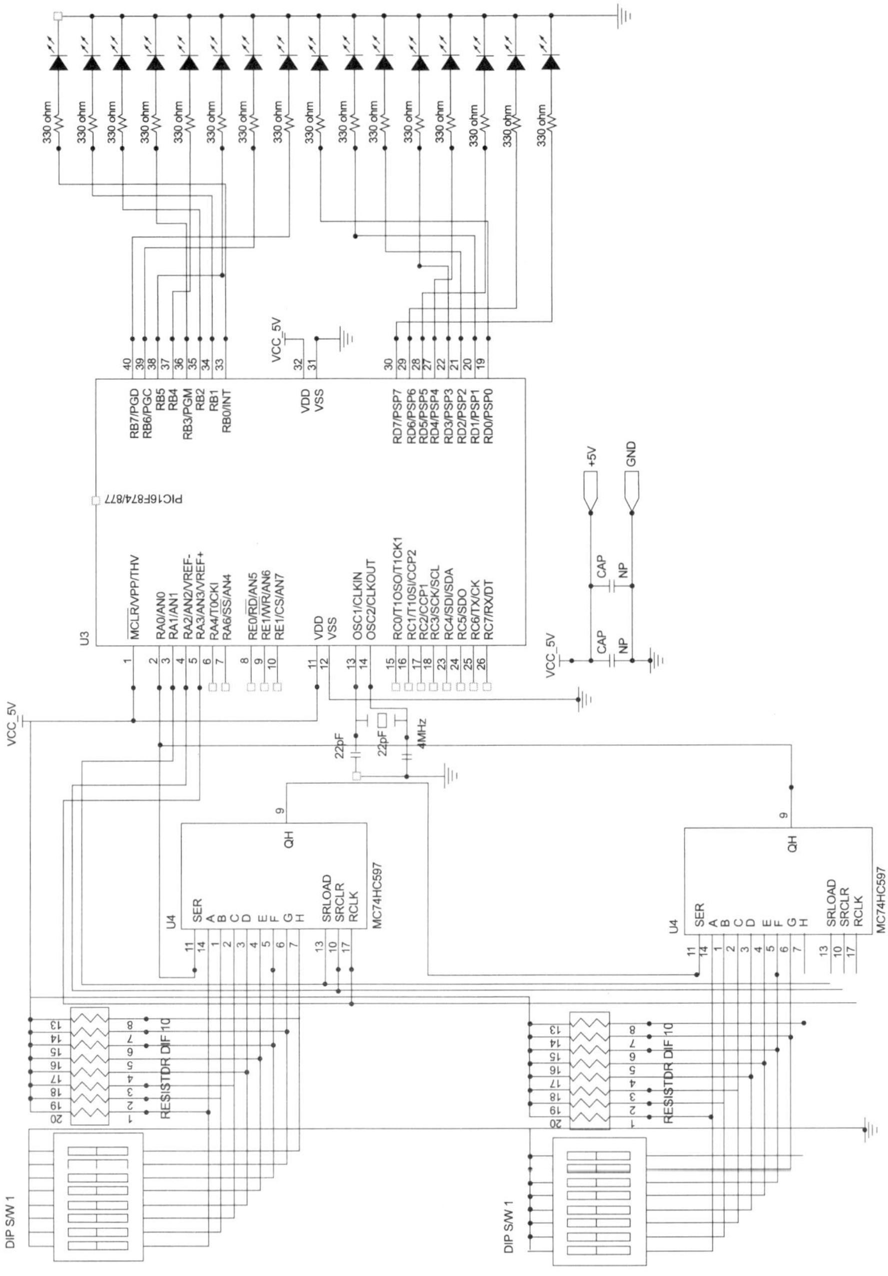

그림 2.6.2 597을 이용한 입력 포트 확장 회로도

2.6.3 소스 프로그램

(1) 출력 포트 확장 실험

```
#include<c:\piccw\devices\16f874.h>
#device pic16f874 *=8 adc=10
#use delay(clock=4000000)

#define EXP2_595_ENABLE  PIN_B3 //두 번째 595 래치핀 제어 포트
#define EXP2_595_ENABLE  PIN_B2 //첫 번째 595 래치핀 제어 포트
#define EXP_OUT_CLOCK  PIN_B1    //595 클럭 포트
#define EXP_OUT_DO  PIN_B0       //시리얼 데이터 출력 포트
#define NUMBER_OF_74595 2        //595의 개수 의미

int data[2]; //595의 개수가 2개이므로 2개의 배열 요소 선언
             //2개만 사용할 경우는 long int형도 가능

void write_expanded_outputs(byte* eo) {
    byte i;
    output_low(EXP_OUT_CLOCK);           //클럭을 low로 만듬
    output_low(EXP_1595_EANABLE);        //첫 번째 595 래치신호
    output_low(EXP2_595_ENABLE);         //두 번째 595 래치신호

    for(i=1;i<=NUMBER_OF_74595*8;++i) {
            if((*(eo+(NUMBER_OF_74595-1))&0x80)==)
            output_low(EXP_OUT_DO);              //0일 경우 출력
    else
            output_high(EXP_OUT_DO);             //1일 경우 출력
    shift_left(eo,NUMBER_OF_74595,0);
    output_high(EXP_OUT_CLOCK);                  //클럭
    output_low(EXP_OUT_CLOCK);                   //발생
    }
    output_high(EXP1_595_ENABLE);        //첫 번째 595 래치신호 해제
    output_high(EXP2_595_ENABLE);        //첫 번째 595 래치신호 해제
}

void main()
{
    data[0] = 0x12; //첫 번째 595의 8비트에 출력할 데이터
    data[1] = 0x34; //두 번째 595의 8비트에 출력할 데이터
    write_expanded_outputs(data); //배열 자체를 인수로 넘김
    while(1) {
    }
}
```

(2) 입력 포트 확장 실험

```
#include<c:\piccw\devices\16f874.h>
#device pic16f874 *=8 adc=10
#use delay(clock=4000000)

#byte portb= 0x06
#byte portd = 0x08

//597 래치 핀 제어포트
#define EXP1_597_SRCK              PIN_A3
//597 SROAD 핀 제어포트
#define EXP1_597_SRLOAD            PIN_A2
//597 클럭 포트
#define EXP_IN_CLOCK               PIN_A1

#define EXP_IN_DI                  PIN_A0     //시리얼 데이터 입력 포트
#define NUMBER_OF_74597            2          //597의 개수 의미

long int bf = 0; //16개 포트이므로 2바이트

void read_expanded_inputs(byte* ei) {
    byte i;
    output_low(EXP1_597_SRCK);              //래치신호
    output_high(EXP1_597_SRCK);             //래치신호
    output_low(EXP1_597_SRLOAD);            //SRLOAD 신호
    output_high(EXP1_597_SRLOAD);           //SRLOAD 신호

    //Clock in bits to the ei structure
    for(i=1;i<=NUMBER_OF_74597*8;++i) {
            shift_left(ei,NUMBER_OF_74597,input(EXP_IN_DI));
            output_low(EXP_IN_CLOCK);
            output_high(EXP_IN_CLOCK); }
}

void main() {
    set_tris_b(0x00);
    set_tris_d(0x00);
    setup_adc(adc_off);
    portb = 0x00;
    portd = 0x00;

    while(1) {
            read_expanded_inputs(&bf);
```

```
            portb = bf;          //하위 8비트 입력값 출력
            portd = bf >> 8;     //상위 8비트 입력값 출력
      }
}
```

2.6.4 고찰문제

1) 출력 포트를 32비트로 확장하여라.

2) 입력 포트를 32비트로 확장하여라.

3) 32비트 입출력 포트에서 입력 포트에 인가되는 값을 출력 포트에 디스플레이하여라.

section 2.7 IR 리모컨 수신 응용

2.7.1 개요

PIC 마이컴과 IR 리모컨을 연결하여 리모컨의 눌러진 키 값을 인식하는 IR 리모컨 수신 응용 실험이다. IR 리모컨은 가정에서 사용하는 TV, VCR, 오디오 등의 근거리 제어에 많이 사용된다. 본 실험에서는 다양한 IR 리모컨 대신 IR REMOCON RX MODULE을 이용하여 쉽게 IR 신호를 수신하도록 하였다.

IR 신호를 수신하여 어떤 키가 눌렸는지 알아내는 것이 쉽지는 않다. 본 실험에서는 컴파일 사에서 공급하고 있는 IR REMOCON RX MODULE을 이용하여 쉽게 키 값을 판별할 수 있도록 하였다. IR REMOCON RX MODULE의 키 값을 읽어내는 두 가지 방법이 있는데 하나는 IR REMOCON RX MODULE의 특정 포트의 신호를 감지하는 방식이다. IR REMOCON RX MODULE은 리모컨의 어떤 키가 눌리면 PSH라는 단자에서 HIGH 신호가 뜨게 되는데, 이 신호를 PIC의 PORTB.0 외부 인터럽트 기능을 사용하여 감지한 후 데이터를 읽어내는 방법이 있고, 다른 하나는 키가 눌리면 TX 단자에서 시작 코드와 키 코드 데이터를 RS232C TTL 레벨로 출력한다. PIC에서는 이 RS232C 신호를 받아들여 어떤 키를 눌렀는지 판별한다.

2.7.2 회로도

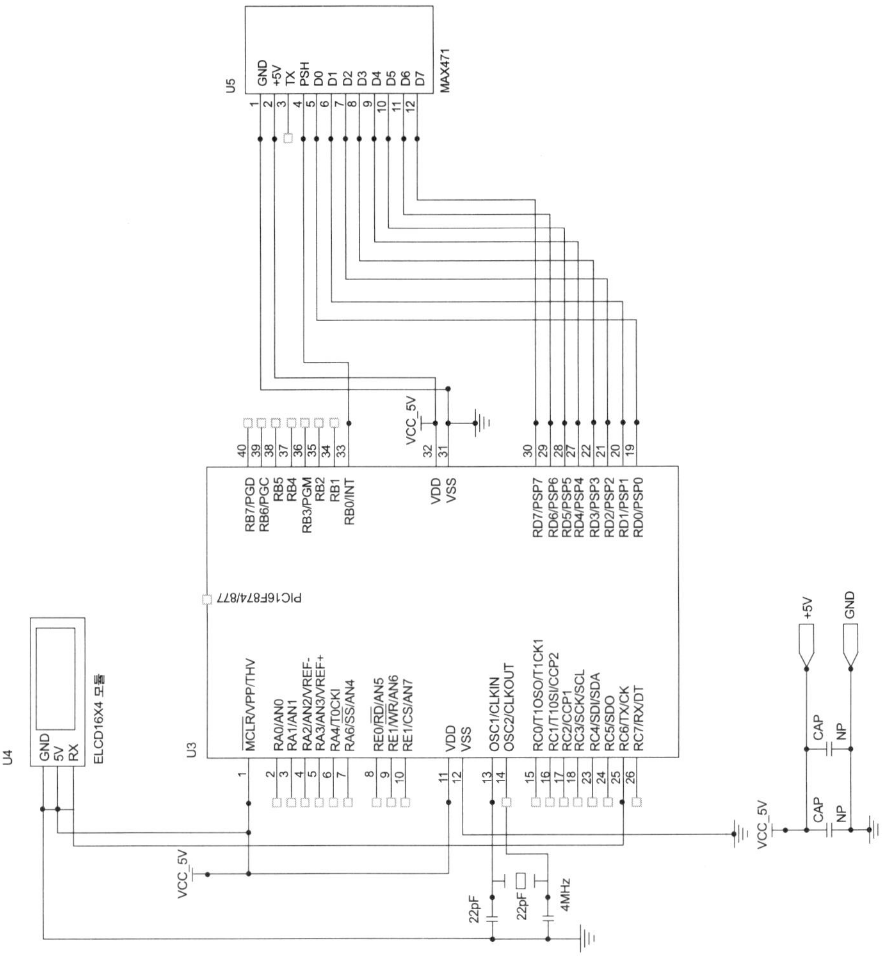

▮ 그림 2.7.1 IR 리모컨 수신 회로도

2.7.3 소스 프로그램

(1) IR 리모컨 수신 프로그램

```
#include <c:\piccw\devices\16f874.h>
#devic pic16f874 *=8 abc=10
#use delay(clock=4000000)
#use rs232(baud=19200, rarity=N, xmit=PIN_C6, rcv=PIN_C7)
#byte    portd = 0x08
```

```
int key_code = 0;          //리모컨에서 받은 키 값 저장
ext_isr() {
    key_code = portd;     //IR 수신 모듈의 D0~D7로부터 8비트 데이터 입력
    printf("%c%c%c", 0xa1, 14, 1);          //LCD 좌표지정 14, 0
    printf("%c%02u%c", 0xa2, key_code, 0)   //key_code 값 표시
}

void main() {
    set_tris_d(0xff);              //IR 데이터를 받기 위해 입력으로 설정
    ext_int_edge(0, L_TO_H);       //LOW TO HIGH 선택
    enable_interrupts(INT_EXT);    //외부에지 인터럽트 허가
    enable_interrupts(GLOBAL);     //글로벌 인터럽트 허가

    printf("%c", 0xa0);           //LCD 초기화
    delay_ms(100);                //초기화되는 동안 딜레이
    printf("%c%c", 0xa3, 1);      //LCD 클리어

    printf("%c%c%c", 0xa1, 0, 0);                //LCD 좌표지정 0, 0
    printf("%c Press any key %c", 0xa2, 0);      //TITLE 문자표시
    printf("%c%c%c", 0xa1, 0, 1);                //LCD 좌표지정 0, 1
    printf("%c Key code is : %c", 0xa2, 0);      //MESSAGE 문자표시

    while(1){

    }
}
```

(2) IR 리모컨을 이용한 비밀번호 체크

4자리의 비밀번호를 누른 후 설정 키를 누르면 화면이 클리어되고 비밀번호가 PIC16F874의 내부 EEPROM에 저장된다. 그런 다음 전원을 off한 후 다시 on한다. 이렇게 하는 이유는 PIC16F874의 내부 EEPROM에 저장했기 때문에 저장이 잘 되었나 확인하기 위함이다.

4자리의 아무 키나 누른 후 확인 키를 누르면 저장된 비밀번호와 일치하지 않으므로 "Err"이라는 메시지가 표시된다. 이번에는 입력했던 비밀번호를 제대로 누른 후 확인 키를 누르면 "Yes" 메시지가 표시된다.

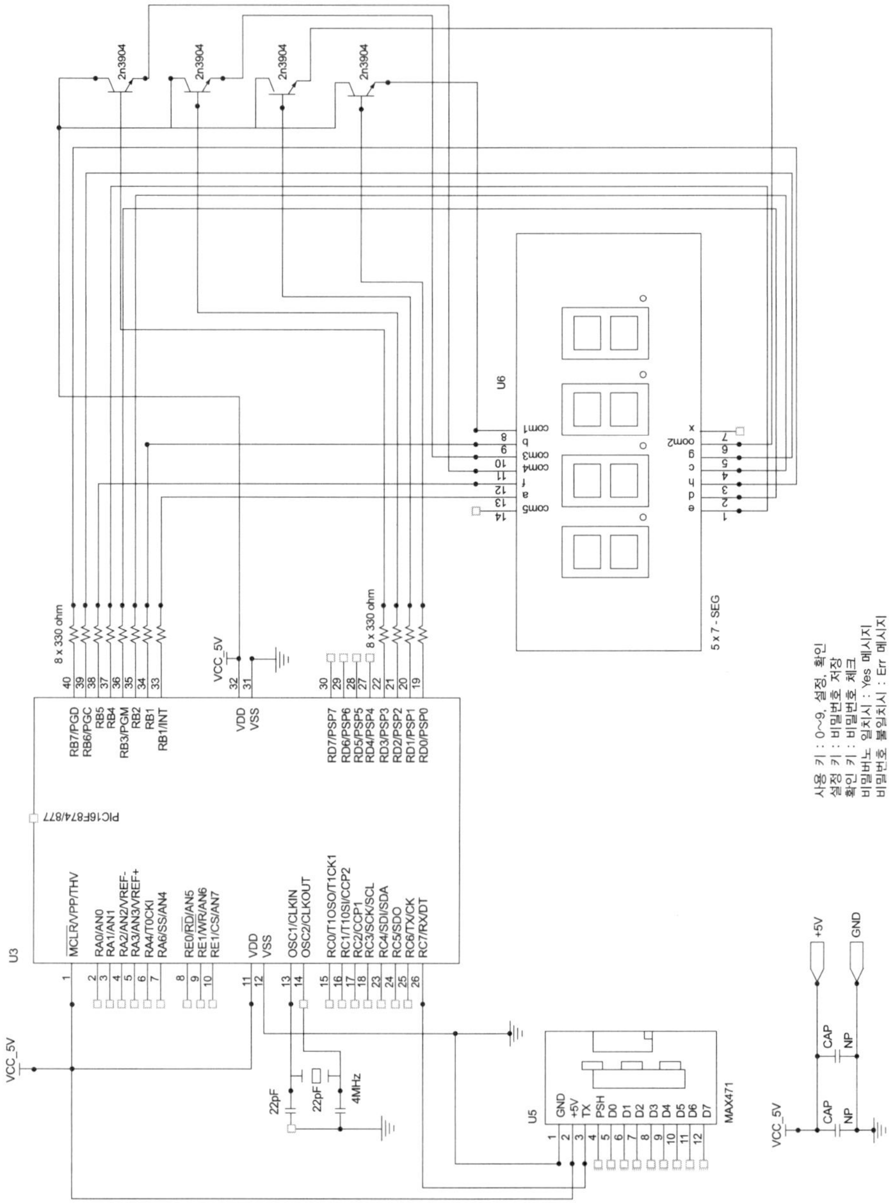

■ 그림 2.7.2 비밀번호 체크를 위한 회로도

```
#include<c:\piccw\devices\16f874.h>
#device pic16f874 *=8 abc=10
#use delay(clock=4000000)
#use rs232(baud=9600, parity=N, xmit=PIN_C6, rcv=PIN_C7)

#zero_ram
#byte portb = 0x06
#byte portd = 0x08

#priority rda, rtcc
int key_code = 0; //리모컨에서 받은 키 값을 저장
int number1, number2, number3, number4;
int passw1, passw2, passw3, passw4;
int com_seq = 1;
int password_cnt;
int flag;

//아스키 폰트 네이블 : 지원되지 않는 폰트는 공백
const int font[128] =
{0xff, 0xff, 0xff, 0xff, 0xff, 0xff, 0xff, 0xff, 0xff, 0xff, 0xff,
0xff, 0xff, 0xff, 0xff, 0xff, 0xff, 0xff, 0xff, 0xff, 0xff, 0xff,
0xff, 0xff, 0xff, 0xff, 0xff, 0xff, 0xff, 0xff, 0xff, 0xff, 0xff,
0xff, 0xf7, 0xb7, 0xb6, 0xf6, 0xde, 0xe7, 0xfc, 0xf3, 0x9d, 0xdc,
0xad, 0x9b, 0xb0, 0x9c, 0xc0, 0xf9, 0xa4, 0xb0, 0x99, 0x92, 0x82,
0xd8, 0x80, 0x90, 0x7f, 0xbf, 0xff, 0xff, 0xff, 0xff, 0xff, 0xff,
0x88, 0x83, 0xc6, 0xa1, 0x86, 0x8e, 0x90, 0x89, 0xcf, 0xe0, 0xff,
0xc7, 0xff, 0xab, 0xc0, 0x8c, 0x98, 0xaf, 0x92, 0xf8, 0xc1, 0xff,
0xff, 0xff, 0x91, 0xff, 0xff, 0xff, 0xff, 0xff, 0xff, 0xff, 0x88,
0x83, 0xa7, 0xa1, 0x84, 0x8e, 0x90, 0x8b, 0xef, 0xe1, 0xff, 0xcf,
0xff, 0xab, 0xa3, 0x8c, 0x98, 0xaf, 0x92, 0x87, 0xe3, 0xff, 0xff,
0xff, 0x91, 0xff, 0xff, 0xff, 0xff, 0xff, 0xff};

void password_check() {
    passw1 = read_eeprom(0x00);
    passw2 = read_eeprom(0x01);
    passw3 = read_eeprom(0x02);
    passw4 = read_eeprom(0x03);
      if(number1 == passw1 && number2 == passw2 &&
      number3 == passw3 && number4 == passw4) {
          number1 = 0x79;     //y
          number2 = 0x45;     //e
          number3 = 0x53;     //s
          number4 = 0x20;     //공백
```

```
    else {
        number1 = 0x45;     //E
        number2 = 0x72;     //r
        number3 = 0x72;     //r
        number4 = 0x20;}     //공백
}

void passwor_save() {
    write_eeprom(0x00, number1);    //비밀번호 1저장
    write_eeprom(0x01, number2);    //비밀번호 2저장
    write_eeprom(0x01, number3);    //비밀번호 3저장
    write_eeprom(0x03, number4);    //비밀번호 4저장
    number1 = 0x20  //비밀번호를 공백으로 처리
    number2 = 0x20  //비밀번호를 공백으로 처리
    number3 = 0x20  //비밀번호를 공백으로 처리
    number4 = 0x20  //비밀번호를 공백으로 처리
    bit_clear(flag, 0);
}

#int_rda
rda_isr() {
    staitc int seq_no;
    int tmp;
    key_code = getch(); //RS232C로 수신된 데이터를 읽어 들임
        switch(sep_no) {
          case0: {
                if(key_code == 'R') //'R'이 입력되었는지 체크
                  seq_no = 1;

                else
                    seq_no = 0;
                    break; }
          case 1: {
                if(key_code == 'M') //'M'이 입력되었는지 체크
                    seq_no = 2;
                else
                    seq_no = 0;
                    break; }
          case 2: {
                if((key_code == 68 || key_code==27) || (key_code>=16 &&
                    key_code<=25)) {
                                        //설정 키이면
                if(key_code==68&&bit_test(flag,0)==1){
                            password_save(); //비밀번호 저장
```

```
                    break;}

            if(key_code==27) {          //확인키이면
                    password_check(); //비밀번호 체크
                    password_cnt = 0;
                    key_code = 0;
                    seq_no = 0;
                    bit_clear(flag,0);
                    break;}

    switch(password_cnt) {
    case 0:
            //0을 누르면 16이 입력되므로 숫자키 0이 16부터이므로 key_code
            //-16을 해서 0으로 만들고 아스키 값의 해당 폰트를 읽기 위해 0의
            //아스키 값 0x30을 더함. 설정 키는 4자리 숫자가 입력된 후에
            //사용 가능하고, 디스플레이되지 않게 함
            if(key_code==68) break;
                    number1 = key_code-16+0x30;
                    number2 = 0x20;
                    number3 = 0x20;
                    number4 = 0x20;
                    password_cnt = 1;
                    bit_clear(flag,0);
                    break;
            // 설정 키는 4자리 숫자가 입력된 후에 사용 가능하고, 디스플레이
            // 되지 않게 함
    case 1:
            if(key_dode == 68) break;
            number2=key_code-16+0x30;
            password_cnt=2;
            bit_clear(flag,0);
            break;
    case 2:
            //설정 키는 4자리 숫자가 입력된 후에 사용 가능하고, 디스플레이
            //되지 않게 함
            if(key_code == 68) break;
            number3 = key_code-16+0x30;
            password_cnt = 3;
            bit_clear(flag,0);
            break;
    case 3:
            //설정 키는 4자리 숫자가 입력된 후에 사용 가능하고, 디스플레이
            //되지 않게 함
            if(key_code == 68) break;
```

```
                number4 = key_code-16+0x30;
                password_cnt = 0;
                bit_set(flag,0);
                break;
                }
        }
        seq_no = 0;
        }
       }
}

#int_rtcc
rtcc_isr()
{
        switch(com_seq) {
                case 1:
                        portd = 0x00;
                        //number4에 해당하는 폰트를 읽어서 portb에 출력함
                        portb = font[number4];     portd = 1;
                        com_seq = 2;
                        break;
                case 2:
                        portd = 0x00;
                        //number3에 해당하는 폰트를 읽어서 portb에 출력함
                        portb = font[number3];
                        portd = 2;
                        com_seq = 3;
                        break;
                case 3:
                        portd = 0x00;
                        //number2에 해당하는 폰트를 읽어서 portb에 출력함
                        portb = font[number2];
                        portd = 4;
                        com_seq = 4;
                        break;
                case 4:
                        portd = 0x00;
                        //number1에 해당하는 폰트를 읽어서 portb에 출력함
                        protb = font[number1];
                        portd = 0;
                        com_seq = 1;
                        break;
        }
}
```

```
void main() {
     set_tris_b(0x00);
     set_tris_d(0x00);
     enable_interrupts(int_rda); //RS232C 수신 인터럽트 허가
     setup_counters(rtcc_internal,rtcc_div_2);

     enable_interrupts(int_rtcc);
     enable_interrupts(global);  /글로벌 인터럽트 허가

     //초기화 시 0이 되므로 이를 방지하기 위해 0이 아닌 값으로 설정
     passw1 = 0xff;
     passw2 = 0xff;
     passw3 = 0xff;
     passw4 = 0xff;
     //초기값으로 "On"을 표시
     number1 = 0x4f; //O
     number2 = 0x6e; //n
     number3 = 0x20; //공백
     number4 - 0x20; //공백

     while(1)
     {
     }
}
```

2.7.4 고찰문제

1) 비밀번호를 입력한 후 전원을 OFF 시킨 후 재가동 시 비밀번호가 유지됨을 확인하여라.

2) 7자리에 비밀번호를 입력한 후 LCD에 디스플레이하여라.

3) 리모컨에 입력값을 LCD에 디스플레이하여라.

4) LCD를 4개의 FND로 교체 후 입력된 4자리의 비밀번호를 디스플레이하여라.

section

2.8 두 자리 초시계

2.8.1 개요

여기서는 두 자리의 초시계를 제작하는 실험에 관하여 설명한다. 두 자리의 초시계는 00부터 99까지 카운팅되며, 3개의 스위치를 사용한다. 이들 세 개의 스위치는 각각 시작, 정지, 리셋의 용도로 사용된다.

본 실험을 통하여 마이크로컨트롤러가 가진 인터럽트의 기능을 완전하게 이해할 수 있을 것이며, 타이밍 신호에 대한 이해와 입출력 포트 사용에 대해서도 완전하게 터득할 수 있을 것이다.

(1) 인터럽트

정상적으로 프로그램을 수행하는 동안에 CPU의 내부 혹은 외부에서 현재 처리 중인 프로그램보다 더 중요한 동작의 실행을 필요로 할 때가 있다. 이와 같이 정상적인 프로그램의 수행 중에 이 보다 더 중요한 동작의 실행을 요청하는 것을 CPU에게 인터럽트(interrupt)를 요청한다라고 한다. 즉, 인터럽트란 정상적인 프로그램의 처리 과정에 더 중요하거나 시급한 동작의 실행이 끼어든다는 의미이다.

일단 인터럽트가 요청되면 CPU는 현재 수행 중인 프로그램과 요청한 인터럽트 사이의 우선순위를 비교하여 우선순위가 높은 쪽의 일을 계속하게 되는데, 요청받은 인터럽트를 먼저 처리할 경우에는 지금까지 처리하던 프로그램의 상태를 별도의 메모리 영역에 저장한 후에, 미리 만들어둔 해당 인터럽트 서비스 루틴(ISR, Interrupt Service Routine)을 수행하게 된다. 인터럽트에 대한 조치가 완료되면 CPU는 보관된 인터럽트 요청 이전의 상태를 복구하여 정상적인 동작을 계속하게 된다.

인터럽트를 위하여 필요한 구성 요소는 여러 가지가 있으며, 기초적인 구성 요소로 요청한 인터럽트 소스를 CPU에게 알려주는 부분을 들 수 있다. 이러한 기능을 담당하는 요소가 인터럽트 요청(IRQ, Interrupt ReQuest) 단자이다. CPU가 인터럽트를 받아들일 수 있는 요청 단자는 여러 가지 방법으로 구성한다.

단일 회선 방식에서는 하나의 요청 단자에 인터럽트를 요청할 수 있는 소스가 둘 이상 연결될 수 있다. 이 경우에는 어느 장치가 인터럽트를 요청하였는지를 찾아내어야 하는 추가적인 과정이 요구된다. 다른 방법으로는 각 단자에 하나의 인터럽트 요청 기능만을 부여하는 고유 회선 방식과 이 둘을 결합한 혼합 회선 방식 등이 있다.

인터럽트 요청에 대한 원인을 확인하면, CPU는 인터럽트 요청 내용에 대한 조치를 취하게 되는데, 이것은 단순히 해당 인터럽트에 대한 조치 내역을 미리 명시해 놓은 프로그램인 인터럽트 서비스 루틴을 수행하는 것일 뿐이다.

이러한 구성 요소 이외에도 인터럽트 체제에는 인터럽트 우선순위 체제(interrupt priority system)를 갖추고 있어서 동시에 둘 이상의 장치가 인터럽트를 요청하였을 경우에는 그 중요성과 시급성의 정도에 따라서 차례대로 처리할 수 있는 기능도 있다.

인터럽트 체제가 갖추어야 될 기본 요소를 통하여 알 수 있었듯이 인터럽트의 요청에 따른 CPU의 처리 절차를 요약하면 다음과 같다.

① 인터럽트 발생장치가 CPU에게 인터럽트를 요청한다.
② 인터럽트를 요청받은 CPU는 현재 수행 중이던 프로그램의 상태를 안전한 장소에 보관한다.
③ 인터럽트 처리 기능을 통한 인터럽트 요청장치의 판별 및 인터럽트 요청원인을 찾아낸다.
④ 해당 인터럽트의 서비스 루틴(ISR)을 수행하여 인터럽트에 대한 조치를 취한다.
⑤ 보관해 두었던 이전 프로그램의 상태를 복구하여 인터럽트로 인하여 중단되었던 프로그램의 수행을 계속한다.

이러한 순서로 인터럽트를 처리하게 되는데, 일반적으로 ②, ③, 그리고 ⑤번을 수행하는 동안은 다른 인터럽트의 요청을 허락하지 않는다. 그러나 ④번의 경우, 즉 인터럽트 서비스 루틴을 수행하고 있을 때에는 현재 처리 중인 인터럽트보다 우선순위가 더 높은 인터럽트가 요청되면 이를 허락하여 처리하기도 한다.

(2) PIC16F84A의 인터럽트

PIC16F84A는 다음과 같이 4개의 인터럽트 소스가 있다.

① 외부 인터럽트
② 타이머/카운터 인터럽트
③ PORTB 인터럽트
④ 데이터 EEPROM 인터럽트

외부 인터럽트는 INT 인터럽트라고도 하며, 포트 B의 LSB인 RB0 단자로 요청된다. 이 인터럽트는 에지에서 트리거되며(edge trigger), 상승 에지와 하강 에지의 선택은 OPTION 레지스터의 INTEDG 비트로 결정한다. 이 비트의 값을 “1”로 셋하면 상승 에지에서 트리거되고, “0”으로 클리어하면 하강 에지에서 트리거된다. 그리고 RB0/INT 단자로 요청되는 인터럽트를 CPU에게 전달하기 위하여 INTCON 레지스터의 INTF 플래그 비트가 사용된다. 또한 외부 인터럽트의 요청을 허가/불허하는 비트로는 INTCON의 INTE 비트가 사용된다. INTE 비트를 “1”로 셋하여 외부 인터럽트 요청을 허가한 상태에서 RB0/INT 단자로 인터럽트가 요청되면 INTF가 “1”로 셋된다. 외부 인터럽트 요청 사실을 알려주는 INTF 플래그의 값은 인터럽트 서비스에 의하여 자동으로 소거되지 않으므로 ISR(Interrupt Service Routine)에서 소프트웨어적으로 소거시켜 주어야 한다. INT 인터럽트는 SLEEP 모드로 들어가기 전에 INTE 비트가 셋되어 있어야만 프로세서를 SLEEP 모드에서 빠져나오게 할 수 있다.

타이머/카운터 인터럽트는 PIC16F84A가 가진 TMR0 레지스터에서 오버플로우를 일으킬 때 요청된다. 그래서 TMR0 인터럽트라고 한다. 즉, TMR0의 값이 0FFH에서 0으로 바뀌면 INTCON 레지스터의 T0IF 플래그 비트를 셋하여 타이머/카운터 인터럽트가 요청되었음을 CPU에게 알려준다. 이 인터럽트의 요청을 허가/불허하는 비트로는 INTCON의 T0IE 비트가 사용된다.

PORTB 인터럽터는 포트 B의 상위 4개 단자(PORTB<7 : 4>)의 어느 하나라도 이전 상태와 다르게 되면 요청된다. 그래서 PORTB 변화 인터럽트라고도 하며, 이 인터럽트의 요청여부를 알리는 플래그 비트와 요청의 허가/불허를 결정하는 비트는 각각 INTCON 레지스터의 RBIF와 RBIE이다. 즉, RBIE가 셋되어 있을 때, 포트 B의 상위 4개 단자 중 어느 하나라도 상태가 바뀌면 RBIF가 셋되어 PORTB 인터럽트가 발생했음을 알리게 된다.

데이터 EEPROM 인터럽트는 데이터 EEPROM의 기록 사이클이 완료되면 요청된다. 이 인터럽트의 요청 여부를 알리는 플래그 비트는 다른 인터럽트와 달리 EECON1 레지스터에 위치해 있으며, EEIF이다. 그러나 이 인터럽트 요청에 대한 허가/불허를 결정하는 비트는 다른 인터럽트와 마찬가지로 INTCON 레지스터에 위치해 있으며, EEIE이다.

모든 인터럽트의 요청에 대한 불허는 INTCON 레지스터의 GIE 비트를 소거함으로써 이루어질 수 있다. 따라서 어느 하나의 인터럽트라도 요청이 허락되기 위해서는 해당 인터럽트 허가/불허 결정 비트는 물론 GIE 비트도 "1"로 셋되어 있어야 한다.

이러한 내용을 설명하는 PIC16F84A의 인터럽트 논리도를 그리면 그림 2.8.1과 같다.

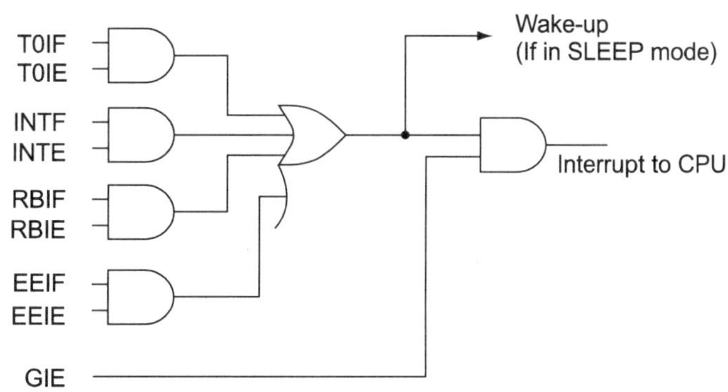

그림 2.8.1 인터럽트 논리도

(3) FND

본 실험에서는 숫자를 표시하기 위하여 FND(Flexible Numeric Display)를 사용한다. FND는 LED를 여러 개 조합한 형태로 일반적인 숫자를 나타내는 디스플레이 LED를 말한다. 숫자나 간단한 기호 표현에 많이 사용되며, '7-세그먼트(segment)'라고 부르기도 한다.

FND는 공통단자를 어느 것으로 선택하느냐에 따라서 애노드 공통(common anode) 형태와 캐소드 공통(common cathode) 형태로 분류한다. 애노드 공통 형태는 FND에 사용된 모든 LED의 애노드 단자를 공통 단자로 사용한다. 따라서 애노드 단자에 5[V]를 인가하고, 캐소드의 각 단자 a~g에 0[V]를 연결하면 해당 LED가 발광하게 된다.

캐소드 공통은 캐소드를 공통 단자로 사용한다. 그래서 공통 단자인 캐소드를 접지시키고, LED의 애노드 각 단자 a~g에 5[V]를 인가하면 해당 LED가 발광하게 된다.

그림 2.8.2에서 보듯이 7-세그먼트 LED는 a~g의 7개 LED와 소수점 표시를 위한 DP(Decimal Point)의 LED 1개로 구성된다. 각 LED는 표시되는 문자의 일부분을 구성하므로 각각을 세그먼트(segment)라고 부른다. 각 세그먼트 LED는 과전류에 의한 파손으로부터 보호하기 위하여 전류 제한용 저항을 외부에 직렬로 연결하여 사용한다. 직렬로 연결된 저항을 통해 전원이 연결되면 0−9의 문자가 LED로 표현된다. 예를 들어, A,B,C,F를 점등시키면 '7'이 표시되고, A,B,C,D,G를 점등시키면 '3'이 표시된다. 7-세그먼트 LED는 숫자뿐만 아니라 A-F의 영문자도 표현할 수 있다. 그러므로 BCD나 16진수의 표현에 널리 사용된다.

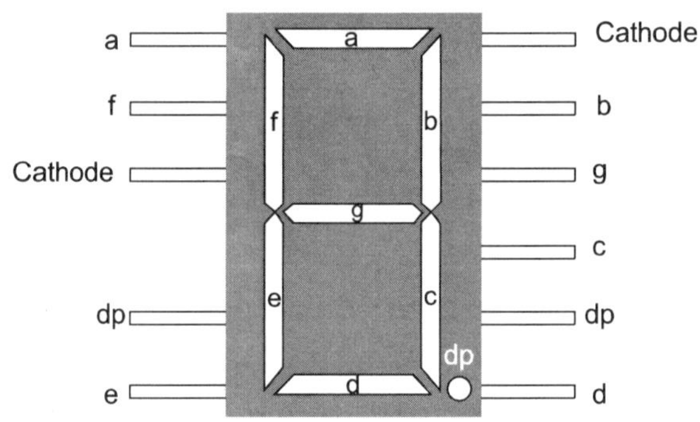

▮ **그림 2.8.2** 캐소드 공통 형태의 FND

FND를 구동하는 방식에는 정적(static) 구동 방식과 동적(dynamic) 구동 방식이 있다. 정적 구동 방식은 포트에 데이터를 바로 연결하여 사용하는 방식이고, 동적 구동 방식은 공통의 버스를 사용하여 순차적으로 돌아가면서 표시하는 방법으로 필요 출력 포트 수를 줄일 수 있고 사용 전류를 줄일 수 있는 장점이 있다. 하지만 순차적으로 스캔하는 동작이 필요하므로 구현이 다소 복잡하다.

FND 2개를 표시하기 위해서는 16개의 핀이 필요하다. 그래서 a~g, DP의

8개 LED 신호는 공통으로 RB 포트를 통하여 데이터 버스에 연결된다. 그리고 첫 번째 FND(DIG1)의 공통 단자에는 RA0을 연결하고, 두 번째 FND(DIG2)의 공통 단자에는 RA1을 연결한다. 그림 2.8.3과 같이 RA0을 선택하고 데이터 버스에 데이터를 전송하면 첫 번째 FND에 데이터가 표시되고, RA1을 선택하고 데이터 버스에 데이터를 전송하면 두 번째 FND에 데이터가 표시된다. 이러한 동작을 빠르게 진행하면 잔상효과 때문에 두 개 모두가 켜져 있는 것으로 보인다.

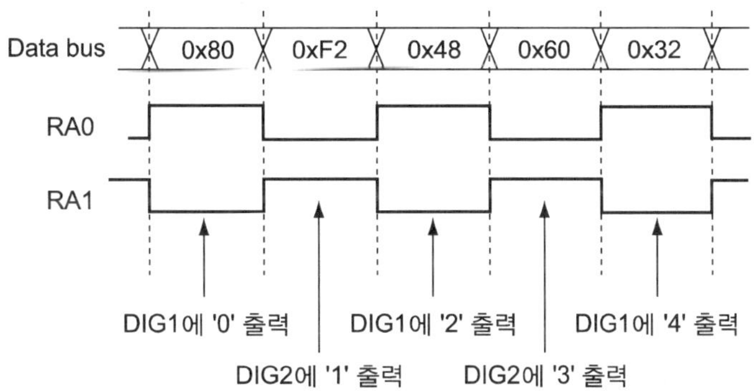

그림 2.8.3 RA0 및 RA1에 의해 표시되는 예

2.8.2 회로도

본 절에서는 PIC 마이크로컨트롤러에 4[MHz] 크리스털을 연결하여 타이머0(TMR0)의 내부 클록으로 공급한다. 이를 받아들여서 1초의 시간을 만들어내고 세 개의 버튼 스위치에 의해 동작이 제어된다. 이들 스위치는 각각 시작, 정지, 그리고 리셋의 기능을 가진다. 회로도는 그림 2.8.4와 같다.

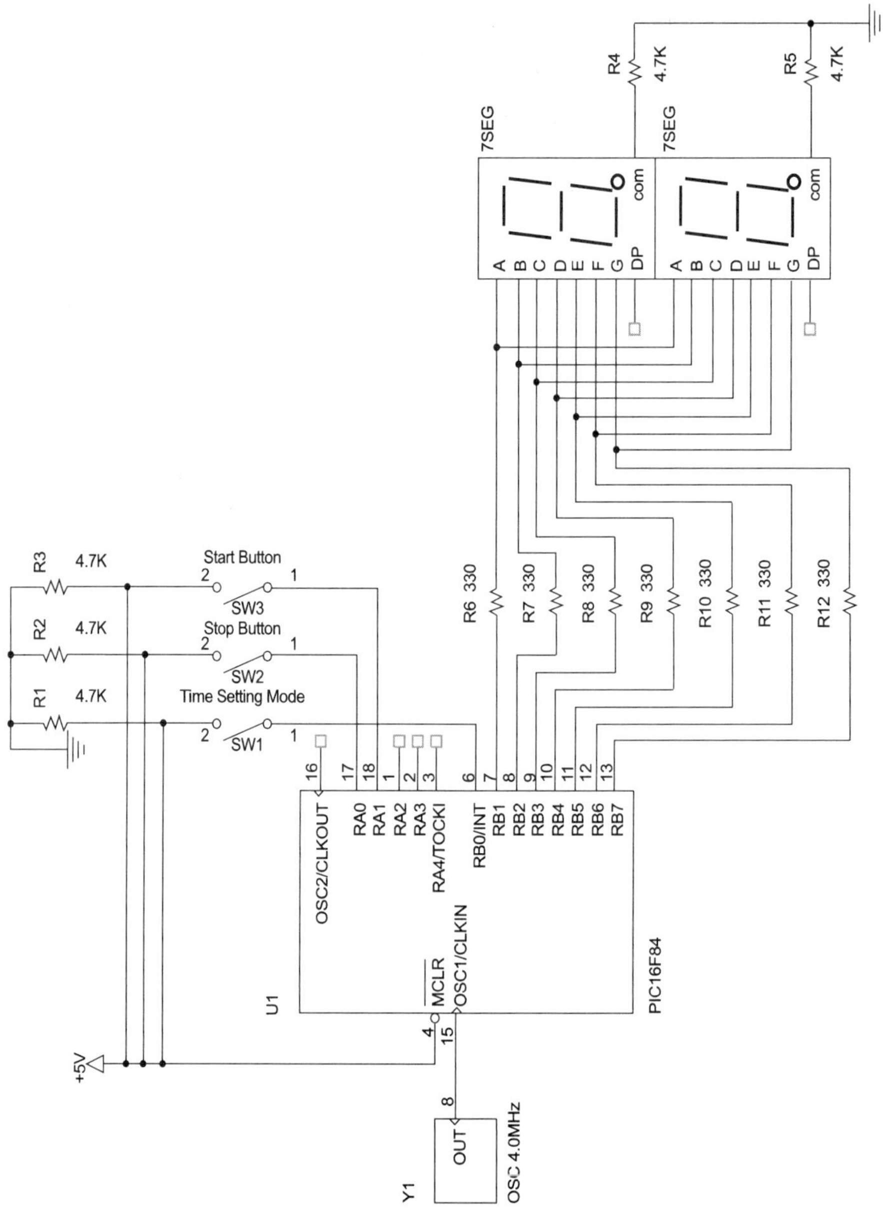

■ 그림 2.8.4 두 자리 초시계의 회로도

2.8.3 소스 프로그램

위에서 설명한 내용과 회로도를 참고하여 소스 프로그램을 작성한다.

먼저 타이머0을 사용하여 1초라는 시간 정보를 만들어 보자. 수정발진기 연결 단자에 사용한 발진기의 주파수는 즉 4[MHz]이다(#use delay(clock = 4000000)). 타이머0의 클록 소스를 내부 클록으로 선택했으므로, 내부 클록은 4분주된 $\frac{4000000}{4}$이다. 왜냐하면 타이머0은 각각의 사이클을 카운팅하게 되고, 이 사이클은 4개의 클록으로 구성되기 때문이다. 그래서 내부 클록은 1,000,000, 즉 1[MHz]로 동작한다. 그러면 하나의 어셈블리 명령어가 실행되는 시간은 $\frac{1}{1000000} = 0.000001 = 1[\mu s]$이다. 즉, PIC16F84A에서 4[MHz] 발진기를 사용할 경우에 분기 명령어를 제외한 모든 명령어는 1[μs]에 실행된다. 분기 명령어의 경우에는 분기 조건이 만족될 경우에 2개의 사이클을 필요로 하므로 2[μs]의 시간이 소요된다. 그러나 8비트 타이머인 TMR0의 오버플로우가 발생되는 데에 걸리는 시간은 초기 설정값에 따라 다르지만 최대 1[μs] * 256 = 256[μs]가 된다. 이를 사용하여, 1초의 시간을 만들어 내기 위해서는 몇 번의 인터럽트를 요청해야 되느냐를 통하여 찾아낼 수 있다. 예를 들어서 최대치인 256[μs]마다 인터럽트를 요청하는 경우는 3906.25(1,000,000/256)번 요청해야 된다. 그러나 이 경우에는 0.25의 오차가 발생하므로 이를 줄이기 위하여 TMR0의 초기치를 2로 설정하여 지연시간을 254[μs]로 조정하면 3937회의 인터럽트 요청으로 1초를 만들어 낼 수 있다.

두 자리 초시계를 구현하기 위한 소스 프로그램은 다음과 같다.

```
////////////////////////////////////////////////////////////////
//
/*              제목 : PIC16F84A에 의한 두 자리 초시계 구현             */
/*              기능 : 0 ~ 99초 카운팅                                  */
////////////////////////////////////////////////////////////////
//

#include <16F84A.h>                         //PIC의 헤더파일 호출
#byte porta=0x05                            //porta 레지스터를 0x05로 지정
#byte portb=0x06                            //portb 레지스터를 0x06로 지정
```

```
#use delay(clock=4000000)                    //주파수 설정
#zero_ram                                    //ram 초기화

////////////////////     DEFINE VALUABLE      /////////////////////

#define One_sec_set 3906                     //1초를 세기 위한 수를 문자로 정의
#define ZERO 0x80
#define ONE 0xF2
#define TWO 0x48
#define THREE 0x60
#define FOUR 0x32
#define FIVE 0x24
#define SIX 0x04
#define SEVEN 0xB0
#define EIGHT 0x00
#define NINE 0x20

///////////////////////  GLOBAL VALUABLE  ///////////////////////
long int sec_cnt;                             //1초를 만들기 위한 카운트 변수
int sec;                                      //초를 표시할 변수
int mode;                                     //mode select variable

///////////////////////  GLOBAL FUNCTION  ///////////////////////
void num_output(int);                        //7-segment의 숫자를 출력하는 함수

//////////////////  RTCC T/C INT VECTOR FUNCTION  /////////////////
#int_RTCC                                    //RTCC T/C INT vector FUNCTION
RTCC_isr()
{
    if(--sec_cnt == 0)                       //sec_cnt가 0이 되면 (= 1초)
    {
            sec++;                           //sec 1 증가
            if(sec >= 100)                   //sec가 최대일 경우
            {
                    sec=0;                   //sec 초기화
    }
    sec_cnt = One_sec_set;                    //sec_cnt를 다시 초기화함
  }
}

//////////////     EXTERNAL INT VECTOR FUNCTION      ///////////////
#INT_EXT                                     //INT_EXT vector FUNCTION
ext_isr()
{
```

```
   sec=0;
}

//////////////////         MAIN FUNCTION        //////////////////
void main()
{
   setup_counters(RTCC_INTERNAL,WDT_2304MS)  //RTCC T/C INT TIME SET
   enable_interrupts(int_rtcc);               //RTCC T/C INT ENABLE

   ext_int_edge(0,l_to_h);                    //Rising Edge ENABLE
   enable_interrupts(int_ext);                //External INT ENABLE

   enable_interrupts(global);                 //GLOBAL INT ENABLE

   set_tris_a(0x03);       //A Port I/O Set(Input[0,1]Output[2,3,4])
   set_tris_b(0x01); //B Port I/O Set(Input[0], OutPut[1,2,3,4,5,6,7])

   sec_cnt = One_sec_set;                     //sec_cnt Initialize
   sec = 0;                                   //second Initialize
   mode = 0;                                  //mode Initialize

   porta = 0xFF;                              //A Port Initialize
   portb = 0x00;                              //B Port Initialize

   while(1)                                   //Nonlimit Loop
     {
     if(bit_test(porta,0))                    //Button_2 Push
        mode = 0;                             //count stop

     else if(bit_test(porta,1))               //Button_3 Push
        mode = 1;                             //count start

     porta = ~0x04;                           //10단위 자리 출력
     num_output(sec%10);                      //10단위 값 출력
     delay_ms(7);                             //Delay 7ms

     porta = ~0x08;                           //1단위 자리 출력
     num_output(sec/10);                      //1단위 값 출력
     delay_ms(7);                             //Delay 7ms
   }
}

////////////////// 7-segment의 숫자를 출력하는 함수 //////////////////
void num_output(int num)
```

```
{
   PORTB &= 0x01;

   switch(num)
   {
   case 0 :
      PORTB |= ZERO;
      break;
   case 1 :
      PORTB |= ONE;
      break;
   case 2 :
      PORTB |= TWO;
      break;
   case 3 :
      PORTB |= THREE;
      break;
   case 4 :
      PORTB |= FOUR;
      break;
   case 5 :
      PORTB |= FIVE;
      break;
   case 6 :
      PORTB |= SIX;
      break;
   case 7 :
      PORTB |= SEVEN;
      break;
   case 8 :
      PORTB |= EIGHT;
      break;
   case 9 :
      PORTB |= NINE;
      break;
   default :
      break;
   }
}
```

SETUP_COUNTERS(rtcc_state, ps_state)

- rtcc_state : timer0(rtcc) 용도를 설정

- ps_state : prescaler 값을 설정

1초라는 시간정보를 만들기 위해서 TMR0을 타이머로 사용할 것인지 아니면 카운터로 사용할 것인지, 그리고 카운터로 사용한다면 하강 에지(falling edge)에서 카운트할 것인지, 아니면 상승 에지(rising edge)에서 카운트할 것인지를 결정하는 명령이다. 또한 프리스케일러를 TMR0에 할당할 것인지, WDT에 할당할 것인지, 그리고 어떤 비율로 할당할 것인지를 결정한다.

ENABLE_INTERRUPTS(int_ext)

- int_ext : 외부 (PORTB.0) 인터럽트 소스 활성화

이 인터럽트는 portb.0이 High to Low(5V→0V) 또는 Low to High(0V→5V)로 변화가 생겼을 때 인터럽트가 발생한다.

ENABLE_INTERRUPTS(global);

- global : global 인터럽트 활성화

EXT_INT_EDGE(source, edge)

- source : 0(MID RANGE TYPE)
  1(PIC18C 계열)
  2(PIC18C 계열)
- edge : H_TO_L (Falling Edge, 5V→0V)
  L_TO_H (Rising Edge, 0V→5V)

2.8.4 고찰문제

1) 인터럽트의 우선순위에 대하여 토의하여라.

2) 1초의 시간을 만들어 내기 위한 방법을 토의하여라.

3) TMR0으로부터 지연시간을 254로 할 경우에 대하여 실험하고, 수정한 소스코드를 제시하여라.

4) 스위치를 하나만 사용하면서 시작, 정지, 리셋의 기능을 구현할 수 있는 방법에 대하여 토의하여라.

2.8.5 타이머 관련 명령어

PIC 마이컴은 종류에 따라 다르지만 1~3개의 타이머가 있다. 타이머는 이름 그대로 어떤 시간을 만들거나, 시간을 계산하는 용도로 쓰이고, 설정에 따라 카운터로도 쓰이며, 특별한 기능을 하는 경우도 있다. 예를 들면 pwm, ccp 등의 기능을 수행할 때는 timer가 함께 사용되어 기준 시간을 만드는 데 쓰인다.

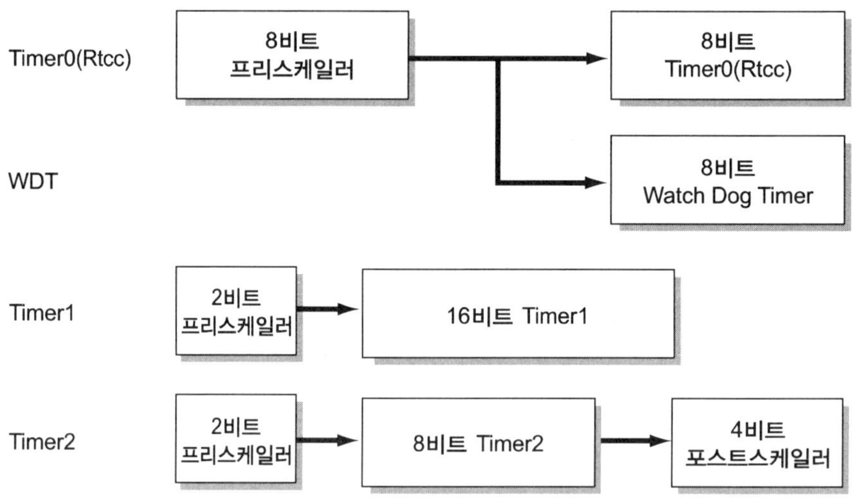

그림 2.8.5 타이머의 종류, 크기, 프리스케일러, 포스트스케일러

timer0의 프리스케일러와 WDT의 프리스케일러는 같은 것으로 동시에 사용할 수는 없고, timer0에 할당하든지, 아니면 WDT에 할당하든지 둘 중 어느 하나에만 할당 가능하다. 이것을 결정하는 것은 OPTION 레지스터의 3비트가 결정한다(1이면 WDT, 0이면 timer0(rtcc)).

RESTART_WDT()
– 워치독타이머를 클리어

- 이 명령은 워치독타이머를 클리어하는 명령

워치독타이머가 Enable 된 경우 칩이 리셋되지 않게 워치독타이머를 클리어 해 주는 역할을 한다. 이 명령은 setup_counters 명령과 관련이 있다.

이 명령은 워치독타이머가 오버플로우가 발생되어 칩이 리셋되지 못하도록 워치독타이머를 클리어하는 역할을 한다. 워치독타이머를 동작시키기 위해서는 라이팅 시 워치독타이머를 사용한다고 퓨즈 옵션을 선택해야 한다. 물론 프로그램 안에서도 프리스케일러를 RTCC에 할당할 것인지, 워치독타이머에 할당할 것인지를 선택해야 한다.

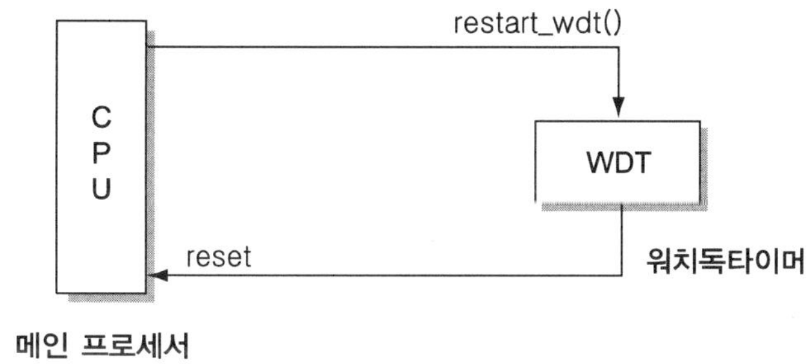

▮ **그림 2.8.6** 워치독타이머와 CPU의 관계

워치독타이머는 메인 프로세서와 별개로 동작하는 독립적인 회로이다. 독립된 RC 오실레이터(저항과 컨덴서로 되어 있는 발진 소자로 칩 내부에 존재)가 있어 외부의 OSC 단자의 발진과는 상관없이 발진하게 된다(WDT Enable 시 메인 프로세서에 전원이 있는 한 계속 발진한다).

워치독타이머는 항상 메인 프로세서를 리셋시키려고 시도한다. 워치독타이머는 칩을 라이팅할 때 워치독타이머를 Enable 하므로 자동으로 증가하는 타이머가 된다. 워치독타이머는 8비트 타이머로 0에서부터 255까지 증가하고, 255를 넘으면 오버플로우가 발생되어 그림 2.8.6에서처럼 메인 프로세서를 리셋시킨다. 그렇게 되면 메인 프로세서는 처음부터 다시 동작한다.

메인 프로세서가 비정상적으로 동작 중에 워치독타이머의 오버플로우가 발생하여 메인 프로세서를 리셋시켜 주면 프로세서는 다시 처음부터 동작한다. 그러나 메인 프로세서가 정상적으로 동작하고 있는 데에도 불구하고 워치독타이머가 계속해서 오버플로우가 발생되어 메인 프로세서를 리셋시키면 메인 프로세서는 오히려 정상적으로 동작할 수 없다. 따라서 메인 프로세서에서는 워치독타이머가 오버플로우가 발생하지 않도록 계속적으로 워치독타이머를 클리어시켜 주어야 한다. 그렇게 되면 워치독타이머는 다시 0부터 증가하고 오버플로우는 발생하지 않게 되는 것이다. 이렇게 워치독타이머를 클리어해 주는 명령이 restart_wdt() 명령이다.

워치독타임아웃 주기(오버플로우)는 기본으로 18ms이다. 프리스케일러를 할당하면 최대 2.3초(18ms * 128)까지 늘릴 수 있다. 즉 최소 180ms 전에 워치독타이머를 클리어해 주어야 하고, 최대는 2.3초 전에 클리어해 주어야 한다.

SETUP_WDT(mode)
– 워치독타이머 설정 **PIC18 계열 전용**

- 워치독타이머의 타임아웃 주기 설정
- mode : WDT_18MS
  WDT_36MS
  WDT_72MS
  WDT_144MS
  WDT_288MS
  WDT_576MS
  WDT_1152MS
  WDT_2304MS

이 명령은 PIC18 계열 워치독타이머의 타임아웃 주기를 설정하는 명령으로 프로그램에서는 워치독타임아웃 전에 restart_wdt() 명령으로 워치독타이머를 클리어해 주어야 한다.

예)

```
setup_wdt(wdt_2304ms);        //타임아웃 주기를 2.3초로 설정
```

i=GET_RTCC() 또는 i=GET_TIMER0()
– 현재 TIMER0(RTCC) 값을 읽어내는 명령

- i : timer0(rtcc)는 8비트 타이머이므로 0~255 사이의 값이 반환된다.

이 명령은 timer0(rtcc) 값을 읽어내는 명령이다.

SETUP_COUNTERS(rtcc_state,ps_state)
– RTCC(TIMER0) 용도와 PS_STATE(pre-scaler)를 설정

- rtcc_state : timer0(rtcc) 용도를 설정
- ps_state : prescaler 값을 설정

이 명령은 timer0(rtcc)를 타이머로 사용할 것인지, 아니면 카운터로 사용할 것인지, 카운터로 사용한다면 하강 에지 때 카운트할 것인지, 아니면 상승 에지 때 카운트할 것인지를 결정하는 명령이다. 또한 프리스케일러를 timer0(rtcc)에 할당할 것인지, 아니면 WDT에 할당할 것인지, 또 어떤 비율로 할당할 것인지를 결정한다.

프리스케일러의 할당은 OPTION.3번 비트가 결정한다.

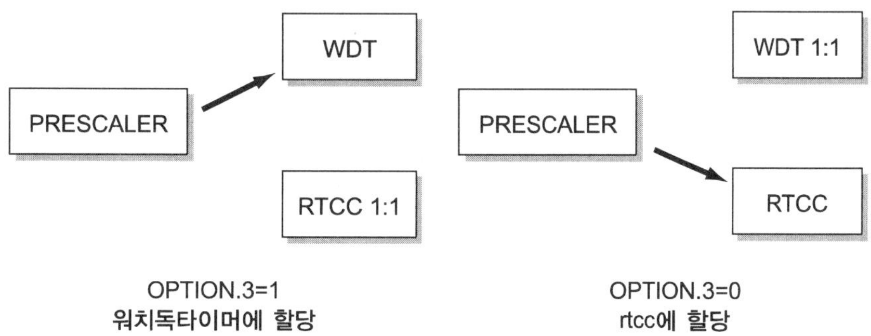

▮ 그림 2.8.7 OPTION.3에 의한 프리스케일러 할당

프리스케일러가 할당된 쪽은 1:N이 되고, 할당되지 않은 쪽은 1:1이 된다.

rtcc_state

- rtcc_state는 timer0(rtcc)로 무엇을 다룰 것인지를 결정하는 인수이다.
- rtcc_internal : timer0(rtcc)의 타이머 소스를 내부 클럭에 할당한다. 이 경우 WDT는 WDT_18MS로 설정되어 18ms 마다 오버플로우가 발생될 것이다. 그렇다고 실제로 칩이 리셋되지는 않는다. 실제로 워치독타이머를 가동하는 것은 칩을 라이팅 시 워치독타이머 퓨즈 옵션에서 워치독타이머를 Enable 해야 워치독타이머가 동작하기 때문이다.
- rtcc_ext_l_to_h : low에서 high로 변화 시 증가

- rtcc_ext_h_to_1 : high에서 low로 변화 시 증가

위의 두 옵션을 사용하면 rtcc를 외부 펄스 입력을 카운트하는 포트로 사용하겠다는 의미이다(즉 PIC의 T0CKI 핀으로 입력되는 펄스 카운트). ps_state는 프리스케일러를 rtcc에 할당할 것인지, 아니면 WDT에 할당할 것인지, 또 얼마만큼을 할당할 것인가를 결정하는 인수이다.

ps_state

이것은 prescaler를 어디에 어떤 비율로 할당할 것인가를 결정한다. 프리스케일러는 timer0(rtcc)와 WDT에 할당 가능하지만 어느 한쪽에만 할당 가능하다. 즉 동시에 양쪽에 할당하는 것은 불가능하다는 의미이다.

RTCC_DIV_2 : T0CKI 포트로 펄스가 2개 입력되면 rtcc 값이 1증가
RTCC_DIV_4 : T0CKI 포트로 펄스가 4개 입력되면 rtcc 값이 1증가
RTCC_DIV_8 : T0CKI 포트로 펄스가 8개 입력되면 rtcc 값이 1증가
RTCC_DIV_16 : T0CKI 포트로 펄스가 16개 입력되면 rtcc 값이 1증가
RTCC_DIV_32 : T0CKI 포트로 펄스가 32개 입력되면 rtcc 값이 1증가
RTCC_DIV_64 : T0CKI 포트로 펄스가 64개 입력되면 rtcc 값이 1증가
RTCC_DIV_128 : T0CKI 포트로 펄스가 128개 입력되면 rtcc 값이 1증가
RTCC_DIV_256 : T0CKI 포트로 펄스가 256개 입력되면 rtcc 값이 1증가

그렇다면 T0CKI 포트로 펄스가 1개 입력될 때마다 timer0(rtcc) 값을 1 증가시키려면 어떻게 하면 되는가? 위에서 설명했지만 이때는 프리스케일러를 WDT에 할당하면 timer0(rtcc)는 rtcc_div_1이 되어 펄스가 1개 입력될 때마다 timer0(rtcc)는 하나씩 증가한다. 즉 프리스케일러가 timer0(rtcc)에 할당이 된다면 WDT는 WDT_18MS가 선택되고 반대로 프리스케일러가 WDT에 할당된다면 timer0(rtcc)는 rtcc_div_1이 선택된다.

WDT_18MS : 18ms마다 오버플로우 발생
WDT_36MS : 36ms마다 오버플로우 발생
WDT_72MS : 72ms마다 오버플로우 발생
WDT_144MS : 144ms마다 오버플로우 발생
WDT_288MS : 288ms마다 오버플로우 발생

WDT_576MS : 576ms마다 오버플로우 발생
WDT_1152MS : 1152ms마다 오버플로우 발생
WDT_2304MS : 2304ms마다 오버플로우 발생

setup_counters(rtcc_internal,wdt_2304ms); 이 명령은 내부 클럭을 사용하고, 프리스케일러를 WDT에 wdt_2304ms로 할당하며, timer0(rtcc)는 rtc_div_1로 설정하는 명령이다.

SET_RTCC(value) 또는 SET_TIMER0(value)
– TIMER0(RTCC)에 새로운 값을 기입

- value : 0~255(timer0는 8비트 타이머)

이 명령은 timer0(rtcc)에 새로운 값을 기입하는 명령이다.

예)
```
set_timer0(100); //timer0 값을 100으로 세트
```
이 명령 이후 timer0는 100부터 증가한다.

SETUP_TIMER_1(mode)
– TIMER1의 옵션 설정

- mode : timer1의 옵션 설정

이 명령어는 timer1의 옵션을 설정하는 함수이다.

T1_DISABLED : timer1의 동작을 on/off
T1_INTERNAL : timer1의 클럭소스를 OSC/4로 함
T1_EXTERNAL : timer1의 클럭소스를 외부 OSC1 입력 핀으로 함
T1_EXTERNAL_SYNC : 외부 클럭 입력과 내부 OSC 클럭이 동기하여 증가

T1_CLK_OUT : 클럭 출력 Enable
T1_DIV_BY_1 : 1:1로 분주
T1_DIV_BY_2 : 1:2로 분주

T1_DIV_BY_4 : 1:4로 분주

T1_DIV_BY_8 : 1:8로 분주

timer1은 16비트의 크기를 가지고 있으며, 두 개의 레지스터를 통해 제어된다. tmr1h(8비트), tmr1l(8비트), timer1도 timer0처럼 사용하기 위해서는 다음과 같은 옵션을 설정해 주어야 한다. 프리스케일러, 내부 클럭소스 사용, 입력신호의 동기 여부, 외부 오실레이터 사용 관련된 옵션들을 선택해 주어야 하는데 이 일을 해 주는 명령이 setup_timer1() 명령이다. 어셈블리어에서는 T1CON 레지스터를 통해서 제어한다.

SET_TIMER1(value)
– TIMER1에 새로운 값을 기입

- value : 0~65535(timer1은 16비트)

이 명령은 timer1에 새로운 값을 기입하는 명령이다.

SETUP_TIMER_2(mode,period,postscale)
– TIMER2의 옵션 설정

- mode : timer2 옵션 설정

이 명령어는 timer2를 사용하기 위해 옵션을 설정하는 명령이다.

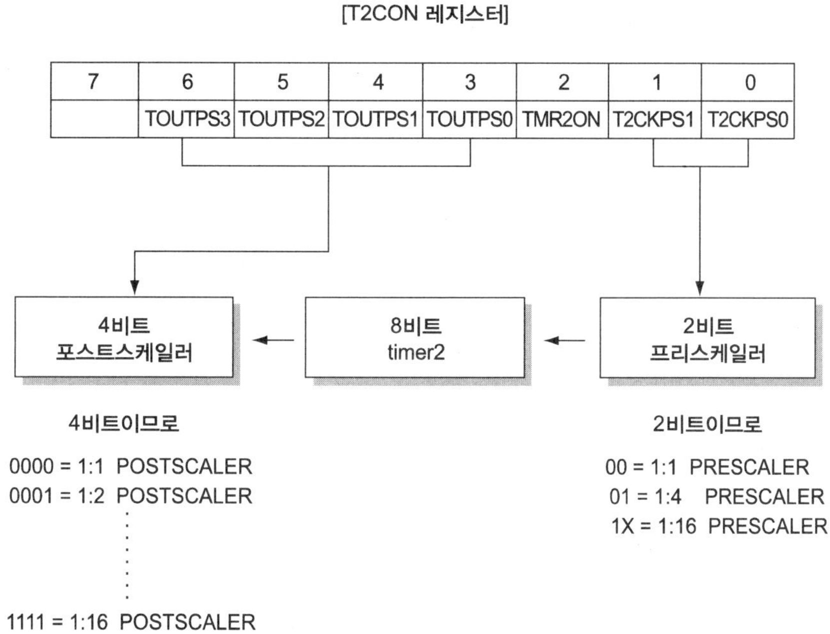

그림 2.8.8 timer2의 프리스케일러와 포스트스케일러

timer2의 옵션

T2_DISABLED : timer2의 동작을 on/off

T2_DIV_BY_1 : 1:1로 분주

T2_DIV_BY_4 : 1:4로 분주

t2_DIV_BY_16 : 1:16으로 분주

- period : 0~255 사이의 값

timer2는 8비트 타이머이다. 따라서 0~255까지 증가하고 오버플로우가 발생한다. 그러나 timer2는 period라는 기능이 있으며, 이 값에 0~255 사이의 값을 주면 그 값에 도달한 후 timer2 오버플로우가 발생한다. 지금까지 앞에서 배웠던 timer0, timer1은 각각 255와 65,535를 넘으면 오버플로우가 발생했는데, timer2는 오버플로우가 발생하는 시점을 임의로 결정할 수 있다는 뜻이다.

예를 들면 setup_timer_2(t2_div_by_1,129,1);라고 하면 timer2 값이 0~129까지 증가하고 130번째 오버플로우가 발생한다. 이 경우 postscale 값이 1이

므로 timer2 인터럽트 기능을 Enable 했다면 인터럽트도 걸린다. postscale 옵션도 알아야 제대로 쓸 수 있다.

- postscale : 1~15 사이의 값

이 옵션은 위의 period로 설정해 놓은 값이 몇 번 반복 후 인터럽트가 발생할지를 결정하는 옵션이다. 즉 인터럽트가 발생되기 전 몇 번까지 오버플로우를 무시할 것인가를 결정하는 옵션이다.

예를 들면 setup_timer(t2_div_by_1,129,5)인 경우 timer2 값이 0~129까지 5번 오버플로우가 발생하면 인터럽트가 발생하는 것이다.

i=GET_TIMER2()
– TIMER2의 값을 읽음

- i : 0~255 사이의 값이 반환(timer2는 8비트 타이머)

이 명령은 현재 timer2 값을 읽어내는 명령이다. 이 명령은 setup_timer_2 (mode, period, postscale)와 함께 쓰므로 setup_timer_2(mode, period, postscale) 명령을 참조하라.

예)

```
int i
i = get_timer2();          //현재 timer2 값을 읽어 들임
```

SET_TIMER2(value)
– TIMER2에 새로운 값을 기입

- value : 0~255(timer2는 8비트)

이 명령은 timer2에 새로운 값을 기입하는 명령이다.

예)

```
set_timer2(250);           //timer2 값을 250으로 세트. 이 명령 이후
                           //timer2는 250부터 증가
```

section

2.9 전자시계

2.9.1 개요

여기서는 시간조정 기능을 가지는 간단한 전자시계를 설계하는 예제를 다룬다. 시계에는 최소한 시, 분, 초를 위하여 각각 두 자리 숫자를 디스플레이해야 되므로 6개의 FND가 필요하다. 따라서 숫자 정보를 전달하기 위한 8개의 데이터 신호선 이외에도 이들 6개 FND 각각을 선택하기 위하여 별도의 6개 입출력 단자가 요구된다.

그리고 3개의 스위치를 사용하여, 모드 설정, 숫자의 증가 및 감소가 기능토록 하여 시, 분의 조정 기능을 가지는 전자시계를 설계하고자 한다. 따라서 이들 스위치를 위한 입출력 포트도 요구된다. 우리가 사용할 예정인 PIC16F84A는 12개의 입출력 단자만을 가지므로 디코드를 추가로 사용하여 설계한다.

(1) 디코더 IC

FND 및 인터럽트에 대하여 이미 앞 절에서 자세히 설명하였으므로 여기서는 "3×8 디코더" 및 "BCD to 7-세그먼트 디코더" IC만 개략적으로 살펴본다.

FND에 시간 정보를 디스플레이하기 위하여 a~g 및 DP를 위한 8개의 입출력선을 직접 FND에 연결하여 사용할 수도 있으나, 0~9의 10개 숫자를 4자리의 2진수로 표시하는 BCD 신호로부터 FND 값으로 변경시켜 주는 디코더 IC를 사용하면 편리하다. 이를 위하여 7447 IC를 선택한다.

|표 2.9.1| 7447 디코더의 진리표

	INPUTS							OUTPUTS						
DECIMAL OR FUNCTION	$\overline{LT}$	$\overline{RBI}$	D	C	B	A	$\overline{BI/RBO}$	$\overline{a}$	$\overline{b}$	$\overline{c}$	$\overline{d}$	$\overline{e}$	$\overline{f}$	$\overline{g}$
0	H	H	L	L	L	L	H	L	L	L	L	L	L	H
1	H	X	L	L	L	H	H	H	L	L	H	H	H	H
2	H	X	L	L	H	L	H	L	L	H	L	L	H	L
3	H	X	L	L	H	H	H	L	L	L	L	H	H	L
4	H	X	L	H	L	L	H	H	L	L	H	H	L	L
5	H	X	L	H	L	H	H	L	H	L	L	H	L	L
6	H	X	L	H	H	L	H	H	H	L	L	L	L	L
7	H	X	L	H	H	H	H	L	L	L	H	H	H	H
8	H	X	H	L	L	L	H	L	L	L	L	L	L	L
9	H	X	H	L	L	H	H	L	L	L	H	H	L	L
10	H	X	H	L	H	L	H	H	H	H	L	L	H	L
11	H	X	H	L	H	H	H	H	H	L	L	H	H	L
12	H	X	H	H	L	L	H	H	L	H	H	H	L	L
13	H	X	H	H	L	H	H	L	H	H	L	H	L	L
14	H	X	H	H	H	L	H	H	H	H	L	L	L	L
15	H	X	H	H	H	H	H	H	H	H	H	H	H	H
$\overline{BI}$	X	X	X	X	X	X	L	H	H	H	H	H	H	H
RBI	H	L	L	L	L	L	L	H	H	H	H	H	H	H
$\overline{LT}$	L	X	X	X	X	X	H	L	L	L	L	L	L	L

H = HIGH Voltage Level
L = Low Voltage Level
X = Immatenal

6개의 FND 중에서 어느 하나를 선택하기 위하여 6개의 입출력 단자를 필요로 한다. 그러나 PIC16F84A가 충분한 수의 입출력 핀을 제공하지 않으므로, 3×8 디코더를 사용하고자 한다. 이를 사용하면 3개의 입출력 선으로 8개의 입출력 단자를 구동할 수 있다. 이러한 용도로 74138 IC를 선택한다.

|표 2.9.2| 74138 디코더의 진리표

Inputs					Outputs							
Enables		Select										
G1	G2(Note 1)	C	B	A	Y0	Y1	Y2	Y3	Y4	Y5	Y6	Y7
X	H	X	X	X	H	H	H	H	H	H	H	H
L	X	X	X	X	H	H	H	H	H	H	H	H
H	L	L	L	L	L	H	H	H	H	H	H	H
H	L	L	L	H	H	L	H	H	H	H	H	H
H	L	L	H	L	H	H	L	H	H	H	H	H
H	L	L	H	H	H	H	H	L	H	H	H	H
H	L	H	L	L	H	H	H	H	L	H	H	H
H	L	H	L	H	H	H	H	H	H	L	H	H
H	L	H	H	L	H	H	H	H	H	H	L	H
H	L	H	H	H	H	H	H	H	H	H	H	L

74138 디코더를 사용하여 6개의 FND를 동적으로 동작시키면 비록 어느 한 순간에는 하나의 FND만 ON 되지만 이들 동작이 매우 빠르게 진행되므로 잔상효과로 인하여 우리는 6개 모두가 ON 되어 있는 것으로 인식된다.

6개의 FND를 동적으로 동작시키는 예는 그림 2.9.1과 같다.

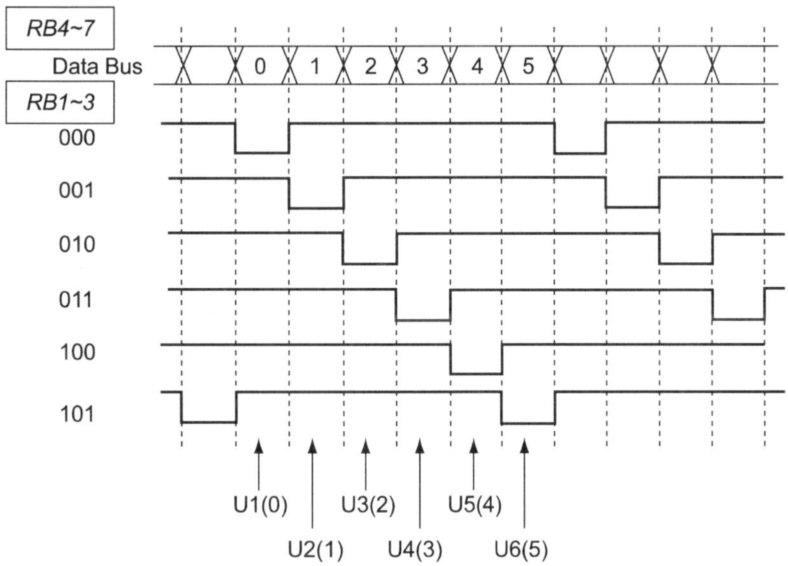

그림 2.9.1 6개의 FND를 동적으로 동작시키는 예

2.9.2 회로도

시, 분, 초를 각각 두 자리씩 표시하고, 시간 조정 기능을 위한 세 개의 스위치(선택, 숫자 증가, 숫자 감소)를 추가한 간단한 전자시계 회로도의 예는 그림 2.9.2와 같다.

선택 스위치는 시간을 조정하기 위하여 "시" 혹은 "분"을 선택하는 역할을 하며, 한 번 누를 때마다 변경 가능한 "시" 혹은 "분"이 깜박이도록 한다.

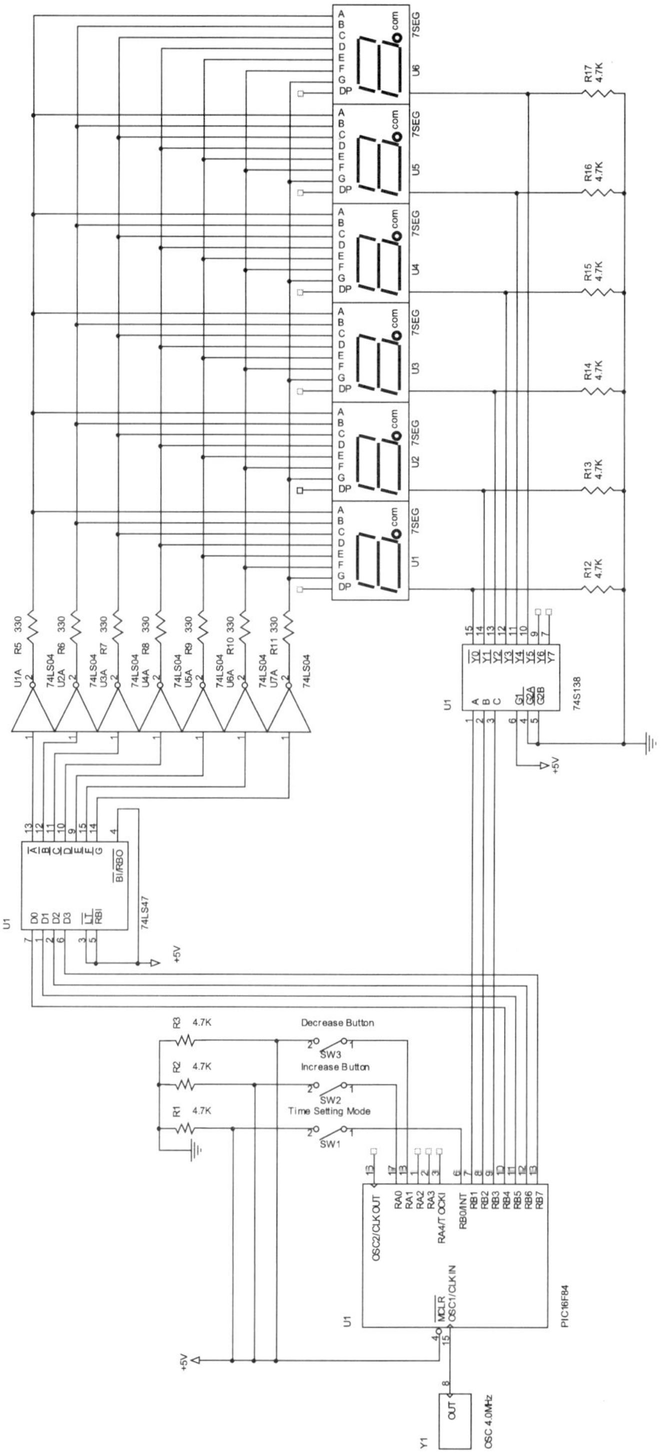

▮ 그림 2.9.2 전자시계의 회로도

2.9.3 소스 프로그램

```
//////////////////////////////////////////////////////////////////////
/*          제목 : PIC16F84A에 의한 전자 시계 구현                      */
/*          기능 : 현재 시간 표시 및 현재 시간 설정 기능                */
//////////////////////////////////////////////////////////////////////

#include <16F84A.h>                         //PIC의 헤더파일 호출
#byte porta=0x05                            //porta 레지스터를 0x05로 지정
#byte portb=0x06                            //portb 레지스터를 0x06로 지정
#use delay(clock=4000000)                   //주파수 설정
#zero_ram                                   //ram INITIALIZE

#define One_sec_set 3906                //1초를 세기 위한 수를 문자로 정의

/////////////////////////  GLOBAL VARIABLE  /////////////////////////
long int sec_cnt;                   //1초를 만들기 위한 카운트 변수
int mode_sel;                       //mode를 설정할 변수
int bt_cnt;                         //버튼을 위한 카운트 변수
int sel;                            //시간 변경 시 시분을 결정하는 플래그 변수

//////////////////////      TIME VARIABLE      //////////////////////
int hr;                                 //HOUR VARIABLE
int min;                                //MINUTE VARIABLE
int sec;                                //SECOND VARIABLE

///////////////////////   GLOBAL FUNCTION   ///////////////////////
void Fnd_output();                  //7-segment의 전체 숫자를 출력하는 함수
void Num_output(char,int);          //7-segment이 숫자를 출력하는 함수
void Bt_chk();                      //버튼이 눌러졌을 경우 카운트하는 함수
void Time_set();                    //시간 설정 함수

////////////////   RTCC T/C INT vector FUNCTION   ////////////////
#int_RTCC                           //RTCC T/C INT vector FUNCTION
RTCC_isr()
{
     if(--sec_cnt == 0)             //sec_cnt가 0이 되면 (= 1초)
     {
              sec++;                //sec 1 증가
              if(sec >= 60)         //sec가 최대일 경우
              {
                        sec=0;      //sec 초기화
```

```
                    min++;                  //min 1 증가
                    if(min >= 60)           //min 최대일 경우
                    {
                        min=0;              //min 초기화
                        hr++;               //hr 1 증가
                        if(hr >= 24)        //hr 최대일 경우
                        {
                         hr=0;              //hr 초기화
                      }
                    }
                }
        sec_cnt = One_sec_set;                          //sec_cnt INITIALZE
        }
}

////////////////   EXTERNAL INT VECTOR FUNCTION   /////////////////
#INT_EXT                        //INT_EXT vector FUNCTION
ext_isr()
{
   if(mode_sel == 0)            //Time View mode일 때
     mode_sel = 1;              //Time Setting mode로 전환
   else                         //그 외 경우(Time Setting mode일 때)
   {
     sel++;                     //Setting Select Flag increase(Hour ->
Minute)
     if(sel >= 2)               //Hour, Minute 설정이 끝나면
     {
       sel = 0;                 //Setting Select Flag Initialize
       mode_sel = 0;            //Time View mode 변경
     }
   }
}

/////////////////////       MAIN FUNCTION      /////////////////////
void main()                                      //main 함수
{
   setup_counters(RTCC_INTERNAL,WDT_2304MS);
                                            //RTCC T/C INT TIME SETTING
   enable_interrupts(int_rtcc);             //RTCC T/C INT ENABLE
   ext_int_edge(0,l_to_h);                  //Rising Edge ENABLE
   enable_interrupts(int_ext);              //External INT ENABLE
   enable_interrupts(global);               //GLOBAL INT ENABLE
```

```
    set_tris_a(0x03); //A PORT I/O SETTING(INPUT[0,1], OUTPUT[2,3,4])
    set_tris_b(0x01); //B PORT I/O SETTING(INPUT[0], OUTPUT
                          [1,2,3,4,5,6,7])

    sec_cnt = One_sec_set;              //sec_cnt INITIALIZE
    hr=23;                             /*  Time    */
    min=59;                            /* valivable  */
    sec=55;                            /*  Initialize  */

    mode_sel = 0;                      //mode INITIALIZE
    bt_cnt=0;                           //BUTTON COUNT VARIABLE

    porta = 0x00;                      //A PORT INITIALIZE
    portb = 0x00;                      //B PORT INITIALIZE

      while(1)                         //NONLIMIT LOOP
      {
      if(mode_sel == 1)                //Time Setting mode일 경우
      {
        Bt_chk();                //버튼 누름 카운트 함수 호출
        Time_set();              //시간 설정 함수
      }
      fnd_output();              //7-segment 출력 함수 호출
    }
}

void Fnd_output()                //7-segment의 전체 숫자를 출력하는 함수
{
    Num_output(0x00,hr/10);      //숫자 출력 함수 호출(시)
    Num_output(0x02,hr%10);      //숫자 출력 함수 호출(시)
    Num_output(0x04,min/10);     //숫자 출력 함수 호출(분)
    Num_output(0x06,min%10);     //숫자 출력 함수 호출(분)
    Num_output(0x08,sec/10);     //숫자 출력 함수 호출(초)
    Num_output(0x0a,sec%10);     //숫자 출력 함수 호출(초)
    if(mode_sel == 1) //Time Setting mode(Setting 하는 위치의 점등을 위함)
    {
      int i;                     //for문을 위한 변수 선언
      for(i=0; i<7; i++)         //for문(7회 반복)
      {
        if(sel == 0)             //hr Setting
        {
          Num_output(0x04,min/10);
```

```
                    //7-segment Number Output Function call(minute)
            Num_output(0x06,min%10);
                    //7-segment Number Output Function call(minute)
            Num_output(0x08,sec/10);
                    //7-segment Number Output Function call(second)
            Num_output(0x0a,sec%10);
                    //7-segment Number Output Function call(second)
        }
        else if(sel == 1)       //min Setting
        {
            Num_output(0x00,hr/10);
                    //7-segment Number Output Function call(hour)
            Num_output(0x02,hr%10);
                    //7-segment Number Output Function call(hour)
            Num_output(0x08,sec/10);
                    //7-segment Number Output Function call(second)
            Num_output(0x0a,sec%10);
                    //7-segment Number Output Function call(second)
        }
        else if(sel == 2)     //sec Setting
        {
            Num_output(0x00,hr/10);
                    //7-segment Number Output Function call(hour)
            Num_output(0x02,hr%10);
                    //7-segment Number Output Function call(hour)
            Num_output(0x04,min/10);
                    //7-segment Number Output Function call(minute)
            Num_output(0x06,min%10);
                    //7-segment Number Output Function call(minute)
        }
      }
    }
}

void Num_output(char cnt, int num)          //7-segment 출력하는 함수
{
    portb &= 0x01;                          //B 포트 0bit외엔 clear
    portb |= cnt;                           //출력 위치 설정

    switch(num)                             //switch문 시작
    {
        case 1 :                            //1일 경우
```

```
        portb |= 0x10;                      //1출력
        break;                              //switch문 종료
      case 2 :                              //2일 경우
        portb |= 0x20;                      //2출력
        break;                              //switch문 종료
      case 3 :                              //3일 경우
        portb |= 0x30;                      //3출력
        break;                              //switch문 종료
      case 4 :                              //4일 경우
        portb |= 0x40;                      //4출력
        break;                              //switch문 종료
      case 5 :                              //5일 경우
        portb |= 0x50;                      //5출력
        break;                              //switch문 종료
      case 6 :                              //6일 경우
        portb |= 0x60;                      //6출력
        break;                              //switch문 종료
      case 7 :                              //7일 경우
        portb |= 0x70;                      //7출력
        break;                              //switch문 종료
      case 8 :                              //8일 경우
        portb |= 0x80;                      //8출력
        break;                              //switch문 종료
      case 9 :                              //9일 경우
        portb |= 0x90;                      //9출력
        break;                              //switch문 종료
      default :                             //예외 경우
        break;                              //switch문 종료
    }
    delay_ms(2);                            //2ms 딜레이
}

void Bt_chk()              //버튼이 눌러졌을 경우 카운트하는 함수
  if(bit_test(porta,0) || bit_test(porta,1))    //A포트 0번 or 1번
                                                  핀이 High 경우
    bt_cnt++;                         //bt_cnt 증가
  else                                //예외 경우
{
    bt_cnt = 0;                       //bt_cnt 초기화
}
void Time_set()                       //시간 설정 함수
{
```

```
if(bt_cnt > 10)                   //버튼 누른 시간이 일정시간 이상일 때
{
  if(bit_test(porta,0))           //0번 버튼을 누르면(증가 버튼)
  {
    switch(sel)                   //설정 위치 선택문
    {
    case 0 :                      //시 변경 시
      hr++;                       //시 증가
      if(hr > 23)                 //시 최대일 경우
        hr=0;                     //시 초기화
      break;                      //switch문 종료
    case 1 :                      //분 변경 시
      min++;                      //분 증가
      if(min > 59)                //분 최대일 경우
        min=0;                    //분 초기화
      break;                      //switch문 종료
    case 2 :                      //sec Setting
      sec++;                      //sec Increase
      if(sec > 59)                //sec maximum
        sec=0;                    //sec Initialize
      break;                      //switch문 종료
    default :                     //예외의 경우
      break;                      //switch문 종료
    }
  }
  else if(bit_test(porta,1))      //1번 버튼을 누르면(감소 버튼)
  {
    switch(sel)                   //설정 위치 선택문
    {
    case 0 :                      //시 변경 시
      if(hr == 0)                 //시 최저일 경우
        hr=24;                    //시 최대로 초기화
      hr--;                       //시 감소
      break;                      //switch문 종료
    case 1 :                      //분 변경 시
      if(min == 0)                //분 최저일 경우
        min=60;                   //분 최대로 초기화
      min--;                      //분 감소
      break;                      //switch문 종료
    case 2 :                      //sec Setting
      if(sec == 0)                //sec minimum
        sec=60;                   //sec maximum Initialize
```

```
            sec--;                          //sec decrease
            break;                          //switch문 종료
          default :                         //예외의 경우
            break;                          //switch문 종료
        }
      }
      bt_cnt = 0;                           //bt_cnt초기화
    }
}
```

2.9.4 고찰문제

1) 제시된 회로도에서 FND와 디코더 사이에 인버터를 사용한 이유를 토의하여라.

2) 제시된 회로도를 변경하지 않고, 시와 분을 표시하는 4개의 FND는 0~9999까지를 표시하는 초시계로, 초를 표시하는 2개 FND는 0~99까지를 표시하는 100분위 초시계의 기능을 가지는 스톱워치로 변경하는 프로그램을 작성하여 실험하여라.

3) 2)를 수행하는 과정에 3개의 스위치를 사용하여 시작, 정지, 리셋의 기능을 가지도록 프로그램을 수정, 보완하여라.

section 2.10 교통 신호 제어기

2.10.1 개요

마이크로컨트롤러의 이용 범위는 무궁무진하다. 휴대폰 충전기, 전기밥솥, 자동응답기, 자동차 속도계, 위성탐사용 로봇 등 자동화의 기능을 가지는 분야이면 모두 이용된다. 이러한 응용의 예로써 여기에서는 네거리의 교통 신호 제어기를 설계하는 실험을 수행하고자 한다. 실험을 간단히 하기 위하여 좌회전 신호가 없는 네거리에 적색, 황색, 녹색의 3개 신호등을 가지는 경우를 가정한다.

녹색등은 직진신호, 황색등은 직진신호가 끊어지고 정지신호인 적색등으로 바뀌는 순간의 짧은 시간 동안만 켜지는 신호, 그리고 적색등은 정지 신호를 의미한다. 어느 하나의 통행로에 녹색등이 켜지면 가로지르는 다른 통로는 적색등이 켜져야 하고, 녹색등이 황색등으로 바뀌는 과정에 가로지르는 거리의 적색등은 변경 없이 적색등으로 켜져 있도록 구성한다. 즉, 녹색등에서 적색등으로 바뀔 때는 황색등의 점멸이 포함되지만 적색등에서 녹색등으로 바뀔 때는 황색등은 OFF 상태를 유지한다고 가정한다.

그림 2.10.1은 네거리 도로의 교통 신호등을 가진 회로도를 보여주고 있다. 세로방향의 도로에서 적색등, 황색등, 녹색등은 각각 RA0, RA1, RA2에 연결하였고, 가로방향의 도로에서 적색등, 황색등, 녹색등은 각각 RA3, RB0, RB1에 연결하였다.

황색등의 ON 시간은 녹색등이나 적색등의 ON 시간의 3/10으로 설정하고, 녹색등에서 적색등으로 바뀔 때는 황색등의 점멸이 포함되지만 적색등에서 녹색등으로 바뀔 때는 황색등은 OFF 상태를 유지한다고 가정한다. 이를 실현하는 회로도 및 소스 프로그램은 다음과 같다.

2.10.2 회로도

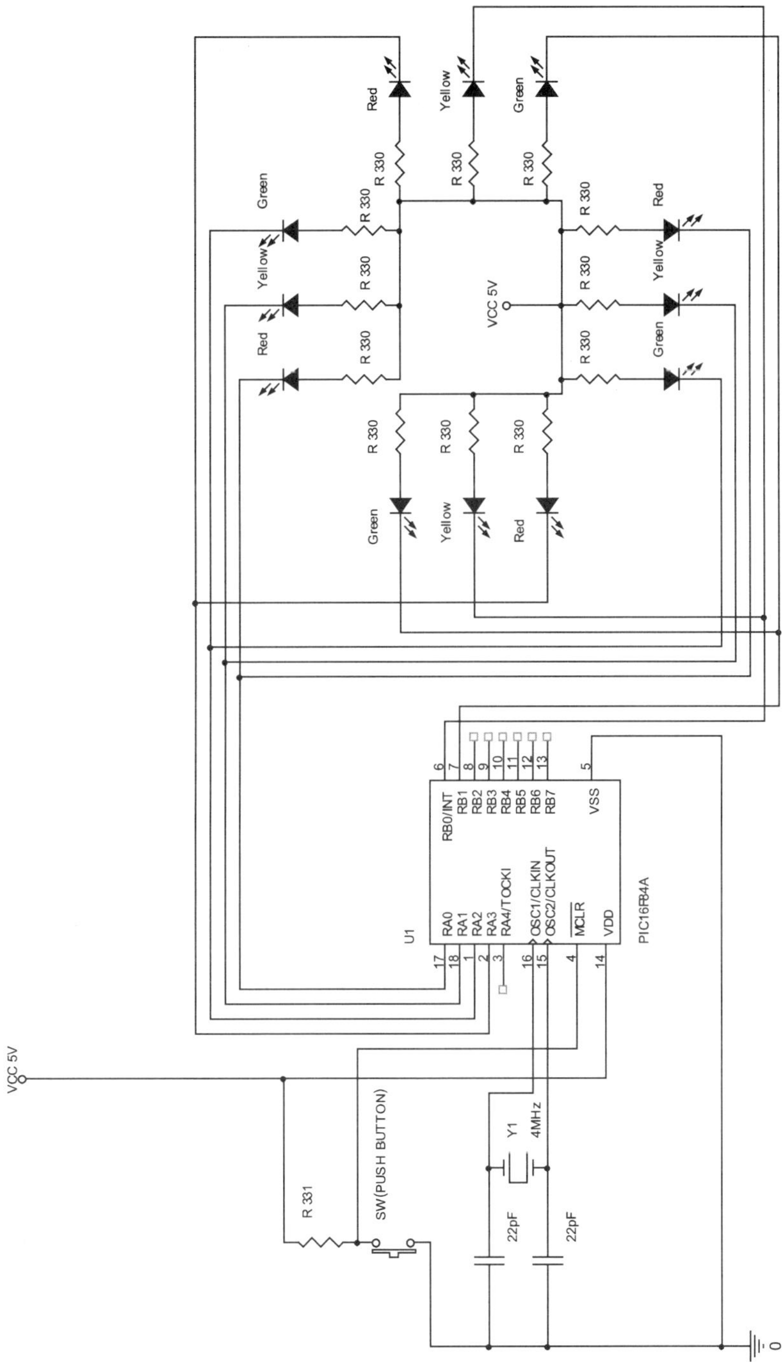

■ 그림 2.10.1 네거리 교통 신호 제어기 실현을 위한 회로도

2.10.3 소스 프로그램

```
/////////////////////////////////////////////////////////////////////
/*            제목 : PIC16F84A에 의한 네거리 교통 신호 제어기            */
/*            기능 : 적, 황, 녹의 3색 신호등 (좌회전 신호 없음) 제어    */
/////////////////////////////////////////////////////////////////////

#include <16F84a.h>
#device *=8
#byte porta=0x05                              // 사용 포트 A 설정
#byte portb=0x06                              // 사용 포트 B 설정
#use delay(clock=4000000)                     // delay 설정
#define one_sec_set 3906                      // 1초 설정
unsigned int cnt, sec=0, min=0;               // cnt, sec, min 시간 설정


#int_RTCC                                     // 타이머 카운트
RTCC_isr()
{
  if(--cnt==0)
  {
    sec++;
    if(sec==10)
    {
      min++;
      if(min==1)               // 1,3번 Green on, 2,4번 Red on
      {
        porta=0xf3;
        portb=0x03;
      }
      else if(min==11)         // 1,3번 Yellow on, 2,4번 Red on
      {
        porta=0xf5;
        portb=0x03;
      }
      else if(min==14)         // 1,3번 Red on, 2,4번 Green on
      {
        porta=0xfe;
        portb=0x01;
      }
      else if(min==24)         // 1,3번 Red on, 2,4번 Yellow on
      {
        porta=0xfe;
        portb=0x02;
      }
      else if(min==26)
```

```
        {
          min=0;
        }
        sec=0;
      }
    cnt=one_sec_set;
    }
}


void main()
{
    set_tris_a(0x00);                              // porta를 출력으로 전부 사용
    set_tris_b(0x00);                              // portb를 출력으로 전부 사용
    setup_counters(RTCC_INTERNAL,WDT_2304MS);       // 타이머카운트 지정
    cnt=one_sec_set;                               // 시간 변수 설정
    enable_interrupts(int_rtcc);                   // 인터럽트 설정
    enable_interrupts(global);                     // 인터럽트 허가
    porta=0xff;                                    // a 포트 전부 출력으로 설정
    portb=0xff;                                    // b 포트 전부 출력으로 설정
    while(1)
    {
    }
}
```

2.10.4 고찰문제

1) 1주기가 진행되는 시간을 고정한 상태에서 녹색등의 ON 시간을 줄이거나 늘이는 방법에 대하여 논의하고, 그 하나의 예로써 1주기는 20초, 황색등의 ON 시간은 2초일 때, 세로 도로의 녹색등 ON 시간을 가로 도로의 2배가 되도록 프로그램을 수정하여라.

2) 1주기를 30초로 가정하자. 황색등의 ON 시간이 2초일 때, 녹색등이 ON에서 OFF로 바뀌기 5초 전부터 녹색등이 점멸(ON과 OFF를 반복하는 동작)하여 5회 점멸 후에 황색등을 거쳐서 적색등으로 바뀌도록 프로그램을 수정, 보완하여라.

Appendix

PIC16F84A 데이터 시트

Note the following details of the code protection feature on PICmicro® MCUs.

- The PICmicro family meets the specifications contained in the Microchip Data Sheet.
- Microchip believes that its family of PICmicro microcontrollers is one of the most secure products of its kind on the market today, when used in the intended manner and under normal conditions.
- There are dishonest and possibly illegal methods used to breach the code protection feature. All of these methods, to our knowledge, require using the PICmicro microcontroller in a manner outside the operating specifications contained in the data sheet. The person doing so may be engaged in theft of intellectual property.
- Microchip is willing to work with the customer who is concerned about the integrity of their code.
- Neither Microchip nor any other semiconductor manufacturer can guarantee the security of their code. Code protection does not mean that we are guaranteeing the product as "unbreakable".
- Code protection is constantly evolving. We at Microchip are committed to continuously improving the code protection features of our product.

If you have any further questions about this matter, please contact the local sales office nearest to you.

DNV Certification, Inc. USA

DNV MSC The Netherlands Accredited by the RvA

ANSI-RAB QMS ACCREDITED

DNV

ISO 9001 / QS-9000 REGISTERED FIRM

Microchip received QS-9000 quality system certification for its worldwide headquarters, design and wafer fabrication facilities in Chandler and Tempe, Arizona in July 1999. The Company's quality system processes and procedures are QS-9000 compliant for its PICmicro® 8-bit MCUs, KEELOQ® code hopping devices, Serial EEPROMs and microperipheral products. In addition, Microchip's quality system for the design and manufacture of development systems is ISO 9001 certified.

PIC16F84A

18-pin *Enhanced* FLASH/EEPROM 8-Bit Microcontroller

High Performance RISC CPU Features:

- Only 35 single word instructions to learn
- All instructions single-cycle except for program branches which are two-cycle
- Operating speed: DC - 20 MHz clock input
  DC - 200 ns instruction cycle
- 1024 words of program memory
- 68 bytes of Data RAM
- 64 bytes of Data EEPROM
- 14-bit wide instruction words
- 8-bit wide data bytes
- 15 Special Function Hardware registers
- Eight-level deep hardware stack
- Direct, indirect and relative addressing modes
- Four interrupt sources:
  - External RB0/INT pin
  - TMR0 timer overflow
  - PORTB<7:4> interrupt-on-change
  - Data EEPROM write complete

Peripheral Features:

- 13 I/O pins with individual direction control
- High current sink/source for direct LED drive
  - 25 mA sink max. per pin
  - 25 mA source max. per pin
- TMR0: 8-bit timer/counter with 8-bit programmable prescaler

Special Microcontroller Features:

- 10,000 erase/write cycles *Enhanced* FLASH Program memory typical
- 10,000,000 typical erase/write cycles EEPROM Data memory typical
- EEPROM Data Retention > 40 years
- In-Circuit Serial Programming™ (ICSP™) - via two pins
- Power-on Reset (POR), Power-up Timer (PWRT), Oscillator Start-up Timer (OST)
- Watchdog Timer (WDT) with its own On-Chip RC Oscillator for reliable operation
- Code protection
- Power saving SLEEP mode
- Selectable oscillator options

Pin Diagrams

PDIP, SOIC

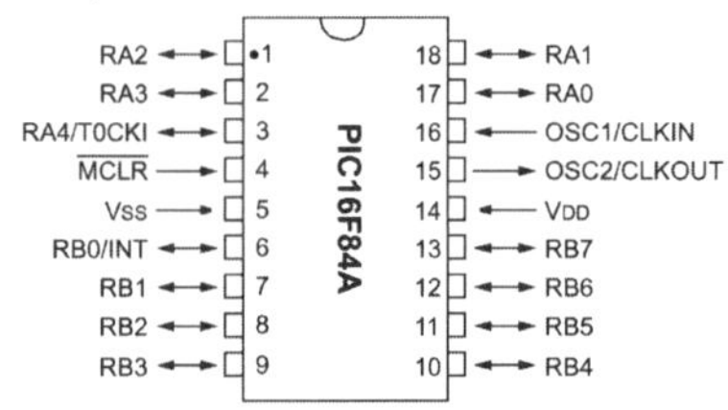

SSOP

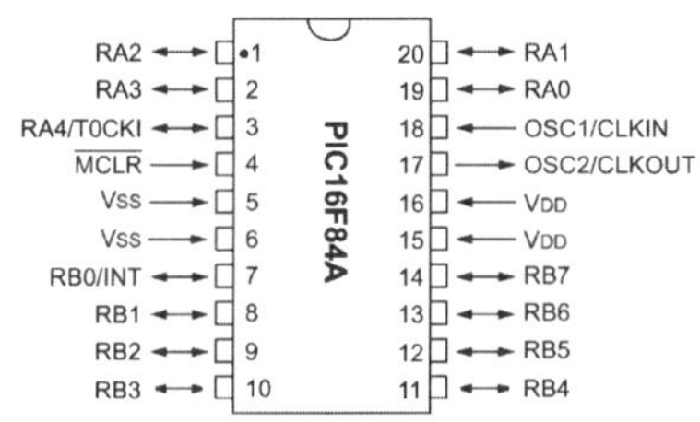

CMOS Enhanced FLASH/EEPROM Technology:

- Low power, high speed technology
- Fully static design
- Wide operating voltage range:
  - Commercial: 2.0V to 5.5V
  - Industrial: 2.0V to 5.5V
- Low power consumption:
  - < 2 mA typical @ 5V, 4 MHz
  - 15 μA typical @ 2V, 32 kHz
  - < 0.5 μA typical standby current @ 2V

 DS35007B-page 1

PIC16F84A

Table of Contents

TO OUR VALUED CUSTOMERS

It is our intention to provide our valued customers with the best documentation possible to ensure successful use of your Microchip products. To this end, we will continue to improve our publications to better suit your needs. Our publications will be refined and enhanced as new volumes and updates are introduced.

If you have any questions or comments regarding this publication, please contact the Marketing Communications Department via E-mail at **docerrors@mail.microchip.com** or fax the **Reader Response Form** in the back of this data sheet to (480) 792-4150. We welcome your feedback.

Most Current Data Sheet

To obtain the most up-to-date version of this data sheet, please register at our Worldwide Web site at:

http://www.microchip.com

You can determine the version of a data sheet by examining its literature number found on the bottom outside corner of any page. The last character of the literature number is the version number, (e.g., DS30000A is version A of document DS30000).

Errata

An errata sheet, describing minor operational differences from the data sheet and recommended workarounds, may exist for current devices. As device/documentation issues become known to us, we will publish an errata sheet. The errata will specify the revision of silicon and revision of document to which it applies.

To determine if an errata sheet exists for a particular device, please check with one of the following:

- Microchip's Worldwide Web site; http://www.microchip.com
- Your local Microchip sales office (see last page)
- The Microchip Corporate Literature Center; U.S. FAX: (480) 792-7277

When contacting a sales office or the literature center, please specify which device, revision of silicon and data sheet (include literature number) you are using.

Customer Notification System

Register on our web site at **www.microchip.com/cn** to receive the most current information on all of our products.

1.0 DEVICE OVERVIEW

This document contains device specific information for the operation of the PIC16F84A device. Additional information may be found in the PICmicro™ Mid-Range Reference Manual, (DS33023), which may be downloaded from the Microchip website. The Reference Manual should be considered a complementary document to this data sheet, and is highly recommended reading for a better understanding of the device architecture and operation of the peripheral modules.

The PIC16F84A belongs to the mid-range family of the PICmicro® microcontroller devices. A block diagram of the device is shown in Figure 1-1.

The program memory contains 1K words, which translates to 1024 instructions, since each 14-bit program memory word is the same width as each device instruction. The data memory (RAM) contains 68 bytes. Data EEPROM is 64 bytes.

There are also 13 I/O pins that are user-configured on a pin-to-pin basis. Some pins are multiplexed with other device functions. These functions include:

- External interrupt
- Change on PORTB interrupt
- Timer0 clock input

Table 1-1 details the pinout of the device with descriptions and details for each pin.

FIGURE 1-1: PIC16F84A BLOCK DIAGRAM

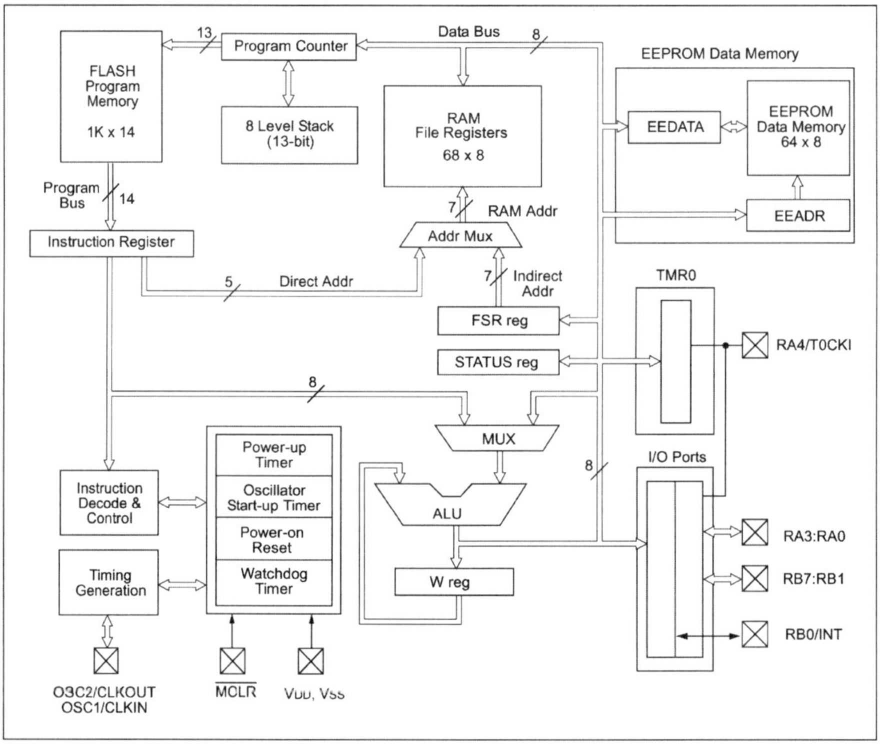

PIC16F84A

TABLE 1-1: PIC16F84A PINOUT DESCRIPTION

Pin Name	PDIP No.	SOIC No.	SSOP No.	I/O/P Type	Buffer Type	Description
OSC1/CLKIN	16	16	18	I	ST/CMOS(3)	Oscillator crystal input/external clock source input.
OSC2/CLKOUT	15	15	19	O	—	Oscillator crystal output. Connects to crystal or resonator in Crystal Oscillator mode. In RC mode, OSC2 pin outputs CLKOUT, which has 1/4 the frequency of OSC1 and denotes the instruction cycle rate.
$\overline{MCLR}$	4	4	4	I/P	ST	Master Clear (Reset) input/programming voltage input. This pin is an active low RESET to the device.
						PORTA is a bi-directional I/O port.
RA0	17	17	19	I/O	TTL	
RA1	18	18	20	I/O	TTL	
RA2	1	1	1	I/O	TTL	
RA3	2	2	2	I/O	TTL	
RA4/T0CKI	3	3	3	I/O	ST	Can also be selected to be the clock input to the TMR0 timer/counter. Output is open drain type.
						PORTB is a bi-directional I/O port. PORTB can be software programmed for internal weak pull-up on all inputs.
RB0/INT	6	6	7	I/O	TTL/ST(1)	RB0/INT can also be selected as an external interrupt pin.
RB1	7	7	8	I/O	TTL	
RB2	8	8	9	I/O	TTL	
RB3	9	9	10	I/O	TTL	
RB4	10	10	11	I/O	TTL	Interrupt-on-change pin.
RB5	11	11	12	I/O	TTL	Interrupt-on-change pin.
RB6	12	12	13	I/O	TTL/ST(2)	Interrupt-on-change pin. Serial programming clock.
RB7	13	13	14	I/O	TTL/ST(2)	Interrupt-on-change pin. Serial programming data.
VSS	5	5	5,6	P	—	Ground reference for logic and I/O pins.
VDD	14	14	15,16	P	—	Positive supply for logic and I/O pins.

Legend: I= input O = Output I/O = Input/Output P = Power
— = Not used TTL = TTL input ST = Schmitt Trigger input

Note 1: This buffer is a Schmitt Trigger input when configured as the external interrupt.
2: This buffer is a Schmitt Trigger input when used in Serial Programming mode.
3: This buffer is a Schmitt Trigger input when configured in RC oscillator mode and a CMOS input otherwise.

2.0 MEMORY ORGANIZATION

There are two memory blocks in the PIC16F84A. These are the program memory and the data memory. Each block has its own bus, so that access to each block can occur during the same oscillator cycle.

The data memory can further be broken down into the general purpose RAM and the Special Function Registers (SFRs). The operation of the SFRs that control the "core" are described here. The SFRs used to control the peripheral modules are described in the section discussing each individual peripheral module.

The data memory area also contains the data EEPROM memory. This memory is not directly mapped into the data memory, but is indirectly mapped. That is, an indirect address pointer specifies the address of the data EEPROM memory to read/write. The 64 bytes of data EEPROM memory have the address range 0h-3Fh. More details on the EEPROM memory can be found in Section 3.0.

Additional information on device memory may be found in the PICmicro™ Mid-Range Reference Manual, (DS33023).

2.1 Program Memory Organization

The PIC16FXX has a 13-bit program counter capable of addressing an 8K x 14 program memory space. For the PIC16F84A, the first 1K x 14 (0000h-03FFh) are physically implemented (Figure 2-1). Accessing a location above the physically implemented address will cause a wraparound. For example, for locations 20h, 420h, 820h, C20h, 1020h, 1420h, 1820h, and 1C20h, the instruction will be the same.

The RESET vector is at 0000h and the interrupt vector is at 0004h.

FIGURE 2-1: PROGRAM MEMORY MAP AND STACK - PIC16F84A

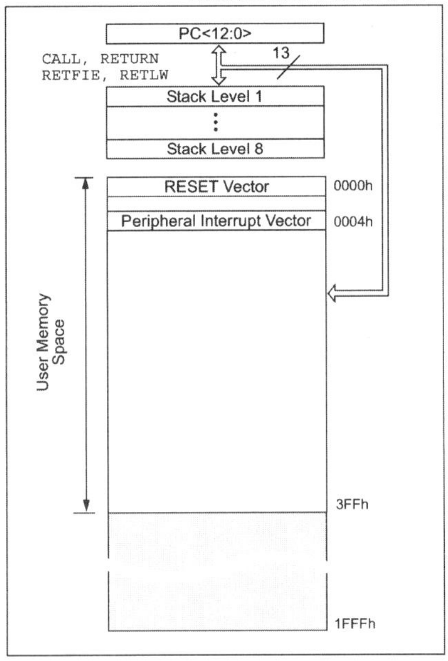

2.2 Data Memory Organization

The data memory is partitioned into two areas. The first is the Special Function Registers (SFR) area, while the second is the General Purpose Registers (GPR) area. The SFRs control the operation of the device.

Portions of data memory are banked. This is for both the SFR area and the GPR area. The GPR area is banked to allow greater than 116 bytes of general purpose RAM. The banked areas of the SFR are for the registers that control the peripheral functions. Banking requires the use of control bits for bank selection. These control bits are located in the STATUS Register. Figure 2-2 shows the data memory map organization.

Instructions `MOVWF` and `MOVF` can move values from the W register to any location in the register file ("F"), and vice-versa.

The entire data memory can be accessed either directly using the absolute address of each register file or indirectly through the File Select Register (FSR) (Section 2.5). Indirect addressing uses the present value of the RP0 bit for access into the banked areas of data memory.

Data memory is partitioned into two banks which contain the general purpose registers and the special function registers. Bank 0 is selected by clearing the RP0 bit (STATUS<5>). Setting the RP0 bit selects Bank 1. Each Bank extends up to 7Fh (128 bytes). The first twelve locations of each Bank are reserved for the Special Function Registers. The remainder are General Purpose Registers, implemented as static RAM.

2.2.1 GENERAL PURPOSE REGISTER FILE

Each General Purpose Register (GPR) is 8-bits wide and is accessed either directly or indirectly through the FSR (Section 2.5).

The GPR addresses in Bank 1 are mapped to addresses in Bank 0. As an example, addressing location 0Ch or 8Ch will access the same GPR.

FIGURE 2-2: REGISTER FILE MAP - PIC16F84A

File Address	Bank 0	Bank 1	File Address
00h	Indirect addr.[(1)]	Indirect addr.[(1)]	80h
01h	TMR0	OPTION_REG	81h
02h	PCL	PCL	82h
03h	STATUS	STATUS	83h
04h	FSR	FSR	84h
05h	PORTA	TRISA	85h
06h	PORTB	TRISB	86h
07h	—	—	87h
08h	EEDATA	EECON1	88h
09h	EEADR	EECON2[(1)]	89h
0Ah	PCLATH	PCLATH	8Ah
0Bh	INTCON	INTCON	8Bh
0Ch–4Fh	68 General Purpose Registers (SRAM)	Mapped (accesses) in Bank 0	8Ch–CFh
50h–7Fh	(unimplemented)	(unimplemented)	D0h–FFh

☐ Unimplemented data memory location, read as '0'.

Note 1: Not a physical register.

2.3 Special Function Registers

The Special Function Registers (Figure 2-2 and Table 2-1) are used by the CPU and Peripheral functions to control the device operation. These registers are static RAM.

The special function registers can be classified into two sets, core and peripheral. Those associated with the core functions are described in this section. Those related to the operation of the peripheral features are described in the section for that specific feature.

TABLE 2-1: SPECIAL FUNCTION REGISTER FILE SUMMARY

Addr	Name	Bit 7	Bit 6	Bit 5	Bit 4	Bit 3	Bit 2	Bit 1	Bit 0	Value on Power-on RESET	Details on page
Bank 0											
00h	INDF	Uses contents of FSR to address Data Memory (not a physical register)								---- ----	11
01h	TMR0	8-bit Real-Time Clock/Counter								xxxx xxxx	20
02h	PCL	Low Order 8 bits of the Program Counter (PC)								0000 0000	11
03h	STATUS[2]	IRP	RP1	RP0	$\overline{TO}$	$\overline{PD}$	Z	DC	C	0001 1xxx	8
04h	FSR	Indirect Data Memory Address Pointer 0								xxxx xxxx	11
05h	PORTA[4]	—	—	—	RA4/T0CKI	RA3	RA2	RA1	RA0	---x xxxx	16
06h	PORTB[5]	RB7	RB6	RB5	RB4	RB3	RB2	RB1	RB0/INT	xxxx xxxx	18
07h	—	Unimplemented location, read as '0'								—	—
08h	EEDATA	EEPROM Data Register								xxxx xxxx	13,14
09h	EEADR	EEPROM Address Register								xxxx xxxx	13,14
0Ah	PCLATH	—	—	—	Write Buffer for upper 5 bits of the PC[1]					---0 0000	11
0Bh	INTCON	GIE	EEIE	T0IE	INTE	RBIE	T0IF	INTF	RBIF	0000 000x	10
Bank 1											
80h	INDF	Uses Contents of FSR to address Data Memory (not a physical register)								---- ----	11
81h	OPTION_REG	RBPU	INTEDG	T0CS	T0SE	PSA	PS2	PS1	PS0	1111 1111	9
82h	PCL	Low order 8 bits of Program Counter (PC)								0000 0000	11
83h	STATUS [2]	IRP	RP1	RP0	$\overline{TO}$	$\overline{PD}$	Z	DC	C	0001 1xxx	8
84h	FSR	Indirect data memory address pointer 0								xxxx xxxx	11
85h	TRISA	—	—	—	PORTA Data Direction Register					---1 1111	16
86h	TRISB	PORTB Data Direction Register								1111 1111	18
87h	—	Unimplemented location, read as '0'								—	—
88h	EECON1	—	—	—	EEIF	WRERR	WREN	WR	RD	---0 x000	13
89h	EECON2	EEPROM Control Register 2 (not a physical register)								---- ----	14
0Ah	PCLATH	—	—	—	Write buffer for upper 5 bits of the PC[1]					---0 0000	11
0Bh	INTCON	GIE	EEIE	T0IE	INTE	RBIE	T0IF	INTF	RBIF	0000 000x	10

Legend: x = unknown, u = unchanged. - = unimplemented, read as '0', q = value depends on condition

Note 1: The upper byte of the program counter is not directly accessible. PCLATH is a slave register for PC<12:8>. The contents of PCLATH can be transferred to the upper byte of the program counter, but the contents of PC<12:8> are never transferred to PCLATH.

2: The $\overline{TO}$ and $\overline{PD}$ status bits in the STATUS register are not affected by a $\overline{MCLR}$ Reset.

3: Other (non power-up) RESETS include: external RESET through $\overline{MCLR}$ and the Watchdog Timer Reset.

4: On any device RESET, these pins are configured as inputs.

5: This is the value that will be in the port output latch.

PIC16F84A

2.3.1 STATUS REGISTER

The STATUS register contains the arithmetic status of the ALU, the RESET status and the bank select bit for data memory.

As with any register, the STATUS register can be the destination for any instruction. If the STATUS register is the destination for an instruction that affects the Z, DC or C bits, then the write to these three bits is disabled. These bits are set or cleared according to device logic. Furthermore, the $\overline{\text{TO}}$ and $\overline{\text{PD}}$ bits are not writable. Therefore, the result of an instruction with the STATUS register as destination may be different than intended.

For example, `CLRF STATUS` will clear the upper three bits and set the Z bit. This leaves the STATUS register as `000u u1uu` (where `u` = unchanged).

Only the `BCF`, `BSF`, `SWAPF` and `MOVWF` instructions should be used to alter the STATUS register (Table 7-2), because these instructions do not affect any status bit.

> **Note 1:** The IRP and RP1 bits (STATUS<7:6>) are not used by the PIC16F84A and should be programmed as cleared. Use of these bits as general purpose R/W bits is NOT recommended, since this may affect upward compatibility with future products.
>
> **2:** The C and DC bits operate as a $\overline{\text{borrow}}$ and digit borrow out bit, respectively, in subtraction. See the `SUBLW` and `SUBWF` instructions for examples.
>
> **3:** When the STATUS register is the destination for an instruction that affects the Z, DC or C bits, then the write to these three bits is disabled. The specified bit(s) will be updated according to device logic

REGISTER 2-1: STATUS REGISTER (ADDRESS 03h, 83h)

R/W-0	R/W-0	R/W-0	R-1	R-1	R/W-x	R/W-x	R/W-x
IRP	RP1	RP0	$\overline{\text{TO}}$	$\overline{\text{PD}}$	Z	DC	C
bit 7							bit 0

bit 7-6 **Unimplemented:** Maintain as '0'

bit 5 **RP0**: Register Bank Select bits (used for direct addressing)
- `01` = Bank 1 (80h - FFh)
- `00` = Bank 0 (00h - 7Fh)

bit 4 **$\overline{\text{TO}}$**: Time-out bit
- `1` = After power-up, `CLRWDT` instruction, or `SLEEP` instruction
- `0` = A WDT time-out occurred

bit 3 **$\overline{\text{PD}}$**: Power-down bit
- `1` = After power-up or by the `CLRWDT` instruction
- `0` = By execution of the `SLEEP` instruction

bit 2 **Z**: Zero bit
- `1` = The result of an arithmetic or logic operation is zero
- `0` = The result of an arithmetic or logic operation is not zero

bit 1 **DC**: Digit carry/$\overline{\text{borrow}}$ bit (`ADDWF`, `ADDLW`, `SUBLW`, `SUBWF` instructions) (for $\overline{\text{borrow}}$, the polarity is reversed)
- `1` = A carry-out from the 4th low order bit of the result occurred
- `0` = No carry-out from the 4th low order bit of the result

bit 0 **C**: Carry/$\overline{\text{borrow}}$ bit (`ADDWF`, `ADDLW`, `SUBLW`, `SUBWF` instructions) (for $\overline{\text{borrow}}$, the polarity is reversed)
- `1` = A carry-out from the Most Significant bit of the result occurred
- `0` = No carry-out from the Most Significant bit of the result occurred

> **Note:** A subtraction is executed by adding the two's complement of the second operand. For rotate (`RRF`, `RLF`) instructions, this bit is loaded with either the high or low order bit of the source register.

Legend:			
R = Readable bit	W = Writable bit	U = Unimplemented bit, read as '0'	
- n = Value at POR	'1' = Bit is set	'0' = Bit is cleared	x = Bit is unknown

2.3.2 OPTION REGISTER

The OPTION register is a readable and writable register which contains various control bits to configure the TMR0/WDT prescaler, the external INT interrupt, TMR0, and the weak pull-ups on PORTB.

Note:	When the prescaler is assigned to the WDT (PSA = '1'), TMR0 has a 1:1 prescaler assignment.

REGISTER 2-2: OPTION REGISTER (ADDRESS 81h)

R/W-1	R/W-1	R/W-1	R/W-1	R/W-1	R/W-1	R/W-1	R/W-1
RBPU	INTEDG	T0CS	T0SE	PSA	PS2	PS1	PS0
bit 7							bit 0

bit 7 **$\overline{\text{RBPU}}$:** PORTB Pull-up Enable bit
1 = PORTB pull-ups are disabled
0 = PORTB pull-ups are enabled by individual port latch values

bit 6 **INTEDG**: Interrupt Edge Select bit
1 = Interrupt on rising edge of RB0/INT pin
0 = Interrupt on falling edge of RB0/INT pin

bit 5 **T0CS**: TMR0 Clock Source Select bit
1 = Transition on RA4/T0CKI pin
0 = Internal instruction cycle clock (CLKOUT)

bit 4 **T0SE**: TMR0 Source Edge Select bit
1 = Increment on high-to-low transition on RA4/T0CKI pin
0 = Increment on low-to-high transition on RA4/T0CKI pin

bit 3 **PSA**: Prescaler Assignment bit
1 = Prescaler is assigned to the WDT
0 = Prescaler is assigned to the Timer0 module

bit 2-0 **PS2:PS0**: Prescaler Rate Select bits

Bit Value	TMR0 Rate	WDT Rate
000	1 : 2	1 : 1
001	1 : 4	1 : 2
010	1 : 8	1 : 4
011	1 : 16	1 : 8
100	1 : 32	1 : 16
101	1 : 64	1 : 32
110	1 : 128	1 : 64
111	1 : 256	1 : 128

Legend:			
R = Readable bit	W = Writable bit	U = Unimplemented bit, read as '0'	
- n = Value at POR	'1' = Bit is set	'0' = Bit is cleared	x = Bit is unknown

PIC16F84A

2.3.3 INTCON REGISTER

The INTCON register is a readable and writable register that contains the various enable bits for all interrupt sources.

Note:	Interrupt flag bits are set when an interrupt condition occurs, regardless of the state of its corresponding enable bit or the global enable bit, GIE (INTCON<7>).

REGISTER 2-3: INTCON REGISTER (ADDRESS 0Bh, 8Bh)

R/W-0	R/W-0	R/W-0	R/W-0	R/W-0	R/W-0	R/W-0	R/W-x
GIE	EEIE	T0IE	INTE	RBIE	T0IF	INTF	RBIF
bit 7							bit 0

bit 7 **GIE:** Global Interrupt Enable bit
1 = Enables all unmasked interrupts
0 = Disables all interrupts

bit 6 **EEIE**: EE Write Complete Interrupt Enable bit
1 = Enables the EE Write Complete interrupts
0 = Disables the EE Write Complete interrupt

bit 5 **T0IE**: TMR0 Overflow Interrupt Enable bit
1 = Enables the TMR0 interrupt
0 = Disables the TMR0 interrupt

bit 4 **INTE**: RB0/INT External Interrupt Enable bit
1 = Enables the RB0/INT external interrupt
0 = Disables the RB0/INT external interrupt

bit 3 **RBIE**: RB Port Change Interrupt Enable bit
1 = Enables the RB port change interrupt
0 = Disables the RB port change interrupt

bit 2 **T0IF**: TMR0 Overflow Interrupt Flag bit
1 = TMR0 register has overflowed (must be cleared in software)
0 = TMR0 register did not overflow

bit 1 **INTF**: RB0/INT External Interrupt Flag bit
1 = The RB0/INT external interrupt occurred (must be cleared in software)
0 = The RB0/INT external interrupt did not occur

bit 0 **RBIF**: RB Port Change Interrupt Flag bit
1 = At least one of the RB7:RB4 pins changed state (must be cleared in software)
0 = None of the RB7:RB4 pins have changed state

Legend:			
R = Readable bit	W = Writable bit	U = Unimplemented bit, read as '0'	
- n = Value at POR	'1' = Bit is set	'0' = Bit is cleared	x = Bit is unknown

2.4 PCL and PCLATH

The program counter (PC) specifies the address of the instruction to fetch for execution. The PC is 13 bits wide. The low byte is called the PCL register. This register is readable and writable. The high byte is called the PCH register. This register contains the PC<12:8> bits and is not directly readable or writable. If the program counter (PC) is modified or a conditional test is true, the instruction requires two cycles. The second cycle is executed as a `NOP`. All updates to the PCH register go through the PCLATH register.

2.4.1 STACK

The stack allows a combination of up to 8 program calls and interrupts to occur. The stack contains the return address from this branch in program execution.

Mid-range devices have an 8 level deep x 13-bit wide hardware stack. The stack space is not part of either program or data space and the stack pointer is not readable or writable. The PC is PUSHed onto the stack when a `CALL` instruction is executed or an interrupt causes a branch. The stack is POPed in the event of a `RETURN`, `RETLW` or a `RETFIE` instruction execution. PCLATH is not modified when the stack is PUSHed or POPed.

After the stack has been PUSHed eight times, the ninth push overwrites the value that was stored from the first push. The tenth push overwrites the second push (and so on).

2.5 Indirect Addressing; INDF and FSR Registers

The INDF register is not a physical register. Addressing INDF actually addresses the register whose address is contained in the FSR register (FSR is a *pointer*). This is indirect addressing.

EXAMPLE 2-1: INDIRECT ADDRESSING

- Register file 05 contains the value 10h
- Register file 06 contains the value 0Ah
- Load the value 05 into the FSR register
- A read of the INDF register will return the value of 10h
- Increment the value of the FSR register by one (FSR = 06)
- A read of the INDF register now will return the value of 0Ah.

Reading INDF itself indirectly (FSR = 0) will produce 00h. Writing to the INDF register indirectly results in a no-operation (although STATUS bits may be affected).

A simple program to clear RAM locations 20h-2Fh using indirect addressing is shown in Example 2-2.

EXAMPLE 2-2: HOW TO CLEAR RAM USING INDIRECT ADDRESSING

```
        movlw   0x20    ;initialize pointer
        movwf   FSR     ;to RAM
NEXT    clrf    INDF    ;clear INDF register
        incf    FSR     ;inc pointer
        btfss   FSR,4   ;all done?
        goto    NEXT    ;NO, clear next
CONTINUE
          :             ;YES, continue
```

An effective 9-bit address is obtained by concatenating the 8-bit FSR register and the IRP bit (STATUS<7>), as shown in Figure 2-3. However, IRP is not used in the PIC16F84A.

PIC16F84A

FIGURE 2-3: DIRECT/INDIRECT ADDRESSING

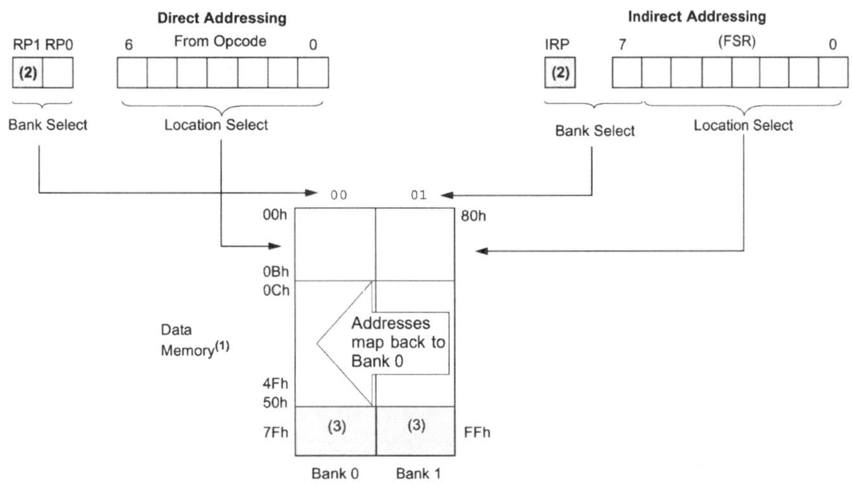

Note 1: For memory map detail, see Figure 2-2.
2: Maintain as clear for upward compatibility with future products.
3: Not implemented.

3.0 DATA EEPROM MEMORY

The EEPROM data memory is readable and writable during normal operation (full VDD range). This memory is not directly mapped in the register file space. Instead it is indirectly addressed through the Special Function Registers. There are four SFRs used to read and write this memory. These registers are:

- EECON1
- EECON2 (not a physically implemented register)
- EEDATA
- EEADR

EEDATA holds the 8-bit data for read/write, and EEADR holds the address of the EEPROM location being accessed. PIC16F84A devices have 64 bytes of data EEPROM with an address range from 0h to 3Fh.

The EEPROM data memory allows byte read and write. A byte write automatically erases the location and writes the new data (erase before write). The EEPROM data memory is rated for high erase/write cycles. The write time is controlled by an on-chip timer. The write-time will vary with voltage and temperature as well as from chip to chip. Please refer to AC specifications for exact limits.

When the device is code protected, the CPU may continue to read and write the data EEPROM memory. The device programmer can no longer access this memory.

Additional information on the Data EEPROM is available in the PICmicro™ Mid-Range Reference Manual (DS33023).

REGISTER 3-1: EECON1 REGISTER (ADDRESS 88h)

U-0	U-0	U-0	R/W-0	R/W-x	R/W-0	R/S-0	R/S-0
—	—	—	EEIF	WRERR	WREN	WR	RD
bit 7							bit 0

bit 7-5 **Unimplemented:** Read as '0'

bit 4 **EEIF:** EEPROM Write Operation Interrupt Flag bit
1 = The write operation completed (must be cleared in software)
0 = The write operation is not complete or has not been started

bit 3 **WRERR:** EEPROM Error Flag bit
1 = A write operation is prematurely terminated
(any $\overline{MCLR}$ Reset or any WDT Reset during normal operation)
0 = The write operation completed

bit 2 **WREN:** EEPROM Write Enable bit
1 = Allows write cycles
0 = Inhibits write to the EEPROM

bit 1 **WR:** Write Control bit
1 = Initiates a write cycle. The bit is cleared by hardware once write is complete. The WR bit can only be set (not cleared) in software.
0 = Write cycle to the EEPROM is complete

bit 0 **RD:** Read Control bit
1 = Initiates an EEPROM read RD is cleared in hardware. The RD bit can only be set (not cleared) in software.
0 = Does not initiate an EEPROM read

Legend:			
R = Readable bit	W = Writable bit	U = Unimplemented bit, read as '0'	
- n = Value at POR	'1' = Bit is set	'0' = Bit is cleared	x = Bit is unknown

PIC16F84A

3.1 Reading the EEPROM Data Memory

To read a data memory location, the user must write the address to the EEADR register and then set control bit RD (EECON1<0>). The data is available, in the very next cycle, in the EEDATA register; therefore, it can be read in the next instruction. EEDATA will hold this value until another read or until it is written to by the user (during a write operation).

EXAMPLE 3-1: DATA EEPROM READ

```
BCF     STATUS, RP0   ; Bank 0
MOVLW   CONFIG_ADDR   ;
MOVWF   EEADR         ; Address to read
BSF     STATUS, RP0   ; Bank 1
BSF     EECON1, RD    ; EE Read
BCF     STATUS, RP0   ; Bank 0
MOVF    EEDATA, W     ; W = EEDATA
```

3.2 Writing to the EEPROM Data Memory

To write an EEPROM data location, the user must first write the address to the EEADR register and the data to the EEDATA register. Then the user must follow a specific sequence to initiate the write for each byte.

EXAMPLE 3-2: DATA EEPROM WRITE

```
          BSF     STATUS, RP0   ; Bank 1
          BCF     INTCON, GIE   ; Disable INTs.
          BSF     EECON1, WREN  ; Enable Write
          MOVLW   55h           ;
Required  MOVWF   EECON2        ; Write 55h
Sequence  MOVLW   AAh           ;
          MOVWF   EECON2        ; Write AAh
          BSF     EECON1,WR     ; Set WR bit
                                ;   begin write
          BSF     INTCON, GIE   ; Enable INTs.
```

The write will not initiate if the above sequence is not exactly followed (write 55h to EECON2, write AAh to EECON2, then set WR bit) for each byte. We strongly recommend that interrupts be disabled during this code segment.

Additionally, the WREN bit in EECON1 must be set to enable write. This mechanism prevents accidental writes to data EEPROM due to errant (unexpected) code execution (i.e., lost programs). The user should keep the WREN bit clear at all times, except when updating EEPROM. The WREN bit is not cleared by hardware.

After a write sequence has been initiated, clearing the WREN bit will not affect this write cycle. The WR bit will be inhibited from being set unless the WREN bit is set.

At the completion of the write cycle, the WR bit is cleared in hardware and the EE Write Complete Interrupt Flag bit (EEIF) is set. The user can either enable this interrupt or poll this bit. EEIF must be cleared by software.

3.3 Write Verify

Depending on the application, good programming practice may dictate that the value written to the Data EEPROM should be verified (Example 3-3) to the desired value to be written. This should be used in applications where an EEPROM bit will be stressed near the specification limit.

Generally, the EEPROM write failure will be a bit which was written as a '0', but reads back as a '1' (due to leakage off the bit).

EXAMPLE 3-3: WRITE VERIFY

```
      BCF   STATUS,RP0  ; Bank 0
      :                 ; Any code
      :                 ; can go here
      MOVF  EEDATA,W    ; Must be in Bank 0
      BSF   STATUS,RP0  ; Bank 1
READ
      BSF   EECON1, RD  ; YES, Read the
                        ; value written
      BCF   STATUS, RP0 ; Bank 0
                        ;
                        ; Is the value written
                        ; (in W reg) and
                        ; read (in EEDATA)
                        ; the same?
                        ;
      SUBWF EEDATA, W   ;
      BTFSS STATUS, Z   ; Is difference 0?
      GOTO  WRITE_ERR   ; NO, Write error
```

TABLE 3-1: REGISTERS/BITS ASSOCIATED WITH DATA EEPROM

Address	Name	Bit 7	Bit 6	Bit 5	Bit 4	Bit 3	Bit 2	Bit 1	Bit 0	Value on Power-on Reset	Value on all other RESETS
08h	EEDATA	EEPROM Data Register								xxxx xxxx	uuuu uuuu
09h	EEADR	EEPROM Address Register								xxxx xxxx	uuuu uuuu
88h	EECON1	—	—	—	EEIF	WRERR	WREN	WR	RD	---0 x000	---0 q000
89h	EECON2	EEPROM Control Register 2								---- ----	---- ----

Legend: x = unknown, u = unchanged, - = unimplemented, read as '0', q = value depends upon condition.
Shaded cells are not used by data EEPROM.

4.0 I/O PORTS

Some pins for these I/O ports are multiplexed with an alternate function for the peripheral features on the device. In general, when a peripheral is enabled, that pin may not be used as a general purpose I/O pin.

Additional information on I/O ports may be found in the PICmicro™ Mid-Range Reference Manual (DS33023).

4.1 PORTA and TRISA Registers

PORTA is a 5-bit wide, bi-directional port. The corresponding data direction register is TRISA. Setting a TRISA bit (= 1) will make the corresponding PORTA pin an input (i.e., put the corresponding output driver in a Hi-Impedance mode). Clearing a TRISA bit (= 0) will make the corresponding PORTA pin an output (i.e., put the contents of the output latch on the selected pin).

Note:	On a Power-on Reset, these pins are configured as inputs and read as '0'.

Reading the PORTA register reads the status of the pins, whereas writing to it will write to the port latch. All write operations are read-modify-write operations. Therefore, a write to a port implies that the port pins are read. This value is modified and then written to the port data latch.

Pin RA4 is multiplexed with the Timer0 module clock input to become the RA4/T0CKI pin. The RA4/T0CKI pin is a Schmitt Trigger input and an open drain output. All other RA port pins have TTL input levels and full CMOS output drivers.

EXAMPLE 4-1: INITIALIZING PORTA

```
BCF     STATUS, RP0 ;
CLRF    PORTA       ; Initialize PORTA by
                    ; clearing output
                    ; data latches
BSF     STATUS, RP0 ; Select Bank 1
MOVLW   0x0F        ; Value used to
                    ; initialize data
                    ; direction
MOVWF   TRISA       ; Set RA<3:0> as inputs
                    ; RA4 as output
                    ; TRISA<7:5> are always
                    ; read as '0'.
```

FIGURE 4-1: BLOCK DIAGRAM OF PINS RA3:RA0

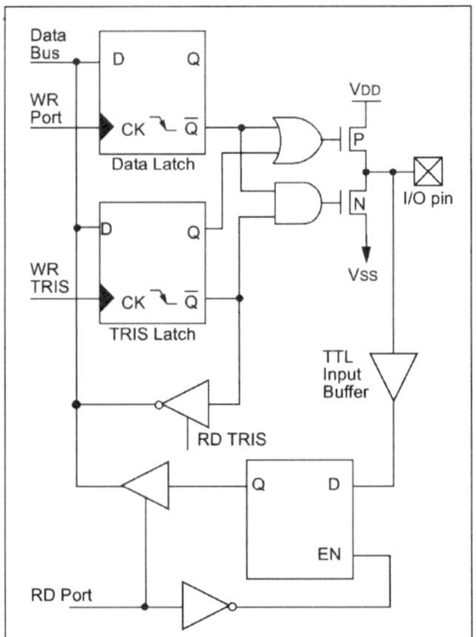

Note: I/O pins have protection diodes to VDD and VSS.

FIGURE 4-2: BLOCK DIAGRAM OF PIN RA4

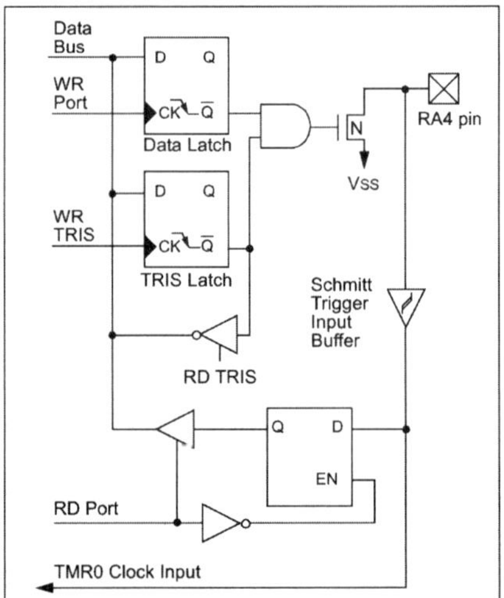

Note: I/O pins have protection diodes to VDD and VSS.

PIC16F84A

TABLE 4-1: PORTA FUNCTIONS

Name	Bit0	Buffer Type	Function
RA0	bit0	TTL	Input/output
RA1	bit1	TTL	Input/output
RA2	bit2	TTL	Input/output
RA3	bit3	TTL	Input/output
RA4/T0CKI	bit4	ST	Input/output or external clock input for TMR0. Output is open drain type.

Legend: TTL = TTL input, ST = Schmitt Trigger input

TABLE 4-2: SUMMARY OF REGISTERS ASSOCIATED WITH PORTA

Address	Name	Bit 7	Bit 6	Bit 5	Bit 4	Bit 3	Bit 2	Bit 1	Bit 0	Value on Power-on Reset	Value on all other RESETS
05h	PORTA	—	—	—	RA4/T0CKI	RA3	RA2	RA1	RA0	---x xxxx	---u uuuu
85h	TRISA	—	—	—	TRISA4	TRISA3	TRISA2	TRISA1	TRISA0	---1 1111	---1 1111

Legend: x = unknown, u = unchanged, - = unimplemented, read as '0'. Shaded cells are unimplemented, read as '0'.

4.2 PORTB and TRISB Registers

PORTB is an 8-bit wide, bi-directional port. The corresponding data direction register is TRISB. Setting a TRISB bit (= 1) will make the corresponding PORTB pin an input (i.e., put the corresponding output driver in a Hi-Impedance mode). Clearing a TRISB bit (= 0) will make the corresponding PORTB pin an output (i.e., put the contents of the output latch on the selected pin).

EXAMPLE 4-2: INITIALIZING PORTB

```
BCF     STATUS, RP0 ;
CLRF    PORTB       ; Initialize PORTB by
                    ; clearing output
                    ; data latches
BSF     STATUS, RP0 ; Select Bank 1
MOVLW   0xCF        ; Value used to
                    ; initialize data
                    ; direction
MOVWF   TRISB       ; Set RB<3:0> as inputs
                    ; RB<5:4> as outputs
                    ; RB<7:6> as inputs
```

Each of the PORTB pins has a weak internal pull-up. A single control bit can turn on all the pull-ups. This is performed by clearing bit RBPU (OPTION<7>). The weak pull-up is automatically turned off when the port pin is configured as an output. The pull-ups are disabled on a Power-on Reset.

Four of PORTB's pins, RB7:RB4, have an interrupt-on-change feature. Only pins configured as inputs can cause this interrupt to occur (i.e., any RB7:RB4 pin configured as an output is excluded from the interrupt-on-change comparison). The input pins (of RB7:RB4) are compared with the old value latched on the last read of PORTB. The "mismatch" outputs of RB7:RB4 are OR'ed together to generate the RB Port Change Interrupt with flag bit RBIF (INTCON<0>).

This interrupt can wake the device from SLEEP. The user, in the Interrupt Service Routine, can clear the interrupt in the following manner:

a) Any read or write of PORTB. This will end the mismatch condition.

b) Clear flag bit RBIF.

A mismatch condition will continue to set flag bit RBIF. Reading PORTB will end the mismatch condition and allow flag bit RBIF to be cleared.

The interrupt-on-change feature is recommended for wake-up on key depression operation and operations where PORTB is only used for the interrupt-on-change feature. Polling of PORTB is not recommended while using the interrupt-on-change feature.

FIGURE 4-3: BLOCK DIAGRAM OF PINS RB7:RB4

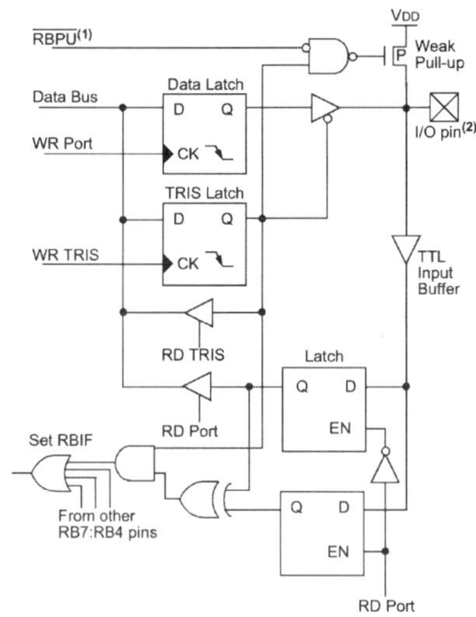

Note 1: TRISB = '1' enables weak pull-up (if RBPU = '0' in the OPTION_REG register).
2: I/O pins have diode protection to VDD and VSS.

FIGURE 4-4: BLOCK DIAGRAM OF PINS RB3:RB0

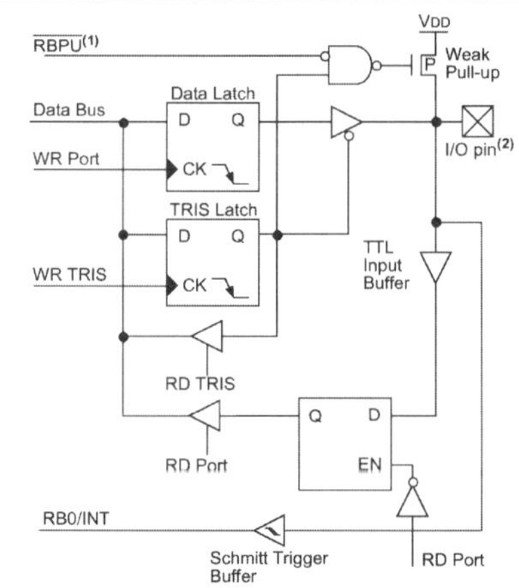

Note 1: TRISB = '1' enables weak pull-up (if RBPU = '0' in the OPTION_REG register).
2: I/O pins have diode protection to VDD and VSS.

PIC16F84A

TABLE 4-3: PORTB FUNCTIONS

Name	Bit	Buffer Type	I/O Consistency Function
RB0/INT	bit0	TTL/ST(1)	Input/output pin or external interrupt input. Internal software programmable weak pull-up.
RB1	bit1	TTL	Input/output pin. Internal software programmable weak pull-up.
RB2	bit2	TTL	Input/output pin. Internal software programmable weak pull-up.
RB3	bit3	TTL	Input/output pin. Internal software programmable weak pull-up.
RB4	bit4	TTL	Input/output pin (with interrupt-on-change). Internal software programmable weak pull-up.
RB5	bit5	TTL	Input/output pin (with interrupt-on-change). Internal software programmable weak pull-up.
RB6	bit6	TTL/ST(2)	Input/output pin (with interrupt-on-change). Internal software programmable weak pull-up. Serial programming clock
RB7	bit7	TTL/ST(2)	Input/output pin (with interrupt-on-change). Internal software programmable weak pull-up. Serial programming data.

Legend: TTL = TTL input, ST = Schmitt Trigger.

Note 1: This buffer is a Schmitt Trigger input when configured as the external interrupt.

2: This buffer is a Schmitt Trigger input when used in Serial Programming mode.

TABLE 4-4: SUMMARY OF REGISTERS ASSOCIATED WITH PORTB

Address	Name	Bit 7	Bit 6	Bit 5	Bit 4	Bit 3	Bit 2	Bit 1	Bit 0	Value on Power-on Reset	Value on all other RESETS
06h	PORTB	RB7	RB6	RB5	RB4	RB3	RB2	RB1	RB0/INT	xxxx xxxx	uuuu uuuu
86h	TRISB	TRISB7	TRISB6	TRISB5	TRISB4	TRISB3	TRISB2	TRISB1	TRISB0	1111 1111	1111 1111
81h	OPTION_REG	RBPU	INTEDG	T0CS	T0SE	PSA	PS2	PS1	PS0	1111 1111	1111 1111
0Bh,8Bh	INTCON	GIE	EEIE	T0IE	INTE	RBIE	T0IF	INTF	RBIF	0000 000x	0000 000u

Legend: x = unknown, u = unchanged. Shaded cells are not used by PORTB.

5.0 TIMER0 MODULE

The Timer0 module timer/counter has the following features:

- 8-bit timer/counter
- Readable and writable
- Internal or external clock select
- Edge select for external clock
- 8-bit software programmable prescaler
- Interrupt-on-overflow from FFh to 00h

Figure 5-1 is a simplified block diagram of the Timer0 module.

Additional information on timer modules is available in the PICmicro™ Mid-Range Reference Manual (DS33023).

5.1 Timer0 Operation

Timer0 can operate as a timer or as a counter.

Timer mode is selected by clearing bit T0CS (OPTION_REG<5>). In Timer mode, the Timer0 module will increment every instruction cycle (without prescaler). If the TMR0 register is written, the increment is inhibited for the following two instruction cycles. The user can work around this by writing an adjusted value to the TMR0 register.

Counter mode is selected by setting bit T0CS (OPTION_REG<5>). In Counter mode, Timer0 will increment, either on every rising or falling edge of pin RA4/T0CKI. The incrementing edge is determined by the Timer0 Source Edge Select bit, T0SE (OPTION_REG<4>). Clearing bit T0SE selects the rising edge. Restrictions on the external clock input are discussed below.

When an external clock input is used for Timer0, it must meet certain requirements. The requirements ensure the external clock can be synchronized with the internal phase clock (TOSC). Also, there is a delay in the actual incrementing of Timer0 after synchronization.

Additional information on external clock requirements is available in the PICmicro™ Mid-Range Reference Manual, (DS33023).

5.2 Prescaler

An 8-bit counter is available as a prescaler for the Timer0 module, or as a postscaler for the Watchdog Timer, respectively (Figure 5-2). For simplicity, this counter is being referred to as "prescaler" throughout this data sheet. Note that there is only one prescaler available which is mutually exclusively shared between the Timer0 module and the Watchdog Timer. Thus, a prescaler assignment for the Timer0 module means that there is no prescaler for the Watchdog Timer, and vice-versa.

The prescaler is not readable or writable.

The PSA and PS2:PS0 bits (OPTION_REG<3:0>) determine the prescaler assignment and prescale ratio.

Clearing bit PSA will assign the prescaler to the Timer0 module. When the prescaler is assigned to the Timer0 module, prescale values of 1:2, 1:4, ..., 1:256 are selectable.

Setting bit PSA will assign the prescaler to the Watchdog Timer (WDT). When the prescaler is assigned to the WDT, prescale values of 1:1, 1:2, ..., 1:128 are selectable.

When assigned to the Timer0 module, all instructions writing to the TMR0 register (e.g., `CLRF 1, MOVWF 1, BSF 1`, etc.) will clear the prescaler. When assigned to WDT, a `CLRWDT` instruction will clear the prescaler along with the WDT.

Note:	Writing to TMR0 when the prescaler is assigned to Timer0 will clear the prescaler count, but will not change the prescaler assignment.

FIGURE 5-1: TIMER0 BLOCK DIAGRAM

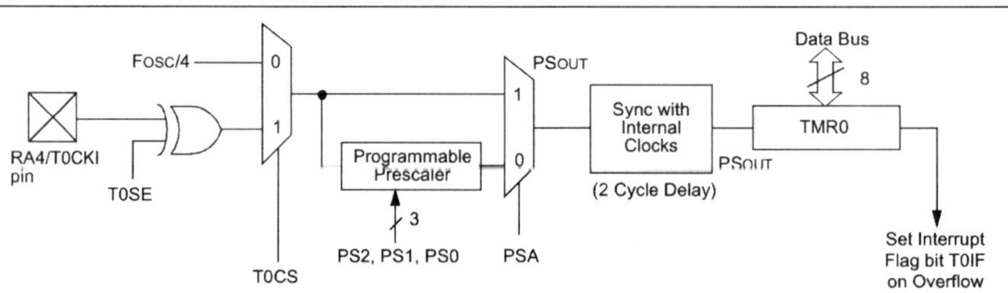

Note 1: T0CS, T0SE, PSA, PS2:PS0 (OPTION_REG<5:0>).
2: The prescaler is shared with Watchdog Timer (refer to Figure 5-2 for detailed block diagram).

PIC16F84A

5.2.1 SWITCHING PRESCALER ASSIGNMENT

The prescaler assignment is fully under software control (i.e., it can be changed "on the fly" during program execution).

Note: To avoid an unintended device RESET, a specific instruction sequence (shown in the PICmicro™ Mid-Range Reference Manual, DS33023) must be executed when changing the prescaler assignment from Timer0 to the WDT. This sequence must be followed even if the WDT is disabled.

5.3 Timer0 Interrupt

The TMR0 interrupt is generated when the TMR0 register overflows from FFh to 00h. This overflow sets bit T0IF (INTCON<2>). The interrupt can be masked by clearing bit T0IE (INTCON<5>). Bit T0IF must be cleared in software by the Timer0 module Interrupt Service Routine before re-enabling this interrupt. The TMR0 interrupt cannot awaken the processor from SLEEP since the timer is shut-off during SLEEP.

FIGURE 5-2: BLOCK DIAGRAM OF THE TIMER0/WDT PRESCALER

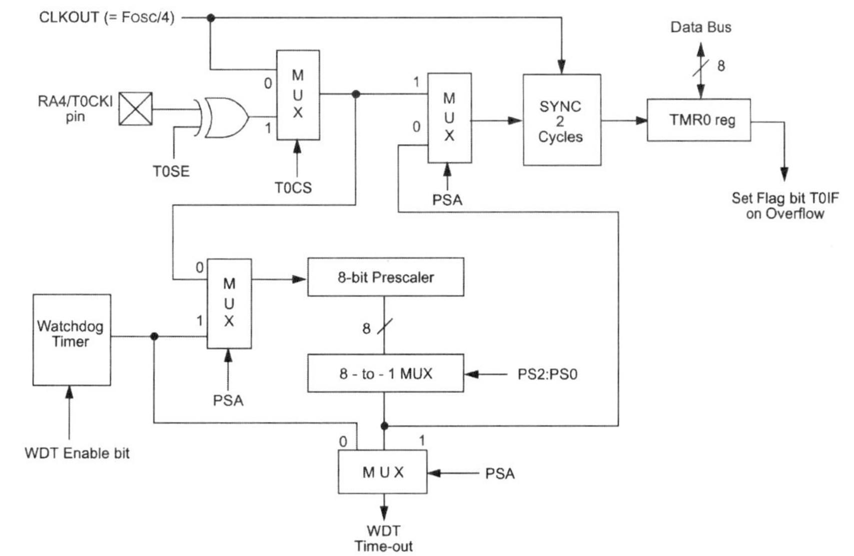

Note: T0CS, T0SE, PSA, PS2:PS0 are (OPTION_REG<5:0>).

TABLE 5-1: REGISTERS ASSOCIATED WITH TIMER0

Address	Name	Bit 7	Bit 6	Bit 5	Bit 4	Bit 3	Bit 2	Bit 1	Bit 0	Value on POR, BOR	Value on all other RESETS
01h	TMR0	Timer0 Module Register								xxxx xxxx	uuuu uuuu
0Bh,8Bh	INTCON	GIE	EEIE	T0IE	INTE	RBIE	T0IF	INTF	RBIF	0000 000x	0000 000u
81h	OPTION_REG	RBPU	INTEDG	T0CS	T0SE	PSA	PS2	PS1	PS0	1111 1111	1111 1111
85h	TRISA	—	—	—	PORTA Data Direction Register					---1 1111	---1 1111

Legend: x = unknown, u = unchanged, - = unimplemented locations read as '0'. Shaded cells are not used by Timer0.

6.0 SPECIAL FEATURES OF THE CPU

What sets a microcontroller apart from other processors are special circuits to deal with the needs of real time applications. The PIC16F84A has a host of such features intended to maximize system reliability, minimize cost through elimination of external components, provide power saving operating modes and offer code protection. These features are:

- OSC Selection
- RESET
  - Power-on Reset (POR)
  - Power-up Timer (PWRT)
  - Oscillator Start-up Timer (OST)
- Interrupts
- Watchdog Timer (WDT)
- SLEEP
- Code Protection
- ID Locations
- In-Circuit Serial Programming™ (ICSP™)

The PIC16F84A has a Watchdog Timer which can be shut-off only through configuration bits. It runs off its own RC oscillator for added reliability. There are two timers that offer necessary delays on power-up. One is the Oscillator Start-up Timer (OST), intended to keep the chip in RESET until the crystal oscillator is stable. The other is the Power-up Timer (PWRT), which provides a fixed delay of 72 ms (nominal) on power-up only. This design keeps the device in RESET while the power supply stabilizes. With these two timers on-chip, most applications need no external RESET circuitry.

SLEEP mode offers a very low current power-down mode. The user can wake-up from SLEEP through external RESET, Watchdog Timer Time-out or through an interrupt. Several oscillator options are provided to allow the part to fit the application. The RC oscillator option saves system cost while the LP crystal option saves power. A set of configuration bits are used to select the various options.

Additional information on special features is available in the PICmicro™ Mid-Range Reference Manual (DS33023).

6.1 Configuration Bits

The configuration bits can be programmed (read as '0'), or left unprogrammed (read as '1'), to select various device configurations. These bits are mapped in program memory location 2007h.

Address 2007h is beyond the user program memory space and it belongs to the special test/configuration memory space (2000h - 3FFFh). This space can only be accessed during programming.

REGISTER 6-1: PIC16F84A CONFIGURATION WORD

R/P-u	R/P-u	R/P-u	R/P-u	R/P-u	R/P-u	R/P-u	R/P-u	R/P-u	R/P-u	R/P-u	R/P-u	R/P-u	R/P-u
CP	CP	CP	CP	CP	CP	CP	CP	CP	CP	$\overline{\text{PWRTE}}$	WDTE	F0SC1	F0SC0
bit13													bit0

bit 13-4 **CP:** Code Protection bit
1 = Code protection disabled
0 = All program memory is code protected

bit 3 **$\overline{\text{PWRTE}}$**: Power-up Timer Enable bit
1 = Power-up Timer is disabled
0 = Power-up Timer is enabled

bit 2 **WDTE**: Watchdog Timer Enable bit
1 = WDT enabled
0 = WDT disabled

bit 1-0 **FOSC1:FOSC0**: Oscillator Selection bits
11 = RC oscillator
10 = HS oscillator
01 = XT oscillator
00 = LP oscillator

PIC16F84A

6.2 Oscillator Configurations

6.2.1 OSCILLATOR TYPES

The PIC16F84A can be operated in four different oscillator modes. The user can program two configuration bits (FOSC1 and FOSC0) to select one of these four modes:

- LP Low Power Crystal
- XT Crystal/Resonator
- HS High Speed Crystal/Resonator
- RC Resistor/Capacitor

6.2.2 CRYSTAL OSCILLATOR/CERAMIC RESONATORS

In XT, LP, or HS modes, a crystal or ceramic resonator is connected to the OSC1/CLKIN and OSC2/CLKOUT pins to establish oscillation (Figure 6-1).

FIGURE 6-1: CRYSTAL/CERAMIC RESONATOR OPERATION (HS, XT OR LP OSC CONFIGURATION)

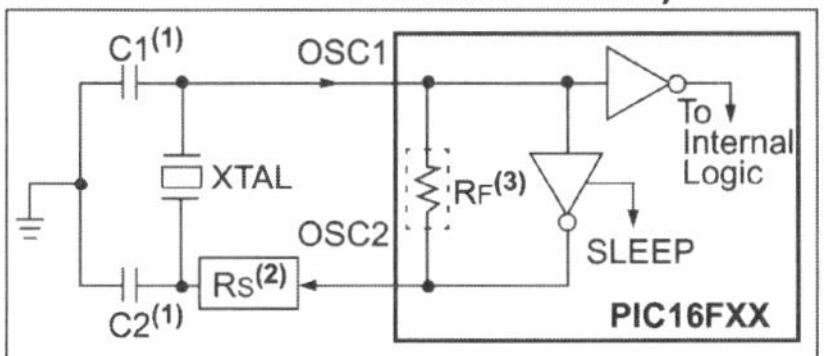

Note 1: See Table 6-1 for recommended values of C1 and C2.

2: A series resistor (Rs) may be required for AT strip cut crystals.

The PIC16F84A oscillator design requires the use of a parallel cut crystal. Use of a series cut crystal may give a frequency out of the crystal manufacturers specifications. When in XT, LP, or HS modes, the device can have an external clock source to drive the OSC1/CLKIN pin (Figure 6-2).

FIGURE 6-2: EXTERNAL CLOCK INPUT OPERATION (HS, XT OR LP OSC CONFIGURATION)

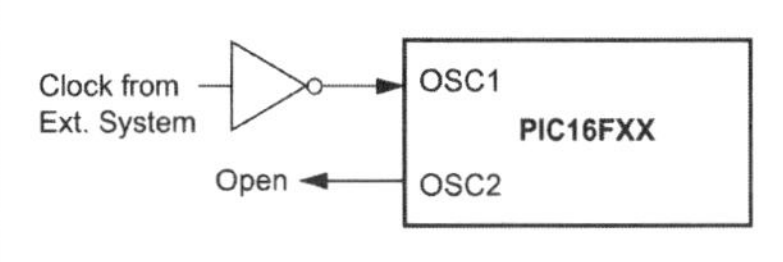

TABLE 6-1: CAPACITOR SELECTION FOR CERAMIC RESONATORS

Ranges Tested:			
Mode	**Freq**	**OSC1/C1**	**OSC2/C2**
XT	455 kHz	47 - 100 pF	47 - 100 pF
	2.0 MHz	15 - 33 pF	15 - 33 pF
	4.0 MHz	15 - 33 pF	15 - 33 pF
HS	8.0 MHz	15 - 33 pF	15 - 33 pF
	10.0 MHz	15 - 33 pF	15 - 33 pF

Note: Recommended values of C1 and C2 are identical to the ranges tested in this table. Higher capacitance increases the stability of the oscillator, but also increases the start-up time. These values are for design guidance only. Since each resonator has its own characteristics, the user should consult the resonator manufacturer for the appropriate values of external components.

Note: When using resonators with frequencies above 3.5 MHz, the use of HS mode rather than XT mode, is recommended. HS mode may be used at any VDD for which the controller is rated.

TABLE 6-2: CAPACITOR SELECTION FOR CRYSTAL OSCILLATOR

Mode	Freq	OSC1/C1	OSC2/C2
LP	32 kHz	68 - 100 pF	68 - 100 pF
	200 kHz	15 - 33 pF	15 - 33 pF
XT	100 kHz	100 - 150 pF	100 - 150 pF
	2 MHz	15 - 33 pF	15 - 33 pF
	4 MHz	15 - 33 pF	15 - 33 pF
HS	4 MHz	15 - 33 pF	15 - 33 pF
	20 MHz	15 - 33 pF	15 - 33 pF

Note: Higher capacitance increases the stability of the oscillator, but also increases the start-up time. These values are for design guidance only. Rs may be required in HS mode, as well as XT mode, to avoid over-driving crystals with low drive level specification. Since each crystal has its own characteristics, the user should consult the crystal manufacturer for appropriate values of external components.
For $V_{DD} > 4.5V$, $C1 = C2 \approx 30$ pF is recommended.

6.2.3 RC OSCILLATOR

For timing insensitive applications, the RC device option offers additional cost savings. The RC oscillator frequency is a function of the supply voltage, the resistor (REXT) values, capacitor (CEXT) values, and the operating temperature. In addition to this, the oscillator frequency will vary from unit to unit due to normal process parameter variation. Furthermore, the difference in lead frame capacitance between package types also affects the oscillation frequency, especially for low CEXT values. The user needs to take into account variation, due to tolerance of the external R and C components. Figure 6-3 shows how an R/C combination is connected to the PIC16F84A.

FIGURE 6-3: RC OSCILLATOR MODE

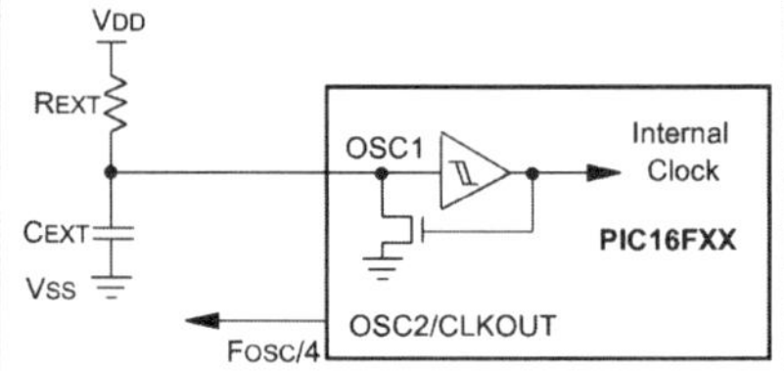

Recommended values: 5 kΩ ≤ REXT ≤ 100 kΩ
CEXT > 20pF

6.3 RESET

The PIC16F84A differentiates between various kinds of RESET:

- Power-on Reset (POR)
- $\overline{MCLR}$ during normal operation
- $\overline{MCLR}$ during SLEEP
- WDT Reset (during normal operation)
- WDT Wake-up (during SLEEP)

Figure 6-4 shows a simplified block diagram of the On-Chip RESET Circuit. The $\overline{MCLR}$ Reset path has a noise filter to ignore small pulses. The electrical specifications state the pulse width requirements for the $\overline{MCLR}$ pin.

Some registers are not affected in any RESET condition; their status is unknown on a POR and unchanged in any other RESET. Most other registers are reset to a "RESET state" on POR, $\overline{MCLR}$ or WDT Reset during normal operation and on $\overline{MCLR}$ during SLEEP. They are not affected by a WDT Reset during SLEEP, since this RESET is viewed as the resumption of normal operation.

Table 6-3 gives a description of RESET conditions for the program counter (PC) and the STATUS register. Table 6-4 gives a full description of RESET states for all registers.

The $\overline{TO}$ and $\overline{PD}$ bits are set or cleared differently in different RESET situations (Section 6.7). These bits are used in software to determine the nature of the RESET.

FIGURE 6-4: SIMPLIFIED BLOCK DIAGRAM OF ON-CHIP RESET CIRCUIT

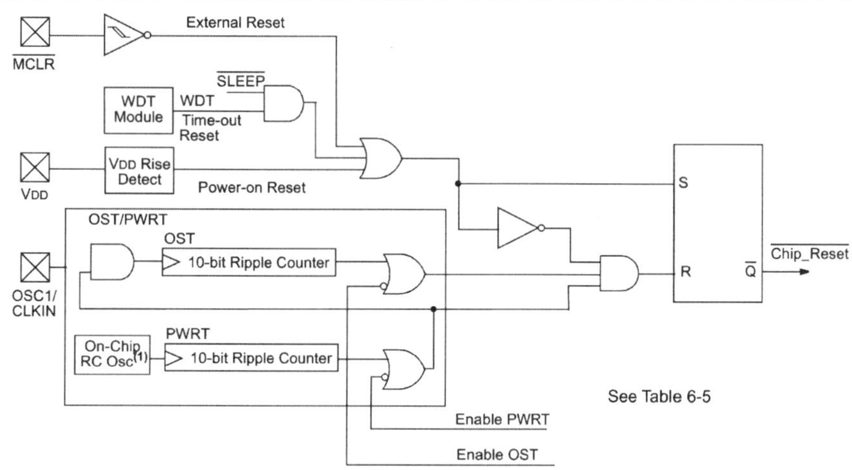

Note 1: This is a separate oscillator from the RC oscillator of the CLKIN pin.
2: See Table 6-5.

TABLE 6-3: RESET CONDITION FOR PROGRAM COUNTER AND THE STATUS REGISTER

Condition	Program Counter	STATUS Register
Power-on Reset	000h	0001 1xxx
$\overline{MCLR}$ during normal operation	000h	000u uuuu
$\overline{MCLR}$ during SLEEP	000h	0001 0uuu
WDT Reset (during normal operation)	000h	0000 1uuu
WDT Wake-up	PC + 1	uuu0 0uuu
Interrupt wake-up from SLEEP	PC + 1(1)	uuu1 0uuu

Legend: u = unchanged, x = unknown
Note 1: When the wake-up is due to an interrupt and the GIE bit is set, the PC is loaded with the interrupt vector (0004h).

TABLE 6-4: RESET CONDITIONS FOR ALL REGISTERS

Register	Address	Power-on Reset	$\overline{MCLR}$ during: – normal operation – SLEEP WDT Reset during normal operation	Wake-up from SLEEP: – through interrupt – through WDT Time-out
W	—	xxxx xxxx	uuuu uuuu	uuuu uuuu
INDF	00h	---- ----	---- ----	---- ----
TMR0	01h	xxxx xxxx	uuuu uuuu	uuuu uuuu
PCL	02h	0000 0000	0000 0000	PC + 1[(2)]
STATUS	03h	0001 1xxx	000q quuu[(3)]	uuuq quuu[(3)]
FSR	04h	xxxx xxxx	uuuu uuuu	uuuu uuuu
PORTA[(4)]	05h	---x xxxx	---u uuuu	---u uuuu
PORTB[(5)]	06h	xxxx xxxx	uuuu uuuu	uuuu uuuu
EEDATA	08h	xxxx xxxx	uuuu uuuu	uuuu uuuu
EEADR	09h	xxxx xxxx	uuuu uuuu	uuuu uuuu
PCLATH	0Ah	---0 0000	---0 0000	---u uuuu
INTCON	0Bh	0000 000x	0000 000u	uuuu uuuu[(1)]
INDF	80h	---- ----	---- ----	---- ----
OPTION_REG	81h	1111 1111	1111 1111	uuuu uuuu
PCL	82h	0000 0000	0000 0000	PC + 1[(2)]
STATUS	83h	0001 1xxx	000q quuu[(3)]	uuuq quuu[(3)]
FSR	84h	xxxx xxxx	uuuu uuuu	uuuu uuuu
TRISA	85h	---1 1111	---1 1111	---u uuuu
TRISB	86h	1111 1111	1111 1111	uuuu uuuu
EECON1	88h	---0 x000	---0 q000	---0 uuuu
EECON2	89h	---- ----	---- ----	---- ----
PCLATH	8Ah	---0 0000	---0 0000	---u uuuu
INTCON	8Bh	0000 000x	0000 000u	uuuu uuuu[(1)]

Legend: u = unchanged, x = unknown, - = unimplemented bit, read as '0', q = value depends on condition

Note 1: One or more bits in INTCON will be affected (to cause wake-up).

2: When the wake-up is due to an interrupt and the GIE bit is set, the PC is loaded with the interrupt vector (0004h).

3: Table 6-3 lists the RESET value for each specific condition.

4: On any device RESET, these pins are configured as inputs.

5: This is the value that will be in the port output latch.

6.4 Power-on Reset (POR)

A Power-on Reset pulse is generated on-chip when VDD rise is detected (in the range of 1.2V - 1.7V). To take advantage of the POR, just tie the $\overline{MCLR}$ pin directly (or through a resistor) to VDD. This will eliminate external RC components usually needed to create Power-on Reset. A minimum rise time for VDD must be met for this to operate properly. See Electrical Specifications for details.

When the device starts normal operation (exits the RESET condition), device operating parameters (voltage, frequency, temperature, etc.) must be met to ensure operation. If these conditions are not met, the device must be held in RESET until the operating conditions are met.

For additional information, refer to Application Note AN607, "*Power-up Trouble Shooting.*"

The POR circuit does not produce an internal RESET when VDD declines.

6.5 Power-up Timer (PWRT)

The Power-up Timer (PWRT) provides a fixed 72 ms nominal time-out (TPWRT) from POR (Figures 6-6 through 6-9). The Power-up Timer operates on an internal RC oscillator. The chip is kept in RESET as long as the PWRT is active. The PWRT delay allows the VDD to rise to an acceptable level (possible exception shown in Figure 6-9).

A configuration bit, $\overline{PWRTE}$, can enable/disable the PWRT. See Register 6-1 for the operation of the $\overline{PWRTE}$ bit for a particular device.

The power-up time delay TPWRT will vary from chip to chip due to VDD, temperature, and process variation. See DC parameters for details.

6.6 Oscillator Start-up Timer (OST)

The Oscillator Start-up Timer (OST) provides a 1024 oscillator cycle delay (from OSC1 input) after the PWRT delay ends (Figure 6-6, Figure 6-7, Figure 6-8 and Figure 6-9). This ensures the crystal oscillator or resonator has started and stabilized.

The OST time-out (TOST) is invoked only for XT, LP and HS modes and only on Power-on Reset or wake-up from SLEEP.

When VDD rises very slowly, it is possible that the TPWRT time-out and TOST time-out will expire before VDD has reached its final value. In this case (Figure 6-9), an external Power-on Reset circuit may be necessary (Figure 6-5).

FIGURE 6-5: EXTERNAL POWER-ON RESET CIRCUIT (FOR SLOW VDD POWER-UP)

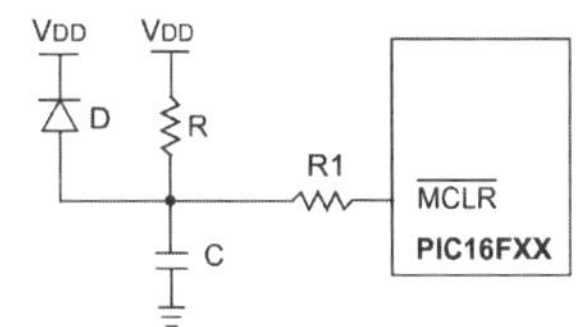

Note 1: External Power-on Reset circuit is required only if VDD power-up rate is too slow. The diode D helps discharge the capacitor quickly when VDD powers down.

2: R < 40 kΩ is recommended to make sure that voltage drop across R does not exceed 0.2V (max leakage current spec on $\overline{MCLR}$ pin is 5 μA). A larger voltage drop will degrade VIH level on the $\overline{MCLR}$ pin.

3: R1 = 100Ω to 1 kΩ will limit any current flowing into $\overline{MCLR}$ from external capacitor C, in the event of a $\overline{MCLR}$ pin breakdown due to ESD or EOS.

FIGURE 6-6: TIME-OUT SEQUENCE ON POWER-UP ($\overline{MCLR}$ NOT TIED TO VDD): CASE 1

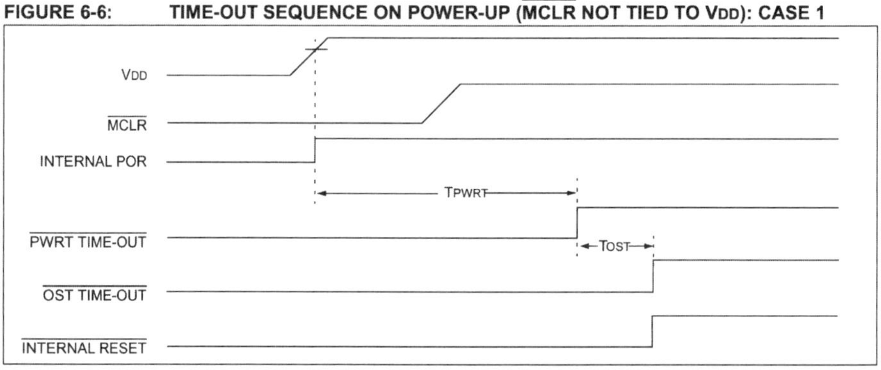

FIGURE 6-7: TIME-OUT SEQUENCE ON POWER-UP ($\overline{MCLR}$ NOT TIED TO VDD): CASE 2

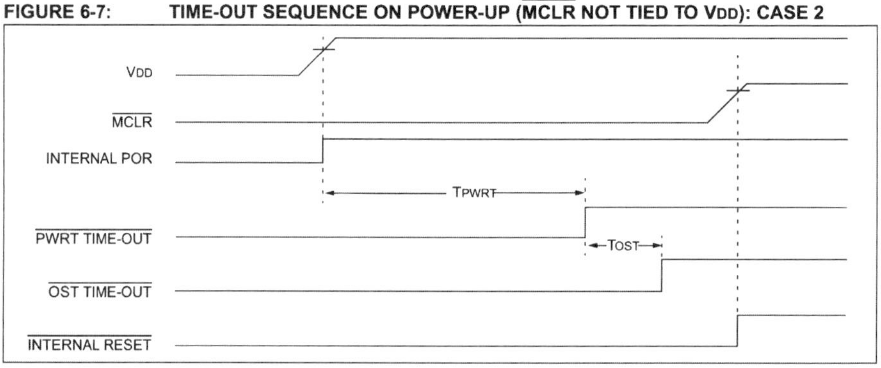

FIGURE 6-8: TIME-OUT SEQUENCE ON POWER-UP ($\overline{MCLR}$ TIED TO VDD): FAST VDD RISE TIME

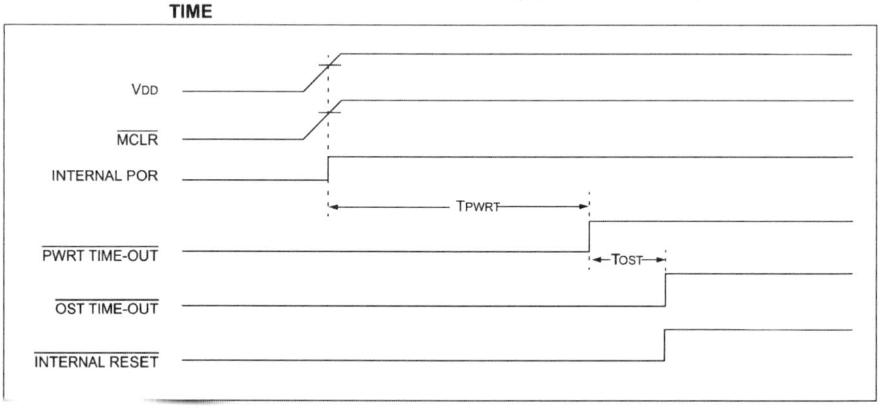

PIC16F84A

FIGURE 6-9: TIME-OUT SEQUENCE ON POWER-UP ($\overline{MCLR}$ TIED TO VDD): SLOW VDD RISE TIME

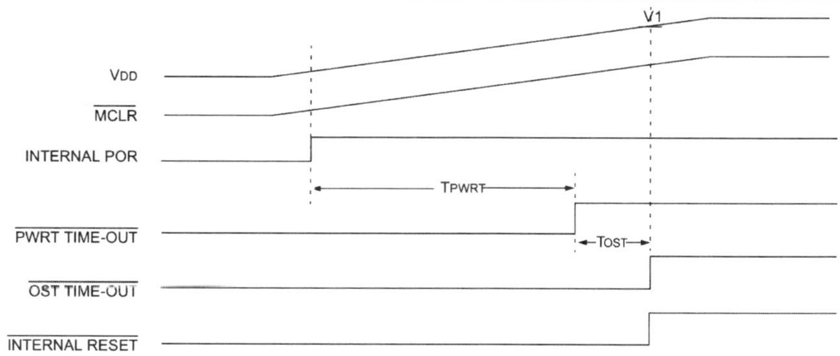

When VDD rises very slowly, it is possible that the TPWRT time-out and TOST time-out will expire before VDD has reached its final value. In this example, the chip will reset properly if, and only if, V1 ≥ VDD min.

6.7 Time-out Sequence and Power-down Status Bits ($\overline{TO}$/$\overline{PD}$)

On power-up (Figures 6-6 through 6-9), the time-out sequence is as follows:

1. PWRT time-out is invoked after a POR has expired.
2. Then, the OST is activated.

The total time-out will vary based on oscillator configuration and PWRTE configuration bit status. For example, in RC mode with the PWRT disabled, there will be no time-out at all.

TABLE 6-5: TIME-OUT IN VARIOUS SITUATIONS

Oscillator Configuration	Power-up		Wake-up from SLEEP
	PWRT Enabled	PWRT Disabled	
XT, HS, LP	72 ms + 1024TOSC	1024TOSC	1024TOSC
RC	72 ms	—	—

Since the time-outs occur from the POR pulse, if $\overline{MCLR}$ is kept low long enough, the time-outs will expire. Then bringing $\overline{MCLR}$ high, execution will begin immediately (Figure 6-6). This is useful for testing purposes or to synchronize more than one PIC16F84A device when operating in parallel.

Table 6-6 shows the significance of the $\overline{TO}$ and $\overline{PD}$ bits. Table 6-3 lists the RESET conditions for some special registers, while Table 6-4 lists the RESET conditions for all the registers.

TABLE 6-6: STATUS BITS AND THEIR SIGNIFICANCE

$\overline{TO}$	$\overline{PD}$	Condition
1	1	Power-on Reset
0	x	Illegal, $\overline{TO}$ is set on $\overline{POR}$
x	0	Illegal, $\overline{PD}$ is set on POR
0	1	WDT Reset (during normal operation)
0	0	WDT Wake-up
1	1	$\overline{MCLR}$ during normal operation
1	0	$\overline{MCLR}$ during SLEEP or interrupt wake-up from SLEEP

6.8 Interrupts

The PIC16F84A has 4 sources of interrupt:

- External interrupt RB0/INT pin
- TMR0 overflow interrupt
- PORTB change interrupts (pins RB7:RB4)
- Data EEPROM write complete interrupt

The interrupt control register (INTCON) records individual interrupt requests in flag bits. It also contains the individual and global interrupt enable bits.

The global interrupt enable bit, GIE (INTCON<7>), enables (if set) all unmasked interrupts or disables (if cleared) all interrupts. Individual interrupts can be disabled through their corresponding enable bits in INTCON register. Bit GIE is cleared on RESET.

The "return from interrupt" instruction, `RETFIE`, exits interrupt routine as well as sets the GIE bit, which re-enables interrupts.

The RB0/INT pin interrupt, the RB port change interrupt and the TMR0 overflow interrupt flags are contained in the INTCON register.

When an interrupt is responded to, the GIE bit is cleared to disable any further interrupt, the return address is pushed onto the stack and the PC is loaded with 0004h. For external interrupt events, such as the RB0/INT pin or PORTB change interrupt, the interrupt latency will be three to four instruction cycles. The exact latency depends when the interrupt event occurs. The latency is the same for both one and two cycle instructions. Once in the Interrupt Service Routine, the source(s) of the interrupt can be determined by polling the interrupt flag bits. The interrupt flag bit(s) must be cleared in software before re-enabling interrupts to avoid infinite interrupt requests.

Note:	Individual interrupt flag bits are set regardless of the status of their corresponding mask bit or the GIE bit.

FIGURE 6-10: INTERRUPT LOGIC

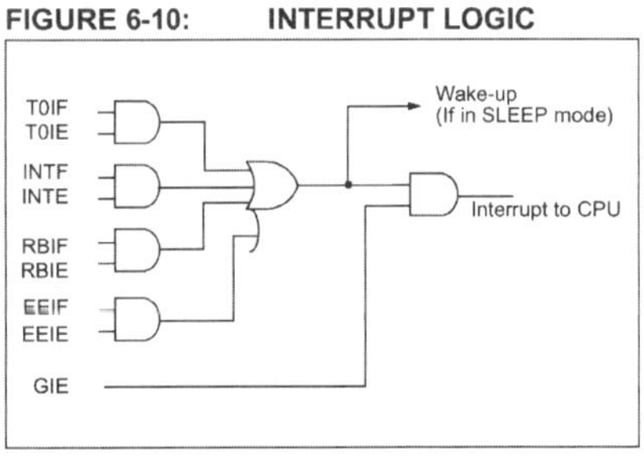

6.8.1 INT INTERRUPT

External interrupt on RB0/INT pin is edge triggered: either rising if INTEDG bit (OPTION_REG<6>) is set, or falling if INTEDG bit is clear. When a valid edge appears on the RB0/INT pin, the INTF bit (INTCON<1>) is set. This interrupt can be disabled by clearing control bit INTE (INTCON<4>). Flag bit INTF must be cleared in software via the Interrupt Service Routine before re-enabling this interrupt. The INT interrupt can wake the processor from SLEEP (Section 6.11) only if the INTE bit was set prior to going into SLEEP. The status of the GIE bit decides whether the processor branches to the interrupt vector following wake-up.

6.8.2 TMR0 INTERRUPT

An overflow (FFh → 00h) in TMR0 will set flag bit T0IF (INTCON<2>). The interrupt can be enabled/disabled by setting/clearing enable bit T0IE (INTCON<5>) (Section 5.0).

6.8.3 PORTB INTERRUPT

An input change on PORTB<7:4> sets flag bit RBIF (INTCON<0>). The interrupt can be enabled/disabled by setting/clearing enable bit RBIE (INTCON<3>) (Section 4.2).

Note:	For a change on the I/O pin to be recognized, the pulse width must be at least T_{CY} wide.

6.8.4 DATA EEPROM INTERRUPT

At the completion of a data EEPROM write cycle, flag bit EEIF (EECON1<4>) will be set. The interrupt can be enabled/disabled by setting/clearing enable bit EEIE (INTCON<6>) (Section 3.0).

6.9 Context Saving During Interrupts

During an interrupt, only the return PC value is saved on the stack. Typically, users wish to save key register values during an interrupt (e.g., W register and STATUS register). This is implemented in software.

The code in Example 6-1 stores and restores the STATUS and W register's values. The user defined registers, W_TEMP and STATUS_TEMP are the temporary storage locations for the W and STATUS registers values.

Example 6-1 does the following:

a) Stores the W register.
b) Stores the STATUS register in STATUS_TEMP.
c) Executes the Interrupt Service Routine code.
d) Restores the STATUS (and bank select bit) register.
e) Restores the W register.

EXAMPLE 6-1: SAVING STATUS AND W REGISTERS IN RAM

```
PUSH    MOVWF   W_TEMP              ; Copy W to TEMP register,
        SWAPF   STATUS,     W       ; Swap status to be saved into W
        MOVWF   STATUS_TEMP         ; Save status to STATUS_TEMP register
ISR     :                           :
        :                           ; Interrupt Service Routine
        :                           ; should configure Bank as required
        :                           ;
POP     SWAPF   STATUS_TEMP,W       ; Swap nibbles in STATUS_TEMP register
                                    ; and place result into W
        MOVWF   STATUS              ; Move W into STATUS register
                                    ; (sets bank to original state)
        SWAPF   W_TEMP,     F       ; Swap nibbles in W_TEMP and place result in W_TEMP
        SWAPF   W_TEMP,     W       ; Swap nibbles in W_TEMP and place result into W
```

6.10 Watchdog Timer (WDT)

The Watchdog Timer is a free running On-Chip RC Oscillator which does not require any external components. This RC oscillator is separate from the RC oscillator of the OSC1/CLKIN pin. That means that the WDT will run even if the clock on the OSC1/CLKIN and OSC2/CLKOUT pins of the device has been stopped, for example, by execution of a `SLEEP` instruction. During normal operation, a WDT time-out generates a device RESET. If the device is in SLEEP mode, a WDT wake-up causes the device to wake-up and continue with normal operation. The WDT can be permanently disabled by programming configuration bit WDTE as a '0' (Section 6.1).

6.10.1 WDT PERIOD

The WDT has a nominal time-out period of 18 ms, (with no prescaler). The time-out periods vary with temperature, VDD and process variations from part to part (see DC specs). If longer time-out periods are desired, a prescaler with a division ratio of up to 1:128 can be assigned to the WDT under software control by writing to the OPTION_REG register. Thus, time-out periods up to 2.3 seconds can be realized.

The `CLRWDT` and `SLEEP` instructions clear the WDT and the postscaler (if assigned to the WDT) and prevent it from timing out and generating a device RESET condition.

The $\overline{TO}$ bit in the STATUS register will be cleared upon a WDT time-out.

6.10.2 WDT PROGRAMMING CONSIDERATIONS

It should also be taken into account that under worst case conditions (VDD = Min., Temperature = Max., Max. WDT Prescaler), it may take several seconds before a WDT time-out occurs.

FIGURE 6-11: WATCHDOG TIMER BLOCK DIAGRAM

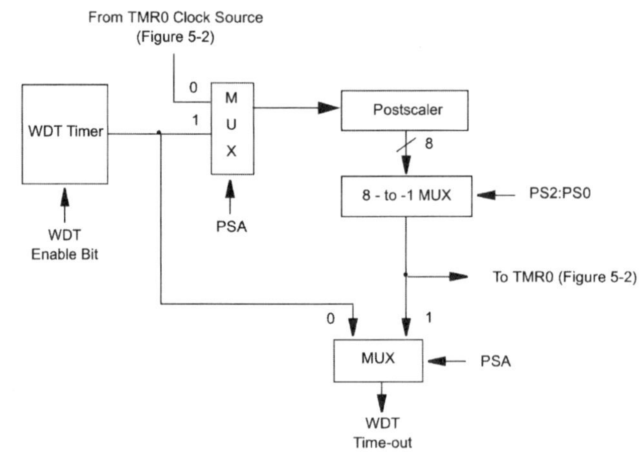

Note: PSA and PS2:PS0 are bits in the OPTION_REG register.

TABLE 6-7: SUMMARY OF REGISTERS ASSOCIATED WITH THE WATCHDOG TIMER

Addr	Name	Bit 7	Bit 6	Bit 5	Bit 4	Bit 3	Bit 2	Bit 1	Bit 0	Value on Power-on Reset	Value on all other RESETS
2007h	Config. bits	(2)	(2)	(2)	(2)	$\overline{\text{PWRTE}}$(1)	WDTE	FOSC1	FOSC0	(2)	
81h	OPTION_REG	$\overline{\text{RBPU}}$	INTEDG	T0CS	T0SE	PSA	PS2	PS1	PS0	1111 1111	1111 1111

Legend: x = unknown. Shaded cells are not used by the WDT.
Note 1: See Register 6-1 for operation of the $\overline{\text{PWRTE}}$ bit.
2: See Register 6-1 and Section 6.12 for operation of the code and data protection bits.

6.11 Power-down Mode (SLEEP)

A device may be powered down (SLEEP) and later powered up (wake-up from SLEEP).

6.11.1 SLEEP

The Power-down mode is entered by executing the `SLEEP` instruction.

If enabled, the Watchdog Timer is cleared (but keeps running), the $\overline{PD}$ bit (STATUS<3>) is cleared, the $\overline{TO}$ bit (STATUS<4>) is set, and the oscillator driver is turned off. The I/O ports maintain the status they had before the `SLEEP` instruction was executed (driving high, low, or hi-impedance).

For the lowest current consumption in SLEEP mode, place all I/O pins at either VDD or VSS, with no external circuitry drawing current from the I/O pins, and disable external clocks. I/O pins that are hi-impedance inputs should be pulled high or low externally to avoid switching currents caused by floating inputs. The T0CKI input should also be at VDD or VSS. The contribution from on-chip pull-ups on PORTB should be considered.

The $\overline{MCLR}$ pin must be at a logic high level (VIHMC).

It should be noted that a RESET generated by a WDT time-out does not drive the $\overline{MCLR}$ pin low.

6.11.2 WAKE-UP FROM SLEEP

The device can wake-up from SLEEP through one of the following events:

1. External RESET input on $\overline{MCLR}$ pin.
2. WDT wake-up (if WDT was enabled).
3. Interrupt from RB0/INT pin, RB port change, or data EEPROM write complete.

Peripherals cannot generate interrupts during SLEEP, since no on-chip Q clocks are present.

The first event ($\overline{MCLR}$ Reset) will cause a device RESET. The two latter events are considered a continuation of program execution. The $\overline{TO}$ and $\overline{PD}$ bits can be used to determine the cause of a device RESET. The $\overline{PD}$ bit, which is set on power-up, is cleared when SLEEP is invoked. The $\overline{TO}$ bit is cleared if a WDT time-out occurred (and caused wake-up).

While the `SLEEP` instruction is being executed, the next instruction (PC + 1) is pre-fetched. For the device to wake-up through an interrupt event, the corresponding interrupt enable bit must be set (enabled). Wake-up occurs regardless of the state of the GIE bit. If the GIE bit is clear (disabled), the device continues execution at the instruction after the `SLEEP` instruction. If the GIE bit is set (enabled), the device executes the instruction after the `SLEEP` instruction and then branches to the interrupt address (0004h). In cases where the execution of the instruction following `SLEEP` is not desirable, the user should have a `NOP` after the `SLEEP` instruction.

FIGURE 6-12: WAKE-UP FROM SLEEP THROUGH INTERRUPT

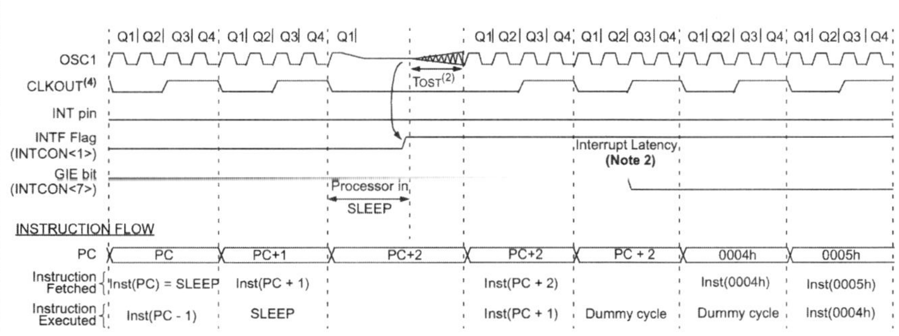

Note 1: XT, HS, or LP oscillator mode assumed.
2: TOST = 1024TOSC (drawing not to scale). This delay will not be there for RC osc mode.
3. GIE = '1' assumed. In this case after wake-up, the processor jumps to the interrupt routine. If GIE = '0', execution will continue in-line.
4: CLKOUT is not available in these osc modes, but shown here for timing reference.

6.11.3 WAKE-UP USING INTERRUPTS

When global interrupts are disabled (GIE cleared) and any interrupt source has both its interrupt enable bit and interrupt flag bit set, one of the following will occur:

- If the interrupt occurs **before** the execution of a `SLEEP` instruction, the `SLEEP` instruction will complete as a `NOP`. Therefore, the WDT and WDT postscaler will not be cleared, the $\overline{TO}$ bit will not be set and $\overline{PD}$ bits will not be cleared.
- If the interrupt occurs **during or after** the execution of a `SLEEP` instruction, the device will immediately wake-up from SLEEP. The `SLEEP` instruction will be completely executed before the wake-up. Therefore, the WDT and WDT postscaler will be cleared, the $\overline{TO}$ bit will be set and the $\overline{PD}$ bit will be cleared.

Even if the flag bits were checked before executing a `SLEEP` instruction, it may be possible for flag bits to become set before the `SLEEP` instruction completes. To determine whether a `SLEEP` instruction executed, test the $\overline{PD}$ bit. If the $\overline{PD}$ bit is set, the `SLEEP` instruction was executed as a `NOP`.

To ensure that the WDT is cleared, a `CLRWDT` instruction should be executed before a `SLEEP` instruction.

6.12 Program Verification/Code Protection

If the code protection bit(s) have not been programmed, the on-chip program memory can be read out for verification purposes.

6.13 ID Locations

Four memory locations (2000h - 2004h) are designated as ID locations to store checksum or other code identification numbers. These locations are not accessible during normal execution but are readable and writable only during program/verify. Only the four Least Significant bits of ID location are usable.

6.14 In-Circuit Serial Programming

PIC16F84A microcontrollers can be serially programmed while in the end application circuit. This is simply done with two lines for clock and data, and three other lines for power, ground, and the programming voltage. Customers can manufacture boards with unprogrammed devices, and then program the microcontroller just before shipping the product, allowing the most recent firmware or custom firmware to be programmed.

For complete details of Serial Programming, please refer to the In-Circuit Serial Programming™ (ICSP™) Guide, (DS30277).

PIC16F84A

NOTES:

7.0 INSTRUCTION SET SUMMARY

Each PIC16CXX instruction is a 14-bit word, divided into an OPCODE which specifies the instruction type and one or more operands which further specify the operation of the instruction. The PIC16CXX instruction set summary in Table 7-2 lists **byte-oriented**, **bit-oriented**, and **literal and control** operations. Table 7-1 shows the opcode field descriptions.

For **byte-oriented** instructions, 'f' represents a file register designator and 'd' represents a destination designator. The file register designator specifies which file register is to be used by the instruction.

The destination designator specifies where the result of the operation is to be placed. If 'd' is zero, the result is placed in the W register. If 'd' is one, the result is placed in the file register specified in the instruction.

For **bit-oriented** instructions, 'b' represents a bit field designator which selects the number of the bit affected by the operation, while 'f' represents the address of the file in which the bit is located.

For **literal and control** operations, 'k' represents an eight or eleven bit constant or literal value.

TABLE 7-1: OPCODE FIELD DESCRIPTIONS

Field	Description
f	Register file address (0x00 to 0x7F)
W	Working register (accumulator)
b	Bit address within an 8-bit file register
k	Literal field, constant data or label
x	Don't care location (= 0 or 1) The assembler will generate code with x = 0. It is the recommended form of use for compatibility with all Microchip software tools.
d	Destination select; d = 0: store result in W, d = 1: store result in file register f. Default is d = 1
PC	Program Counter
TO	Time-out bit
PD	Power-down bit

The instruction set is highly orthogonal and is grouped into three basic categories:

- **Byte-oriented** operations
- **Bit-oriented** operations
- **Literal and control** operations

All instructions are executed within one single instruction cycle, unless a conditional test is true or the program counter is changed as a result of an instruction. In this case, the execution takes two instruction cycles with the second cycle executed as a NOP. One instruction cycle consists of four oscillator periods. Thus, for an oscillator frequency of 4 MHz, the normal instruction execution time is 1 μs. If a conditional test is true or the program counter is changed as a result of an instruction, the instruction execution time is 2 μs.

Table 7-2 lists the instructions recognized by the MPASM™ Assembler.

Figure 7-1 shows the general formats that the instructions can have.

> **Note:** To maintain upward compatibility with future PIC16CXX products, do not use the OPTION and TRIS instructions.

All examples use the following format to represent a hexadecimal number:

0xhh

where h signifies a hexadecimal digit.

FIGURE 7-1: GENERAL FORMAT FOR INSTRUCTIONS

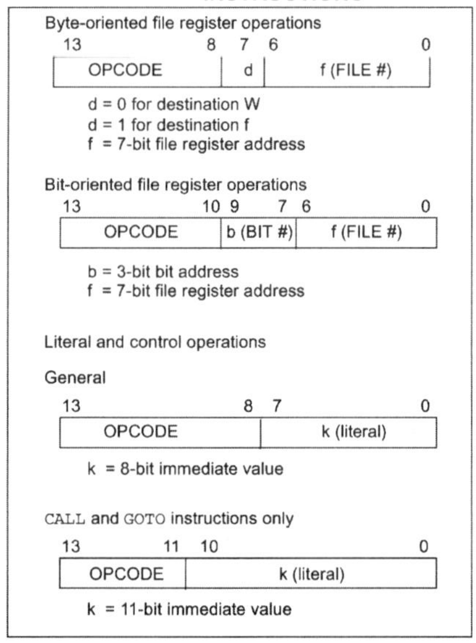

A description of each instruction is available in the PICmicro™ Mid-Range Reference Manual (DS33023).

PIC16F84A

TABLE 7-2: PIC16CXXX INSTRUCTION SET

Mnemonic,	Operands	Description	Cycles	14-Bit Opcode MSb … LSb	Status Affected	Notes
BYTE-ORIENTED FILE REGISTER OPERATIONS						
ADDWF	f, d	Add W and f	1	00 0111 dfff ffff	C,DC,Z	1,2
ANDWF	f, d	AND W with f	1	00 0101 dfff ffff	Z	1,2
CLRF	f	Clear f	1	00 0001 1fff ffff	Z	2
CLRW	-	Clear W	1	00 0001 0xxx xxxx	Z	
COMF	f, d	Complement f	1	00 1001 dfff ffff	Z	1,2
DECF	f, d	Decrement f	1	00 0011 dfff ffff	Z	1,2
DECFSZ	f, d	Decrement f, Skip if 0	1 (2)	00 1011 dfff ffff		1,2,3
INCF	f, d	Increment f	1	00 1010 dfff ffff	Z	1,2
INCFSZ	f, d	Increment f, Skip if 0	1 (2)	00 1111 dfff ffff		1,2,3
IORWF	f, d	Inclusive OR W with f	1	00 0100 dfff ffff	Z	1,2
MOVF	f, d	Move f	1	00 1000 dfff ffff	Z	1,2
MOVWF	f	Move W to f	1	00 0000 1fff ffff		
NOP	-	No Operation	1	00 0000 0xx0 0000		
RLF	f, d	Rotate Left f through Carry	1	00 1101 dfff ffff	C	1,2
RRF	f, d	Rotate Right f through Carry	1	00 1100 dfff ffff	C	1,2
SUBWF	f, d	Subtract W from f	1	00 0010 dfff ffff	C,DC,Z	1,2
SWAPF	f, d	Swap nibbles in f	1	00 1110 dfff ffff		1,2
XORWF	f, d	Exclusive OR W with f	1	00 0110 dfff ffff	Z	1,2
BIT-ORIENTED FILE REGISTER OPERATIONS						
BCF	f, b	Bit Clear f	1	01 00bb bfff ffff		1,2
BSF	f, b	Bit Set f	1	01 01bb bfff ffff		1,2
BTFSC	f, b	Bit Test f, Skip if Clear	1 (2)	01 10bb bfff ffff		3
BTFSS	f, b	Bit Test f, Skip if Set	1 (2)	01 11bb bfff ffff		3
LITERAL AND CONTROL OPERATIONS						
ADDLW	k	Add literal and W	1	11 111x kkkk kkkk	C,DC,Z	
ANDLW	k	AND literal with W	1	11 1001 kkkk kkkk	Z	
CALL	k	Call subroutine	2	10 0kkk kkkk kkkk		
CLRWDT	-	Clear Watchdog Timer	1	00 0000 0110 0100	$\overline{TO}$,$\overline{PD}$	
GOTO	k	Go to address	2	10 1kkk kkkk kkkk		
IORLW	k	Inclusive OR literal with W	1	11 1000 kkkk kkkk	Z	
MOVLW	k	Move literal to W	1	11 00xx kkkk kkkk		
RETFIE	-	Return from interrupt	2	00 0000 0000 1001		
RETLW	k	Return with literal in W	2	11 01xx kkkk kkkk		
RETURN	-	Return from Subroutine	2	00 0000 0000 1000		
SLEEP	-	Go into standby mode	1	00 0000 0110 0011	$\overline{TO}$,$\overline{PD}$	
SUBLW	k	Subtract W from literal	1	11 110x kkkk kkkk	C,DC,Z	
XORLW	k	Exclusive OR literal with W	1	11 1010 kkkk kkkk	Z	

Note 1: When an I/O register is modified as a function of itself (e.g., `MOVF PORTB, 1`), the value used will be that value present on the pins themselves. For example, if the data latch is '1' for a pin configured as input and is driven low by an external device, the data will be written back with a '0'.

2: If this instruction is executed on the TMR0 register (and, where applicable, d = 1), the prescaler will be cleared if assigned to the Timer0 Module.

3: If Program Counter (PC) is modified or a conditional test is true, the instruction requires two cycles. The second cycle is executed as a `NOP`.

Note: Additional information on the mid-range instruction set is available in the PICmicro™ Mid-Range MCU Family Reference Manual (DS33023).

7.1 Instruction Descriptions

ADDLW **Add Literal and W**

Syntax:	[*label*] ADDLW k
Operands:	0 ≤ k ≤ 255
Operation:	(W) + k → (W)
Status Affected:	C, DC, Z
Description:	The contents of the W register are added to the eight-bit literal 'k' and the result is placed in the W register.

ADDWF **Add W and f**

Syntax:	[*label*] ADDWF f,d
Operands:	0 ≤ f ≤ 127 d ∈ [0,1]
Operation:	(W) + (f) → (destination)
Status Affected:	C, DC, Z
Description:	Add the contents of the W register with register 'f'. If 'd' is 0, the result is stored in the W register. If 'd' is 1, the result is stored back in register 'f'.

ANDLW **AND Literal with W**

Syntax:	[*label*] ANDLW k
Operands:	0 ≤ k ≤ 255
Operation:	(W) .AND. (k) → (W)
Status Affected:	Z
Description:	The contents of W register are AND'ed with the eight-bit literal 'k'. The result is placed in the W register.

ANDWF **AND W with f**

Syntax:	[*label*] ANDWF f,d
Operands:	0 ≤ f ≤ 127 d ∈ [0,1]
Operation:	(W) .AND. (f) → (destination)
Status Affected:	Z
Description:	AND the W register with register 'f'. If 'd' is 0, the result is stored in the W register. If 'd' is 1, the result is stored back in register 'f'.

BCF **Bit Clear f**

Syntax:	[*label*] BCF f,b
Operands:	0 ≤ f ≤ 127 0 ≤ b ≤ 7
Operation:	0 → (f<b>)
Status Affected:	None
Description:	Bit 'b' in register 'f' is cleared.

BSF **Bit Set f**

Syntax:	[*label*] BSF f,b
Operands:	0 ≤ f ≤ 127 0 ≤ b ≤ 7
Operation:	1 → (f<b>)
Status Affected:	None
Description:	Bit 'b' in register 'f' is set.

BTFSS **Bit Test f, Skip if Set**

Syntax:	[*label*] BTFSS f,b
Operands:	0 ≤ f ≤ 127 0 ≤ b < 7
Operation:	skip if (f<b>) = 1
Status Affected:	None
Description:	If bit 'b' in register 'f' is '0', the next instruction is executed. If bit 'b' is '1', then the next instruction is discarded and a NOP is executed instead, making this a 2TCY instruction.

PIC16F84A

BTFSC — Bit Test, Skip if Clear

Syntax:	[*label*] BTFSC f,b
Operands:	0 ≤ f ≤ 127 0 ≤ b ≤ 7
Operation:	skip if (f<b>) = 0
Status Affected:	None
Description:	If bit 'b' in register 'f' is '1', the next instruction is executed. If bit 'b' in register 'f' is '0', the next instruction is discarded, and a `NOP` is executed instead, making this a 2TCY instruction.

CALL — Call Subroutine

Syntax:	[*label*] CALL k
Operands:	0 ≤ k ≤ 2047
Operation:	(PC)+ 1→ TOS, k → PC<10:0>, (PCLATH<4:3>) → PC<12:11>
Status Affected:	None
Description:	Call Subroutine. First, return address (PC+1) is pushed onto the stack. The eleven-bit immediate address is loaded into PC bits <10:0>. The upper bits of the PC are loaded from PCLATH. `CALL` is a two-cycle instruction.

CLRF — Clear f

Syntax:	[*label*] CLRF f
Operands:	0 ≤ f ≤ 127
Operation:	00h → (f) 1 → Z
Status Affected:	Z
Description:	The contents of register 'f' are cleared and the Z bit is set.

CLRW — Clear W

Syntax:	[*label*] CLRW
Operands:	None
Operation:	00h → (W) 1 → Z
Status Affected:	Z
Description:	W register is cleared. Zero bit (Z) is set.

CLRWDT — Clear Watchdog Timer

Syntax:	[*label*] CLRWDT
Operands:	None
Operation:	00h → WDT 0 → WDT prescaler, 1 → $\overline{TO}$ 1 → $\overline{PD}$
Status Affected:	$\overline{TO}$, $\overline{PD}$
Description:	`CLRWDT` instruction resets the Watchdog Timer. It also resets the prescaler of the WDT. Status bits $\overline{TO}$ and $\overline{PD}$ are set.

COMF — Complement f

Syntax:	[*label*] COMF f,d
Operands:	0 ≤ f ≤ 127 d ∈ [0,1]
Operation:	$(\overline{f})$ → (destination)
Status Affected:	Z
Description:	The contents of register 'f' are complemented. If 'd' is 0, the result is stored in W. If 'd' is 1, the result is stored back in register 'f'.

DECF — Decrement f

Syntax:	[*label*] DECF f,d
Operands:	0 ≤ f ≤ 127 d ∈ [0,1]
Operation:	(f) - 1 → (destination)
Status Affected:	Z
Description:	Decrement register 'f'. If 'd' is 0, the result is stored in the W register. If 'd' is 1, the result is stored back in register 'f'.

DECFSZ — **Decrement f, Skip if 0**

Syntax:	[*label*] DECFSZ f,d
Operands:	$0 \le f \le 127$ $d \in [0,1]$
Operation:	(f) - 1 → (destination); skip if result = 0
Status Affected:	None
Description:	The contents of register 'f' are decremented. If 'd' is 0, the result is placed in the W register. If 'd' is 1, the result is placed back in register 'f'. If the result is 1, the next instruction is executed. If the result is 0, then a NOP is executed instead, making it a 2TCY instruction.

GOTO — **Unconditional Branch**

Syntax:	[*label*] GOTO k
Operands:	$0 \le k \le 2047$
Operation:	k → PC<10:0> PCLATH<4:3> → PC<12:11>
Status Affected:	None
Description:	GOTO is an unconditional branch. The eleven-bit immediate value is loaded into PC bits <10:0>. The upper bits of PC are loaded from PCLATH<4:3>. GOTO is a two-cycle instruction.

INCF — **Increment f**

Syntax:	[*label*] INCF f,d
Operands:	$0 \le f \le 127$ $d \in [0,1]$
Operation:	(f) + 1 → (destination)
Status Affected:	Z
Description:	The contents of register 'f' are incremented. If 'd' is 0, the result is placed in the W register. If 'd' is 1, the result is placed back in register 'f'.

INCFSZ — **Increment f, Skip if 0**

Syntax:	[*label*] INCFSZ f,d
Operands:	$0 \le f \le 127$ $d \in [0,1]$
Operation:	(f) + 1 → (destination), skip if result = 0
Status Affected:	None
Description:	The contents of register 'f' are incremented. If 'd' is 0, the result is placed in the W register. If 'd' is 1, the result is placed back in register 'f'. If the result is 1, the next instruction is executed. If the result is 0, a NOP is executed instead, making it a 2TCY instruction.

IORLW — **Inclusive OR Literal with W**

Syntax:	[*label*] IORLW k
Operands:	$0 \le k \le 255$
Operation:	(W) .OR. k → (W)
Status Affected:	Z
Description:	The contents of the W register are OR'ed with the eight-bit literal 'k'. The result is placed in the W register.

IORWF — **Inclusive OR W with f**

Syntax:	[*label*] IORWF f,d
Operands:	$0 \le f \le 127$ $d \in [0,1]$
Operation:	(W) .OR. (f) → (destination)
Status Affected:	Z
Description:	Inclusive OR the W register with register 'f'. If 'd' is 0, the result is placed in the W register. If 'd' is 1, the result is placed back in register 'f'.

PIC16F84A

MOVF	Move f
Syntax:	[*label*] MOVF f,d
Operands:	$0 \le f \le 127$ $d \in [0,1]$
Operation:	(f) → (destination)
Status Affected:	Z
Description:	The contents of register f are moved to a destination dependant upon the status of d. If d = 0, destination is W register. If d = 1, the destination is file register f itself. d = 1 is useful to test a file register, since status flag Z is affected.

MOVLW	Move Literal to W
Syntax:	[*label*] MOVLW k
Operands:	$0 \le k \le 255$
Operation:	k → (W)
Status Affected:	None
Description:	The eight-bit literal 'k' is loaded into W register. The don't cares will assemble as 0's.

MOVWF	Move W to f
Syntax:	[*label*] MOVWF f
Operands:	$0 \le f \le 127$
Operation:	(W) → (f)
Status Affected:	None
Description:	Move data from W register to register 'f'.

NOP	No Operation
Syntax:	[*label*] NOP
Operands:	None
Operation:	No operation
Status Affected:	None
Description:	No operation.

RETFIE	Return from Interrupt
Syntax:	[*label*] RETFIE
Operands:	None
Operation:	TOS → PC, 1 → GIE
Status Affected:	None

RETLW	Return with Literal in W
Syntax:	[*label*] RETLW k
Operands:	$0 \le k \le 255$
Operation:	k → (W); TOS → PC
Status Affected:	None
Description:	The W register is loaded with the eight-bit literal 'k'. The program counter is loaded from the top of the stack (the return address). This is a two-cycle instruction.

RETURN	Return from Subroutine
Syntax:	[*label*] RETURN
Operands:	None
Operation:	TOS → PC
Status Affected:	None
Description:	Return from subroutine. The stack is POPed and the top of the stack (TOS) is loaded into the program counter. This is a two-cycle instruction.

RLF — Rotate Left f through Carry

Syntax:	[*label*] RLF f,d
Operands:	$0 \le f \le 127$ $d \in [0,1]$
Operation:	See description below
Status Affected:	C
Description:	The contents of register 'f' are rotated one bit to the left through the Carry Flag. If 'd' is 0, the result is placed in the W register. If 'd' is 1, the result is stored back in register 'f'.

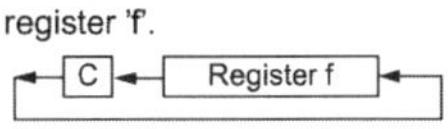

RRF — Rotate Right f through Carry

Syntax:	[*label*] RRF f,d
Operands:	$0 \le f \le 127$ $d \in [0,1]$
Operation:	See description below
Status Affected:	C
Description:	The contents of register 'f' are rotated one bit to the right through the Carry Flag. If 'd' is 0, the result is placed in the W register. If 'd' is 1, the result is placed back in register 'f'.

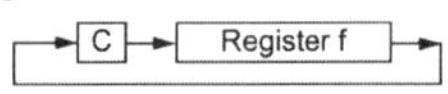

SLEEP

Syntax:	[*label*] SLEEP
Operands:	None
Operation:	00h → WDT, 0 → WDT prescaler, 1 → $\overline{TO}$, 0 → $\overline{PD}$
Status Affected:	$\overline{TO}$, $\overline{PD}$
Description:	The power-down status bit, $\overline{PD}$ is cleared. Time-out status bit, $\overline{TO}$ is set. Watchdog Timer and its prescaler are cleared. The processor is put into SLEEP mode with the oscillator stopped.

SUBLW — Subtract W from Literal

Syntax:	[*label*] SUBLW k
Operands:	$0 \le k \le 255$
Operation:	k - (W) → (W)
Status Affected:	C, DC, Z
Description:	The W register is subtracted (2's complement method) from the eight-bit literal 'k'. The result is placed in the W register.

SUBWF — Subtract W from f

Syntax:	[*label*] SUBWF f,d
Operands:	$0 \le f \le 127$ $d \in [0,1]$
Operation:	(f) - (W) → (destination)
Status Affected:	C, DC, Z
Description:	Subtract (2's complement method) W register from register 'f'. If 'd' is 0, the result is stored in the W register. If 'd' is 1, the result is stored back in register 'f'.

SWAPF — Swap Nibbles in f

Syntax:	[*label*] SWAPF f,d
Operands:	$0 \le f \le 127$ $d \in [0,1]$
Operation:	(f<3:0>) → (destination<7:4>), (f<7:4>) → (destination<3:0>)
Status Affected:	None
Description:	The upper and lower nibbles of register 'f' are exchanged. If 'd' is 0, the result is placed in W register. If 'd' is 1, the result is placed in register 'f'.

PIC16F84A

XORLW	Exclusive OR Literal with W
Syntax:	[*label*] XORLW k
Operands:	$0 \le k \le 255$
Operation:	(W) .XOR. k $\rightarrow$ (W)
Status Affected:	Z
Description:	The contents of the W register are XOR'ed with the eight-bit literal 'k'. The result is placed in the W register.

XORWF	Exclusive OR W with f
Syntax:	[*label*] XORWF f,d
Operands:	$0 \le f \le 127$ $d \in [0,1]$
Operation:	(W) .XOR. (f) $\rightarrow$ (destination)
Status Affected:	Z
Description:	Exclusive OR the contents of the W register with register 'f'. If 'd' is 0, the result is stored in the W register. If 'd' is 1, the result is stored back in register 'f'.

8.0 DEVELOPMENT SUPPORT

The PICmicro® microcontrollers are supported with a full range of hardware and software development tools:

- Integrated Development Environment
  - MPLAB® IDE Software
- Assemblers/Compilers/Linkers
  - MPASM™ Assembler
  - MPLAB C17 and MPLAB C18 C Compilers
  - MPLINK™ Object Linker/ MPLIB™ Object Librarian
- Simulators
  - MPLAB SIM Software Simulator
- Emulators
  - MPLAB ICE 2000 In-Circuit Emulator
  - ICEPIC™ In-Circuit Emulator
- In-Circuit Debugger
  - MPLAB ICD
- Device Programmers
  - PRO MATE® II Universal Device Programmer
  - PICSTART® Plus Entry-Level Development Programmer
- Low Cost Demonstration Boards
  - PICDEM™ 1 Demonstration Board
  - PICDEM 2 Demonstration Board
  - PICDEM 3 Demonstration Board
  - PICDEM 17 Demonstration Board
  - KEELOQ® Demonstration Board

8.1 MPLAB Integrated Development Environment Software

The MPLAB IDE software brings an ease of software development previously unseen in the 8-bit microcontroller market. The MPLAB IDE is a Windows®-based application that contains:

- An interface to debugging tools
  - simulator
  - programmer (sold separately)
  - emulator (sold separately)
  - in-circuit debugger (sold separately)
- A full-featured editor
- A project manager
- Customizable toolbar and key mapping
- A status bar
- On-line help

The MPLAB IDE allows you to:

- Edit your source files (either assembly or 'C')
- One touch assemble (or compile) and download to PICmicro emulator and simulator tools (automatically updates all project information)
- Debug using:
  - source files
  - absolute listing file
  - machine code

The ability to use MPLAB IDE with multiple debugging tools allows users to easily switch from the cost-effective simulator to a full-featured emulator with minimal retraining.

8.2 MPASM Assembler

The MPASM assembler is a full-featured universal macro assembler for all PICmicro MCU's.

The MPASM assembler has a command line interface and a Windows shell. It can be used as a stand-alone application on a Windows 3.x or greater system, or it can be used through MPLAB IDE. The MPASM assembler generates relocatable object files for the MPLINK object linker, Intel® standard HEX files, MAP files to detail memory usage and symbol reference, an absolute LST file that contains source lines and generated machine code, and a COD file for debugging.

The MPASM assembler features include:

- Integration into MPLAB IDE projects.
- User-defined macros to streamline assembly code.
- Conditional assembly for multi-purpose source files.
- Directives that allow complete control over the assembly process.

8.3 MPLAB C17 and MPLAB C18 C Compilers

The MPLAB C17 and MPLAB C18 Code Development Systems are complete ANSI 'C' compilers for Microchip's PIC17CXXX and PIC18CXXX family of microcontrollers, respectively. These compilers provide powerful integration capabilities and ease of use not found with other compilers.

For easier source level debugging, the compilers provide symbol information that is compatible with the MPLAB IDE memory display.

8.4 MPLINK Object Linker/ MPLIB Object Librarian

The MPLINK object linker combines relocatable objects created by the MPASM assembler and the MPLAB C17 and MPLAB C18 C compilers. It can also link relocatable objects from pre-compiled libraries, using directives from a linker script.

The MPLIB object librarian is a librarian for pre-compiled code to be used with the MPLINK object linker. When a routine from a library is called from another source file, only the modules that contain that routine will be linked in with the application. This allows large libraries to be used efficiently in many different applications. The MPLIB object librarian manages the creation and modification of library files.

The MPLINK object linker features include:

- Integration with MPASM assembler and MPLAB C17 and MPLAB C18 C compilers.
- Allows all memory areas to be defined as sections to provide link-time flexibility.

The MPLIB object librarian features include:

- Easier linking because single libraries can be included instead of many smaller files.
- Helps keep code maintainable by grouping related modules together.
- Allows libraries to be created and modules to be added, listed, replaced, deleted or extracted.

8.5 MPLAB SIM Software Simulator

The MPLAB SIM software simulator allows code development in a PC-hosted environment by simulating the PICmicro series microcontrollers on an instruction level. On any given instruction, the data areas can be examined or modified and stimuli can be applied from a file, or user-defined key press, to any of the pins. The execution can be performed in single step, execute until break, or trace mode.

The MPLAB SIM simulator fully supports symbolic debugging using the MPLAB C17 and the MPLAB C18 C compilers and the MPASM assembler. The software simulator offers the flexibility to develop and debug code outside of the laboratory environment, making it an excellent multi-project software development tool.

8.6 MPLAB ICE High Performance Universal In-Circuit Emulator with MPLAB IDE

The MPLAB ICE universal in-circuit emulator is intended to provide the product development engineer with a complete microcontroller design tool set for PICmicro microcontrollers (MCUs). Software control of the MPLAB ICE in-circuit emulator is provided by the MPLAB Integrated Development Environment (IDE), which allows editing, building, downloading and source debugging from a single environment.

The MPLAB ICE 2000 is a full-featured emulator system with enhanced trace, trigger and data monitoring features. Interchangeable processor modules allow the system to be easily reconfigured for emulation of different processors. The universal architecture of the MPLAB ICE in-circuit emulator allows expansion to support new PICmicro microcontrollers.

The MPLAB ICE in-circuit emulator system has been designed as a real-time emulation system, with advanced features that are generally found on more expensive development tools. The PC platform and Microsoft® Windows® environment were chosen to best make these features available to you, the end user.

8.7 ICEPIC In-Circuit Emulator

The ICEPIC low cost, in-circuit emulator is a solution for the Microchip Technology PIC16C5X, PIC16C6X, PIC16C7X and PIC16CXXX families of 8-bit One-Time-Programmable (OTP) microcontrollers. The modular system can support different subsets of PIC16C5X or PIC16CXXX products through the use of interchangeable personality modules, or daughter boards. The emulator is capable of emulating without target application circuitry being present.

8.8 MPLAB ICD In-Circuit Debugger

Microchip's In-Circuit Debugger, MPLAB ICD, is a powerful, low cost, run-time development tool. This tool is based on the FLASH PICmicro MCUs and can be used to develop for this and other PICmicro microcontrollers. The MPLAB ICD utilizes the in-circuit debugging capability built into the FLASH devices. This feature, along with Microchip's In-Circuit Serial Programming™ protocol, offers cost-effective in-circuit FLASH debugging from the graphical user interface of the MPLAB Integrated Development Environment. This enables a designer to develop and debug source code by watching variables, single-stepping and setting break points. Running at full speed enables testing hardware in real-time.

8.9 PRO MATE II Universal Device Programmer

The PRO MATE II universal device programmer is a full-featured programmer, capable of operating in stand-alone mode, as well as PC-hosted mode. The PRO MATE II device programmer is CE compliant.

The PRO MATE II device programmer has programmable VDD and VPP supplies, which allow it to verify programmed memory at VDD min and VDD max for maximum reliability. It has an LCD display for instructions and error messages, keys to enter commands and a modular detachable socket assembly to support various package types. In stand-alone mode, the PRO MATE II device programmer can read, verify, or program PICmicro devices. It can also set code protection in this mode.

8.10 PICSTART Plus Entry Level Development Programmer

The PICSTART Plus development programmer is an easy-to-use, low cost, prototype programmer. It connects to the PC via a COM (RS-232) port. MPLAB Integrated Development Environment software makes using the programmer simple and efficient.

The PICSTART Plus development programmer supports all PICmicro devices with up to 40 pins. Larger pin count devices, such as the PIC16C92X and PIC17C76X, may be supported with an adapter socket. The PICSTART Plus development programmer is CE compliant.

8.11 PICDEM 1 Low Cost PICmicro Demonstration Board

The PICDEM 1 demonstration board is a simple board which demonstrates the capabilities of several of Microchip's microcontrollers. The microcontrollers supported are: PIC16C5X (PIC16C54 to PIC16C58A), PIC16C61, PIC16C62X, PIC16C71, PIC16C8X, PIC17C42, PIC17C43 and PIC17C44. All necessary hardware and software is included to run basic demo programs. The user can program the sample microcontrollers provided with the PICDEM 1 demonstration board on a PRO MATE II device programmer, or a PICSTART Plus development programmer, and easily test firmware. The user can also connect the PICDEM 1 demonstration board to the MPLAB ICE in-circuit emulator and download the firmware to the emulator for testing. A prototype area is available for the user to build some additional hardware and connect it to the microcontroller socket(s). Some of the features include an RS-232 interface, a potentiometer for simulated analog input, push button switches and eight LEDs connected to PORTB.

8.12 PICDEM 2 Low Cost PIC16CXX Demonstration Board

The PICDEM 2 demonstration board is a simple demonstration board that supports the PIC16C62, PIC16C64, PIC16C65, PIC16C73 and PIC16C74 microcontrollers. All the necessary hardware and software is included to run the basic demonstration programs. The user can program the sample microcontrollers provided with the PICDEM 2 demonstration board on a PRO MATE II device programmer, or a PICSTART Plus development programmer, and easily test firmware. The MPLAB ICE in-circuit emulator may also be used with the PICDEM 2 demonstration board to test firmware. A prototype area has been provided to the user for adding additional hardware and connecting it to the microcontroller socket(s). Some of the features include a RS-232 interface, push button switches, a potentiometer for simulated analog input, a serial EEPROM to demonstrate usage of the I2CTM bus and separate headers for connection to an LCD module and a keypad.

PIC16F84A

8.13 PICDEM 3 Low Cost PIC16CXXX Demonstration Board

The PICDEM 3 demonstration board is a simple demonstration board that supports the PIC16C923 and PIC16C924 in the PLCC package. It will also support future 44-pin PLCC microcontrollers with an LCD Module. All the necessary hardware and software is included to run the basic demonstration programs. The user can program the sample microcontrollers provided with the PICDEM 3 demonstration board on a PRO MATE II device programmer, or a PICSTART Plus development programmer with an adapter socket, and easily test firmware. The MPLAB ICE in-circuit emulator may also be used with the PICDEM 3 demonstration board to test firmware. A prototype area has been provided to the user for adding hardware and connecting it to the microcontroller socket(s). Some of the features include a RS-232 interface, push button switches, a potentiometer for simulated analog input, a thermistor and separate headers for connection to an external LCD module and a keypad. Also provided on the PICDEM 3 demonstration board is a LCD panel, with 4 commons and 12 segments, that is capable of displaying time, temperature and day of the week. The PICDEM 3 demonstration board provides an additional RS-232 interface and Windows software for showing the demultiplexed LCD signals on a PC. A simple serial interface allows the user to construct a hardware demultiplexer for the LCD signals.

8.14 PICDEM 17 Demonstration Board

The PICDEM 17 demonstration board is an evaluation board that demonstrates the capabilities of several Microchip microcontrollers, including PIC17C752, PIC17C756A, PIC17C762 and PIC17C766. All necessary hardware is included to run basic demo programs, which are supplied on a 3.5-inch disk. A programmed sample is included and the user may erase it and program it with the other sample programs using the PRO MATE II device programmer, or the PICSTART Plus development programmer, and easily debug and test the sample code. In addition, the PICDEM 17 demonstration board supports downloading of programs to and executing out of external FLASH memory on board. The PICDEM 17 demonstration board is also usable with the MPLAB ICE in-circuit emulator, or the PICMASTER emulator and all of the sample programs can be run and modified using either emulator. Additionally, a generous prototype area is available for user hardware.

8.15 KEELOQ Evaluation and Programming Tools

KEELOQ evaluation and programming tools support Microchip's HCS Secure Data Products. The HCS evaluation kit includes a LCD display to show changing codes, a decoder to decode transmissions and a programming interface to program test transmitters.

PIC16F84A

TABLE 8-1: DEVELOPMENT TOOLS FROM MICROCHIP

		PIC12CXXX	PIC14000	PIC16C5X	PIC16C6X	PIC16CXXX	PIC16F62X	PIC16C7X	PIC16C7XX	PIC16C8X	PIC16F8XX	PIC16C9XX	PIC17C4X	PIC17C7XX	PIC18CXX2	PIC18FXXX	24CXX/ 25CXX/ 93CXX	HCSXXX	MCRFXXX	MCP2510
Software Tools	MPLAB® Integrated Development Environment	✓	✓	✓	✓	✓	✓	✓	✓	✓	✓	✓	✓	✓	✓	✓				
	MPLAB® C17 C Compiler												✓	✓						
	MPLAB® C18 C Compiler														✓	✓				
	MPASM™ Assembler/ MPLINK™ Object Linker	✓	✓	✓	✓	✓	✓	✓	✓	✓	✓	✓	✓	✓	✓	✓	✓	✓		
Emulators	MPLAB® ICE In-Circuit Emulator	✓	✓	✓	✓	✓	✓**	✓	✓	✓	✓	✓	✓	✓	✓	✓				
	ICEPIC™ In-Circuit Emulator	✓		✓	✓	✓		✓	✓	✓		✓								
Debugger	MPLAB® ICD In-Circuit Debugger				✓*			✓*			✓					✓				
Programmers	PICSTART® Plus Entry Level Development Programmer	✓	✓	✓	✓	✓	✓**	✓	✓	✓	✓	✓	✓	✓	✓	✓				
	PRO MATE® II Universal Device Programmer	✓	✓	✓	✓	✓	✓**	✓	✓	✓	✓	✓	✓	✓	✓	✓	✓	✓		
Demo Boards and Eval Kits	PICDEM™ 1 Demonstration Board			✓		✓		✓†		✓			✓							
	PICDEM™ 2 Demonstration Board				✓†			✓†							✓	✓				
	PICDEM™ 3 Demonstration Board											✓								
	PICDEM™ 14A Demonstration Board		✓																	
	PICDEM™ 17 Demonstration Board													✓						
	KEELOQ® Evaluation Kit																	✓		
	KEELOQ® Transponder Kit																	✓		
	microID™ Programmer's Kit																		✓	
	125 kHz microID™ Developer's Kit																		✓	
	125 kHz Anticollision microID™ Developer's Kit																		✓	
	13.56 MHz Anticollision microID™ Developer's Kit																		✓	
	MCP2510 CAN Developer's Kit																			✓

* Contact the Microchip Technology Inc. web site at www.microchip.com for information on how to use the MPLAB® ICD In-Circuit Debugger (DV164001) with PIC16C62, 63, 64, 65, 72, 73, 74, 76, 77.
** Contact Microchip Technology Inc. for availability date.
† Development tool is available on select devices.

PIC16F84A

NOTES:

9.0 ELECTRICAL CHARACTERISTICS

Absolute Maximum Ratings †

Ambient temperature under bias .... -55°C to +125°C
Storage temperature .... -65°C to +150°C
Voltage on any pin with respect to VSS (except VDD, $\overline{MCLR}$, and RA4) .... -0.3V to (VDD + 0.3V)
Voltage on VDD with respect to VSS .... -0.3 to +7.5V
Voltage on $\overline{MCLR}$ with respect to VSS[1] .... -0.3 to +14V
Voltage on RA4 with respect to VSS .... -0.3 to +8.5V
Total power dissipation[2] .... 800 mW
Maximum current out of VSS pin .... 150 mA
Maximum current into VDD pin .... 100 mA
Input clamp current, IIK (VI < 0 or VI > VDD) .... ± 20 mA
Output clamp current, IOK (VO < 0 or VO > VDD) .... ± 20 mA
Maximum output current sunk by any I/O pin .... 25 mA
Maximum output current sourced by any I/O pin .... 25 mA
Maximum current sunk by PORTA .... 80 mA
Maximum current sourced by PORTA .... 50 mA
Maximum current sunk by PORTB .... 150 mA
Maximum current sourced by PORTB .... 100 mA

Note 1: Voltage spikes below VSS at the $\overline{MCLR}$ pin, inducing currents greater than 80 mA, may cause latch-up. Thus, a series resistor of 50-100Ω should be used when applying a "low" level to the $\overline{MCLR}$ pin rather than pulling this pin directly to VSS.

2: Power dissipation is calculated as follows: Pdis = VDD x {IDD - Σ IOH} + Σ {(VDD-VOH) x IOH} + Σ(VOl x IOL).

† NOTICE: Stresses above those listed under "Absolute Maximum Ratings" may cause permanent damage to the device. This is a stress rating only and functional operation of the device at those or any other conditions above those indicated in the operation listings of this specification is not implied. Exposure to maximum rating conditions for extended periods may affect device reliability.

PIC16F84A

FIGURE 9-1: PIC16F84A-20 VOLTAGE-FREQUENCY GRAPH

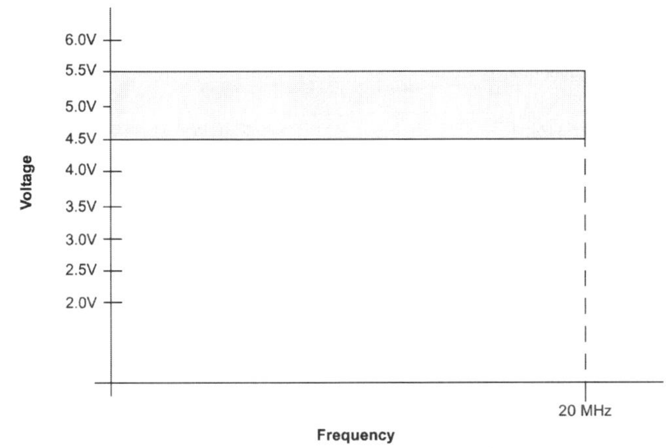

FIGURE 9-2: PIC16LF84A-04 VOLTAGE-FREQUENCY GRAPH

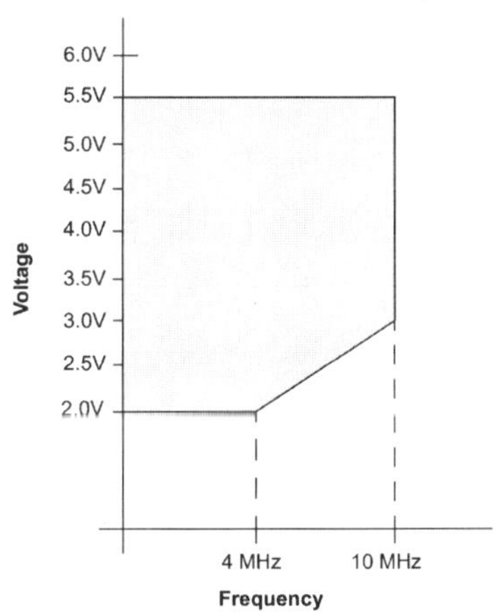

FMAX = (6.0 MHz/V) (VDDAPPMIN - 2.0V) + 4 MHz

Note 1: VDDAPPMIN is the minimum voltage of the PICmicro® device in the application.

2: FMAX has a maximum frequency of 10 MHz.

FIGURE 9-3: PIC16F84A-04 VOLTAGE-FREQUENCY GRAPH

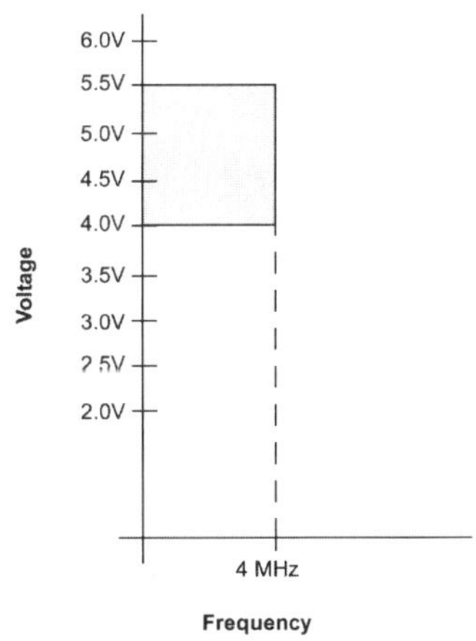

9.1 DC Characteristics

PIC16LF84A-04 (Commercial, Industrial)	**Standard Operating Conditions (unless otherwise stated)** Operating temperature 0°C ≤ TA ≤ +70°C (commercial) -40°C ≤ TA ≤ +85°C (industrial) -40°C ≤ TA ≤ +125°C (extended)
PIC16F84A-04 (Commercial, Industrial, Extended) **PIC16F84A-20** (Commercial, Industrial, Extended)	**Standard Operating Conditions (unless otherwise stated)** Operating temperature 0°C ≤ TA ≤ +70°C (commercial) -40°C ≤ TA ≤ +85°C (industrial) -40°C ≤ TA ≤ +125°C (extended)

Param No.	Symbol	Characteristic	Min	Typ†	Max	Units	Conditions
	VDD	**Supply Voltage**					
D001		16LF84A	2.0	—	5.5	V	XT, RC, and LP osc configuration
D001 D001A		16F84A	4.0 4.5	— —	5.5 5.5	V V	XT, RC and LP osc configuration HS osc configuration
D002	VDR	**RAM Data Retention Voltage (Note 1)**	1.5	—	—	V	Device in SLEEP mode
D003	VPOR	**VDD Start Voltage** to ensure internal Power-on Reset signal	—	Vss	—	V	See section on Power-on Reset for details
D004	SVDD	**VDD Rise Rate** to ensure internal Power-on Reset signal	0.05	—	—	V/ms	
	IDD	**Supply Current (Note 2)**					
D010		16LF84A	—	1	4	mA	RC and XT osc configuration **(Note 4)** FOSC = 2.0 MHz, VDD = 5.5V
D010		16F84A	—	1.8	4.5	mA	RC and XT osc configuration **(Note 4)** FOSC = 4.0 MHz, VDD = 5.5V
D010A			—	3	10	mA	RC and XT osc configuration **(Note 4)** FOSC = 4.0 MHz, VDD = 5.5V (During FLASH programming)
D013			—	10	20	mA	HS osc configuration (PIC16F84A-20) FOSC = 20 MHz, VDD = 5.5V
D014		16LF84A	—	15	45	μA	LP osc configuration FOSC = 32 kHz, VDD = 2.0V, WDT disabled

Legend: Rows with standard voltage device data only are shaded for improved readability.

† Data in "Typ" column is at 5.0V, 25°C unless otherwise stated. These parameters are for design guidance only and are not tested.

NR Not rated for operation.

Note 1: This is the limit to which VDD can be lowered without losing RAM data.

2: The supply current is mainly a function of the operating voltage and frequency. Other factors, such as I/O pin loading and switching rate, oscillator type, internal code execution pattern, and temperature also have an impact on the current consumption.
The test conditions for all IDD measurements in active operation mode are:
OSC1 = external square wave, from rail-to-rail; all I/O pins tri-stated, pulled to VDD,
T0CKI = VDD, $\overline{MCLR}$ = VDD; WDT enabled/disabled as specified.

3: The power-down current in SLEEP mode does not depend on the oscillator type. Power-down current is measured with the part in SLEEP mode, with all I/O pins in hi-impedance state and tied to VDD and VSS.

4: For RC osc configuration, current through REXT is not included. The current through the resistor can be estimated by the formula IR = VDD/2REXT (mA) with REXT in kOhm.

5: The Δ current is the additional current consumed when this peripheral is enabled. This current should be added to the base IDD measurement.

PIC16F84A

9.1 DC Characteristics (Continued)

PIC16LF84A-04 (Commercial, Industrial)							**Standard Operating Conditions (unless otherwise stated)** Operating temperature 0°C $\le T_A \le$ +70°C (commercial) -40°C $\le T_A \le$ +85°C (industrial) -40°C $\le T_A \le$ +125°C (extended)
PIC16F84A-04 (Commercial, Industrial, Extended) **PIC16F84A-20** (Commercial, Industrial, Extended)							**Standard Operating Conditions (unless otherwise stated)** Operating temperature 0°C $\le T_A \le$ +70°C (commercial) -40°C $\le T_A \le$ +85°C (industrial) -40°C $\le T_A \le$ +125°C (extended)
Param No.	**Symbol**	**Characteristic**	**Min**	**Typ†**	**Max**	**Units**	**Conditions**
	I_{PD}	**Power-down Current (Note 3)**					
D020		16LF84A					
D020		16F84A-20 16F84A-04					
D021A		16LF84A	—	0.4	1.0	μA	V_{DD} = 2.0V, WDT disabled, industrial
D021A		16F84A-20 16F84A-04	— —	1.5 1.0	3.5 3.0	μA μA	V_{DD} = 4.5V, WDT disabled, industrial V_{DD} = 4.0V, WDT disabled, industrial
D021B		16F84A-20 16F84A-04	— —	1.5 1.0	5.5 5.0	μA μA	V_{DD} = 4.5V, WDT disabled, extended V_{DD} = 4.0V, WDT disabled, extended
		Module Differential Current (Note 5)					
D022	ΔI_{WDT}	Watchdog Timer	— — — — —	.20 3.5 3.5 4.8 4.8	16 20 28 25 30	μA μA μA μA μA	V_{DD} = 2.0V, Industrial, Commercial V_{DD} = 4.0V, Commercial V_{DD} = 4.0V, Industrial, Extended V_{DD} = 4.5V, Commercial V_{DD} = 4.5V, Industrial, Extended

Legend: Rows with standard voltage device data only are shaded for improved readability.

† Data in "Typ" column is at 5.0V, 25°C unless otherwise stated. These parameters are for design guidance only and are not tested.

NR Not rated for operation.

Note 1: This is the limit to which V_{DD} can be lowered without losing RAM data.

2: The supply current is mainly a function of the operating voltage and frequency. Other factors, such as I/O pin loading and switching rate, oscillator type, internal code execution pattern, and temperature also have an impact on the current consumption.
The test conditions for all I_{DD} measurements in active operation mode are:
OSC1 = external square wave, from rail-to-rail; all I/O pins tri-stated, pulled to V_{DD},
T0CKI = V_{DD}, $\overline{MCLR}$ = V_{DD}; WDT enabled/disabled as specified.

3: The power-down current in SLEEP mode does not depend on the oscillator type. Power-down current is measured with the part in SLEEP mode, with all I/O pins in hi-impedance state and tied to V_{DD} and V_{SS}.

4: For RC osc configuration, current through R_{EXT} is not included. The current through the resistor can be estimated by the formula $I_R = V_{DD}/2R_{EXT}$ (mA) with R_{EXT} in kOhm.

5: The Δ current is the additional current consumed when this peripheral is enabled. This current should be added to the base I_{DD} measurement.

9.2 DC Characteristics: PIC16F84A-04 (Commercial, Industrial) PIC16F84A-20 (Commercial, Industrial) PIC16LF84A-04 (Commercial, Industrial)

DC Characteristics All Pins Except Power Supply Pins			**Standard Operating Conditions (unless otherwise stated)** Operating temperature 0°C ≤ TA ≤ +70°C (commercial) -40°C ≤ TA ≤ +85°C (industrial) Operating voltage VDD range as described in DC specifications (Section 9.1)				
Param No.	**Symbol**	**Characteristic**	**Min**	**Typ†**	**Max**	**Units**	**Conditions**
	VIL	**Input Low Voltage**					
		I/O ports:					
D030		with TTL buffer	VSS	—	0.8	V	4.5V ≤ VDD ≤ 5.5V **(Note 4)**
D030A			VSS	—	0.16VDD	V	Entire range **(Note 4)**
D031		with Schmitt Trigger buffer	VSS	—	0.2VDD	V	Entire range
D032		$\overline{\text{MCLR}}$, RA4/T0CKI	VSS	—	0.2VDD	V	
D033		OSC1 (XT, HS and LP modes)	VSS	—	0.3VDD	V	**(Note 1)**
D034		OSC1 (RC mode)	VSS	—	0.1VDD	V	
	VIH	**Input High Voltage**					
		I/O ports:		—			
D040		with TTL buffer	2.0	—	VDD	V	4.5V ≤ VDD ≤ 5.5V **(Note 4)**
D040A			0.25VDD+0.8	—	VDD	V	Entire range **(Note 4)**
D041		with Schmitt Trigger buffer	0.8 VDD	—	VDD		Entire range
D042		$\overline{\text{MCLR}}$,	0.8 VDD	—	VDD	V	
D042A		RA4/T0CKI	0.8 VDD	—	8.5	V	
D043		OSC1 (XT, HS and LP modes)	0.8 VDD	—	VDD	V	**(Note 1)**
D043A		OSC1 (RC mode)	0.9 VDD		VDD	V	
D050	VHYS	**Hysteresis of Schmitt Trigger Inputs**	—	0.1	—	V	
D070	IPURB	**PORTB Weak Pull-up Current**	50	250	400	μA	VDD = 5.0V, VPIN = VSS
	IIL	**Input Leakage Current (Notes 2, 3)**					
D060		I/O ports	—	—	±1	μA	VSS ≤ VPIN ≤ VDD, Pin at hi-impedance
D061		$\overline{\text{MCLR}}$, RA4/T0CKI	—	—	±5	μA	VSS ≤ VPIN ≤ VDD
D063		OSC1	—	—	±5	μA	VSS ≤ VPIN ≤ VDD, XT, HS and LP osc configuration

† Data in "Typ" column is at 5.0V, 25°C unless otherwise stated. These parameters are for design guidance only and are not tested.

Note 1: In RC oscillator configuration, the OSC1 pin is a Schmitt Trigger input. Do not drive the PIC16F84A with an external clock while the device is in RC mode, or chip damage may result.

2: The leakage current on the $\overline{\text{MCLR}}$ pin is strongly dependent on the applied voltage level. The specified levels represent normal operating conditions. Higher leakage current may be measured at different input voltages.

3: Negative current is defined as coming out of the pin.

4: The user may choose the better of the two specs.

PIC16F84A

9.2 DC Characteristics: PIC16F84A-04 (Commercial, Industrial) PIC16F84A-20 (Commercial, Industrial) PIC16LF84A-04 (Commercial, Industrial) (Continued)

DC Characteristics **All Pins Except Power Supply Pins**			**Standard Operating Conditions (unless otherwise stated)** Operating temperature 0°C ≤ TA ≤ +70°C (commercial) -40°C ≤ TA ≤ +85°C (industrial) Operating voltage VDD range as described in DC specifications (Section 9.1)				
Param No.	**Symbol**	**Characteristic**	**Min**	**Typ†**	**Max**	**Units**	**Conditions**
	VOL	**Output Low Voltage**					
D080		I/O ports	—	—	0.6	V	IOL = 8.5 mA, VDD = 4.5V
D083		OSC2/CLKOUT	—	—	0.6	V	IOL = 1.6 mA, VDD = 4.5V, (RC mode only)
	VOH	**Output High Voltage**					
D090		I/O ports **(Note 3)**	VDD-0.7	—	—	V	IOH = -3.0 mA, VDD = 4.5V
D092		OSC2/CLKOUT **(Note 3)**	VDD-0.7	—	—	V	IOH = -1.3 mA, VDD = 4.5V (RC mode only)
	VOD	**Open Drain High Voltage**					
D150		RA4 pin	—	—	8.5	V	
		Capacitive Loading Specs on Output Pins					
D100	COSC2	OSC2 pin	—	—	15	pF	In XT, HS and LP modes when external clock is used to drive OSC1
D101	CIO	All I/O pins and OSC2 (RC mode)	—	—	50	pF	
		Data EEPROM Memory					
D120	ED	Endurance	1M	10M	—	E/W	25°C at 5V
D121	VDRW	VDD for read/write	VMIN	—	5.5	V	VMIN = Minimum operating voltage
D122	TDEW	Erase/Write cycle time	—	4	8	ms	
		Program FLASH Memory					
D130	EP	Endurance	1000	10K	—	E/W	
D131	VPR	VDD for read	VMIN	—	5.5	V	VMIN = Minimum operating voltage
D132	VPEW	VDD for erase/write	4.5	—	5.5	V	
D133	TPEW	Erase/Write cycle time	—	4	8	ms	

† Data in "Typ" column is at 5.0V, 25°C unless otherwise stated. These parameters are for design guidance only and are not tested.

Note 1: In RC oscillator configuration, the OSC1 pin is a Schmitt Trigger input. Do not drive the PIC16F84A with an external clock while the device is in RC mode, or chip damage may result.

2: The leakage current on the $\overline{MCLR}$ pin is strongly dependent on the applied voltage level. The specified levels represent normal operating conditions. Higher leakage current may be measured at different input voltages.

3: Negative current is defined as coming out of the pin.

4: The user may choose the better of the two specs.

9.3 AC (Timing) Characteristics

9.3.1 TIMING PARAMETER SYMBOLOGY

The timing parameter symbols have been created following one of the following formats:

1. TppS2ppS
2. TppS

T			
F	Frequency	T	Time
Lowercase letters (pp) and their meanings:			
pp			
2	to	os, osc	OSC1
ck	CLKOUT	ost	oscillator start-up timer
cy	cycle time	pwrt	power-up timer
io	I/O port	rbt	RBx pins
inp	INT pin	t0	T0CKI
mp	$\overline{\text{MCLR}}$	wdt	watchdog timer
Uppercase letters and their meanings:			
S			
F	Fall	P	Period
H	High	R	Rise
I	Invalid (high impedance)	V	Valid
L	Low	Z	High Impedance

PIC16F84A

9.3.2 TIMING CONDITIONS

The temperature and voltages specified in Table 9-1 apply to all timing specifications unless otherwise noted. All timings are measured between high and low measurement points as indicated in Figure 9-4. Figure 9-5 specifies the load conditions for the timing specifications.

TABLE 9-1: TEMPERATURE AND VOLTAGE SPECIFICATIONS - AC

AC CHARACTERISTICS	**Standard Operating Conditions (unless otherwise stated)** Operating temperature 0°C ≤ TA ≤ +70°C for commercial -40°C ≤ TA ≤ +85°C for industrial Operating voltage VDD range as described in DC specifications (Section 9.1)

FIGURE 9-4: PARAMETER MEASUREMENT INFORMATION

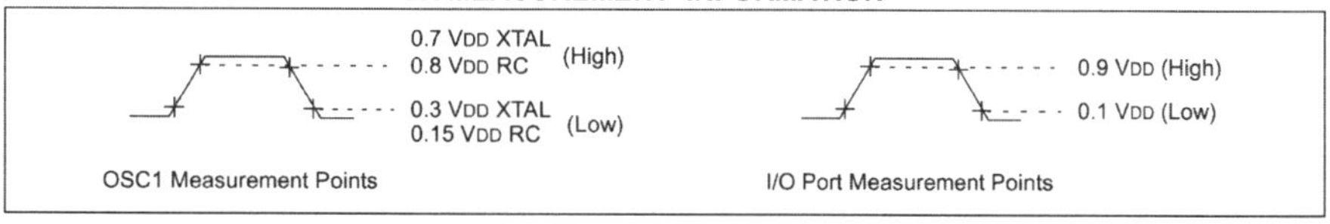

FIGURE 9-5: LOAD CONDITIONS

RL = 464Ω

CL = 50 pF for all pins except OSC2

15 pF for OSC2 output

9.3.3 TIMING DIAGRAMS AND SPECIFICATIONS

FIGURE 9-6: EXTERNAL CLOCK TIMING

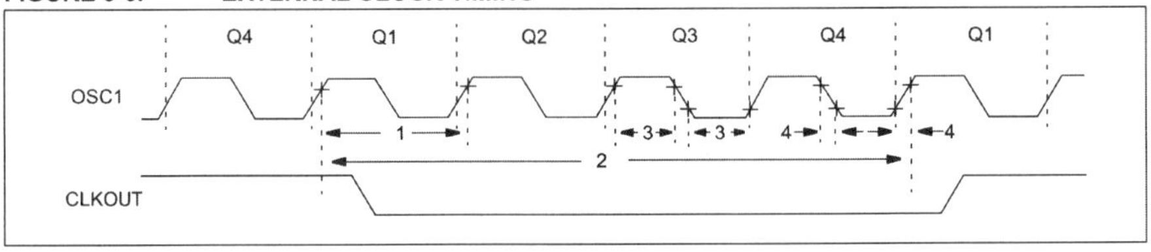

TABLE 9-2: EXTERNAL CLOCK TIMING REQUIREMENTS

Param No.	Sym	Characteristic	Min	Typ†	Max	Units	Conditions
	FOSC	**External CLKIN Frequency(1)**	DC	—	2	MHz	XT, RC osc (-04, LF)
			DC	—	4	MHz	XT, RC osc (-04)
			DC	—	20	MHz	HS osc (-20)
			DC	—	200	kHz	LP osc (-04, LF)
		Oscillator Frequency(1)	DC	—	2	MHz	RC osc (-04, LF)
			DC	—	4	MHz	RC osc (-04)
			0.1	—	2	MHz	XT osc (-04, LF)
			0.1	—	4	MHz	XT osc (-04)
			1.0	—	20	MHz	HS osc (-20)
			DC	—	200	kHz	LP osc (-04, LF)
1	TOSC	**External CLKIN Period(1)**	500	—	—	ns	XT, RC osc (-04, LF)
			250	—	—	ns	XT, RC osc (-04)
			50	—	—	ns	HS osc (-20)
			5.0	—	—	μs	LP osc (-04, LF)
		Oscillator Period(1)	500	—	—	ns	RC osc (-04, LF)
			250	—	—	ns	RC osc (-04)
			500	—	10,000	ns	XT osc (-04, LF)
			250	—	10,000	ns	XT osc (-04)
			50	—	1,000	ns	HS osc (-20)
			5.0	—	—	μs	LP osc (-04, LF)
2	TCY	**Instruction Cycle Time(1)**	0.2	4/FOSC	DC	μs	
3	TosL, TosH	**Clock in (OSC1) High or Low Time**	60	—	—	ns	XT osc (-04, LF)
			50	—	—	ns	XT osc (-04)
			2.0	—	—	μs	LP osc (-04, LF)
			17.5	—	—	ns	HS osc (-20)
4	TosR, TosF	**Clock in (OSC1) Rise or Fall Time**	25	—	—	ns	XT osc (-04)
			50	—	—	ns	LP osc (-04, LF)
			7.5	—	—	ns	HS osc (-20)

† Data in "Typ" column is at 5.0V, 25°C unless otherwise stated. These parameters are for design guidance only and are not tested.

Note 1: Instruction cycle period (TCY) equals four times the input oscillator time-base period. All specified values are based on characterization data for that particular oscillator type under standard operating conditions with the device executing code. Exceeding these specified limits may result in an unstable oscillator operation and/or higher than expected current consumption. All devices are tested to operate at "Min." values with an external clock applied to the OSC1 pin.
When an external clock input is used, the "Max." cycle time limit is "DC" (no clock) for all devices.

PIC16F84A

FIGURE 9-7: CLKOUT AND I/O TIMING

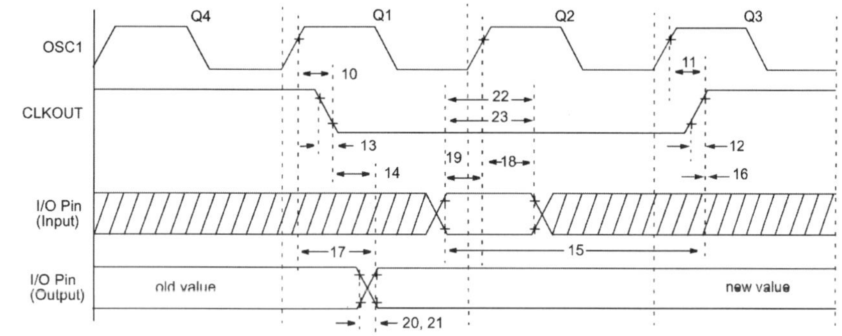

Note: All tests must be done with specified capacitive loads (Figure 9-5) 50 pF on I/O pins and CLKOUT.

TABLE 9-3: CLKOUT AND I/O TIMING REQUIREMENTS

Param No.	Sym	Characteristic		Min	Typ†	Max	Units	Conditions
10	TosH2ckL	OSC1↑ to CLKOUT↓	Standard	—	15	30	ns	**(Note 1)**
10A			Extended (LF)	—	15	120	ns	**(Note 1)**
11	TosH2ckH	OSC1↑ to CLKOUT↑	Standard	—	15	30	ns	**(Note 1)**
11A			Extended (LF)	—	15	120	ns	**(Note 1)**
12	TckR	CLKOUT rise time	Standard	—	15	30	ns	**(Note 1)**
12A			Extended (LF)	—	15	100	ns	**(Note 1)**
13	TckF	CLKOUT fall time	Standard	—	15	30	ns	**(Note 1)**
13A			Extended (LF)	—	15	100	ns	**(Note 1)**
14	TckL2ioV	CLKOUT ↓ to Port out valid		—	—	0.5TCY +20	ns	**(Note 1)**
15	TioV2ckH	Port in valid before CLKOUT ↑	Standard	0.30TCY + 30	—	—	ns	**(Note 1)**
			Extended (LF)	0.30TCY + 80	—	—	ns	**(Note 1)**
16	TckH2ioI	Port in hold after CLKOUT ↑		0	—	—	ns	**(Note 1)**
17	TosH2ioV	OSC1↑ (Q1 cycle) to Port out valid	Standard	—	—	125	ns	
			Extended (LF)	—	—	250	ns	
18	TosH2ioI	OSC1↑ (Q2 cycle) to Port input invalid (I/O in hold time)	Standard	10	—	—	ns	
			Extended (LF)	10	—	—	ns	
19	TioV2osH	Port input valid to OSC1↑ (I/O in setup time)	Standard	-75	—	—	ns	
			Extended (LF)	-175	—	—	ns	
20	TioR	Port output rise time	Standard	—	10	35	ns	
20A			Extended (LF)	—	10	70	ns	
21	TioF	Port output fall time	Standard	—	10	35	ns	
21A			Extended (LF)	—	10	70	ns	
22	TINP	INT pin high or low time	Standard	20	—	—	ns	
22A			Extended (LF)	55	—	—	ns	
23	TRBP	RB7:RB4 change INT high or low time	Standard	TOSC§	—	—	ns	
23A			Extended (LF)	TOSC§	—	—	ns	

† Data in "Typ" column is at 5.0V, 25°C unless otherwise stated. These parameters are for design guidance only and are not tested.
§ By design.
Note 1: Measurements are taken in RC mode where CLKOUT output is 4 x TOSC.

FIGURE 9-8: RESET, WATCHDOG TIMER, OSCILLATOR START-UP TIMER AND POWER-UP TIMER TIMING

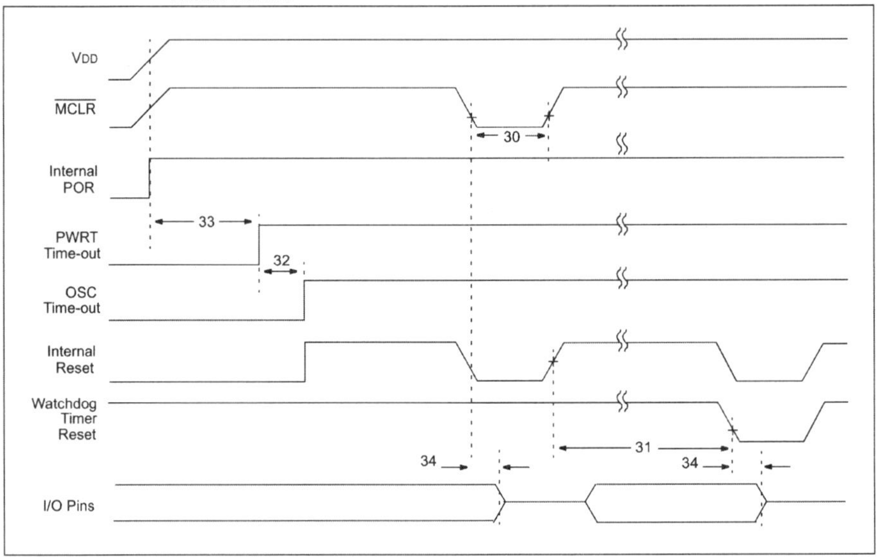

TABLE 9-4: RESET, WATCHDOG TIMER, OSCILLATOR START-UP TIMER AND POWER-UP TIMER REQUIREMENTS

Parameter No.	Sym	Characteristic	Min	Typ†	Max	Units	Conditions
30	TmcL	$\overline{MCLR}$ Pulse Width (low)	2	—	—	μs	VDD = 5.0V
31	TWDT	Watchdog Timer Time-out Period (No Prescaler)	7	18	33	ms	VDD = 5.0V
32	TOST	Oscillation Start-up Timer Period		1024TOSC		ms	TOSC = OSC1 period
33	TPWRT	Power-up Timer Period	28	72	132	ms	VDD = 5.0V
34	TIOZ	I/O hi-impedance from $\overline{MCLR}$ Low or RESET	—	—	100	ns	

† Data in "Typ" column is at 5V, 25°C, unless otherwise stated. These parameters are for design guidance only and are not tested.

PIC16F84A

FIGURE 9-9: TIMER0 CLOCK TIMINGS

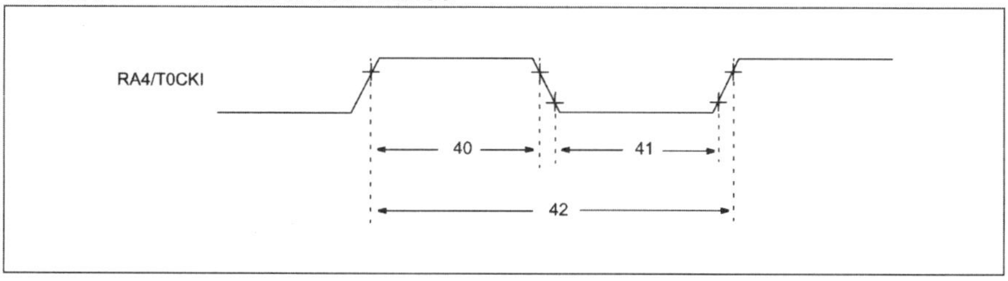

TABLE 9-5: TIMER0 CLOCK REQUIREMENTS

Parameter No.	Sym	Characteristic		Min	Typ†	Max	Units	Conditions
40	Tt0H	T0CKI High Pulse Width	No Prescaler	0.5TCY + 20	—	—	ns	
			With Prescaler	50	—	—	ns	2.0V ≤ VDD ≤ 3.0V
				30	—	—	ns	3.0V ≤ VDD ≤ 6.0V
41	Tt0L	T0CKI Low Pulse Width	No Prescaler	0.5TCY + 20	—	—	ns	
			With Prescaler	50	—	—	ns	2.0V ≤ VDD ≤ 3.0V
				20	—	—	ns	3.0V ≤ VDD ≤ 6.0V
42	Tt0P	T0CKI Period		$\frac{T_{CY} + 40}{N}$	—	—	ns	N = prescale value (2, 4, ..., 256)

† Data in "Typ" column is at 5.0V, 25°C, unless otherwise stated. These parameters are for design guidance only and are not tested.

10.0 DC/AC CHARACTERISTIC GRAPHS

The graphs provided in this section are for **design guidance** and are **not tested**.

In some graphs, the data presented are **outside specified operating range** (i.e., outside specified VDD range). This is for **information only** and devices are ensured to operate properly only within the specified range.

The data presented in this section is a **statistical summary** of data collected on units from different lots over a period of time and matrix samples. 'Typical' represents the mean of the distribution at 25°C. 'Max' or 'Min' represents (mean + 3σ) or (mean - 3σ), respectively, where σ is a standard deviation over the whole temperature range.

PIC16F84A

FIGURE 10-1: TYPICAL IDD vs. FOSC OVER VDD (HS MODE, 25°C)

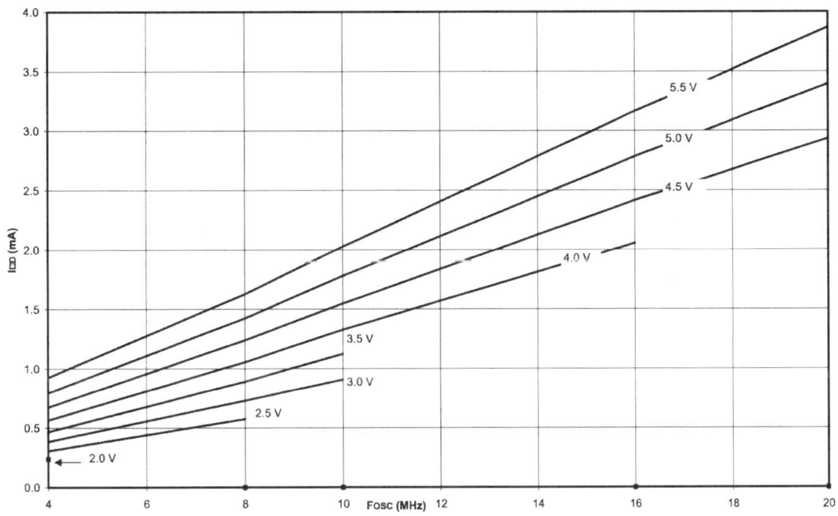

FIGURE 10-2: MAXIMUM IDD vs. FOSC OVER VDD (HS MODE, -40° TO +125°C)

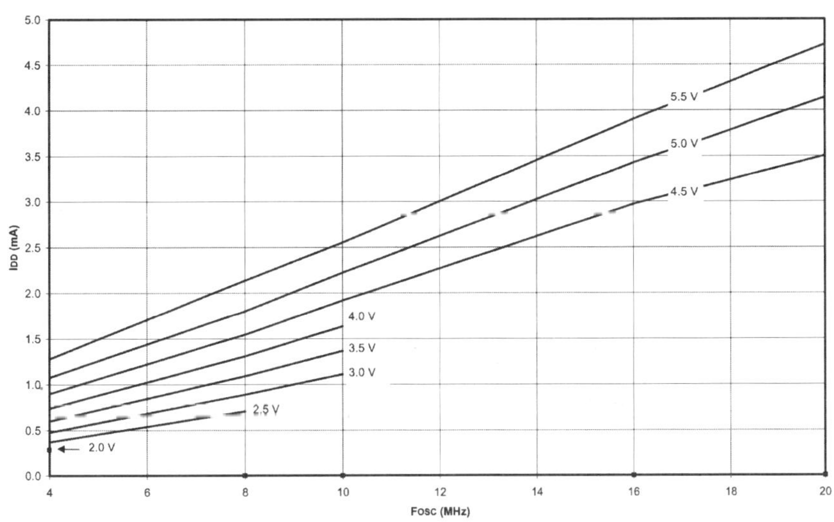

PIC16F84A

FIGURE 10-3: TYPICAL IDD vs. FOSC OVER VDD (XT MODE, 25°C)

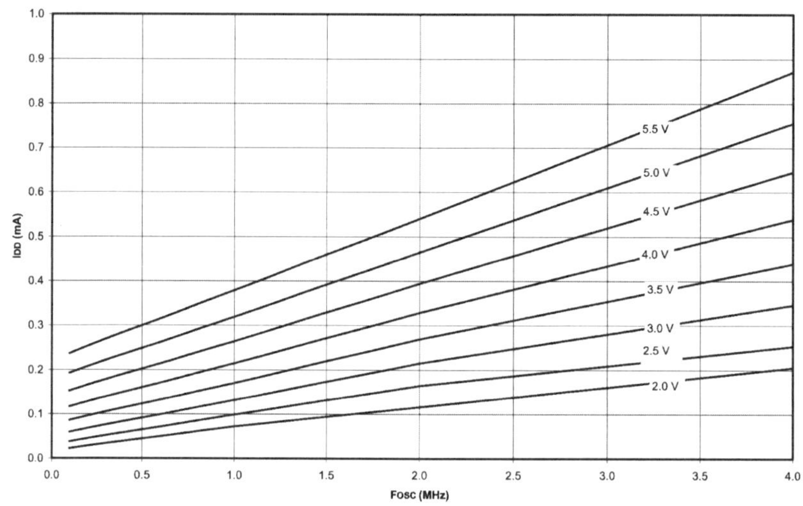

FIGURE 10-4: MAXIMUM IDD vs. FOSC OVER VDD (XT MODE, -40° TO +125°C)

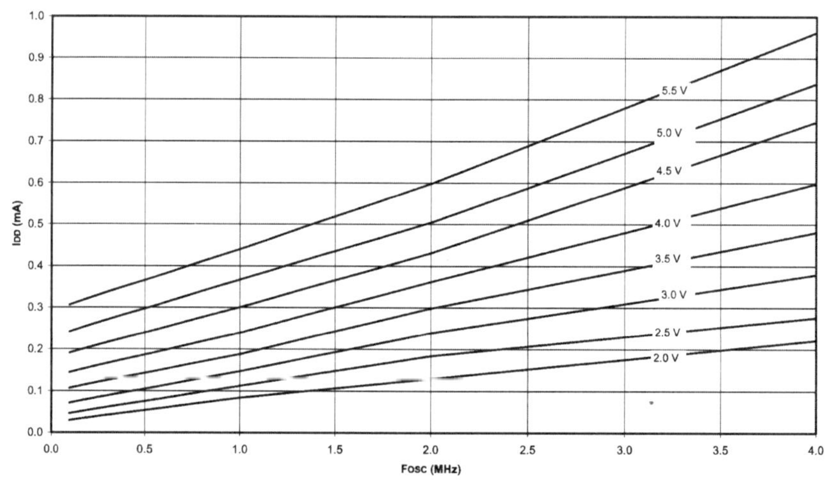

PIC16F84A

FIGURE 10-5: TYPICAL IDD vs. FOSC OVER VDD (LP MODE, 25°C)

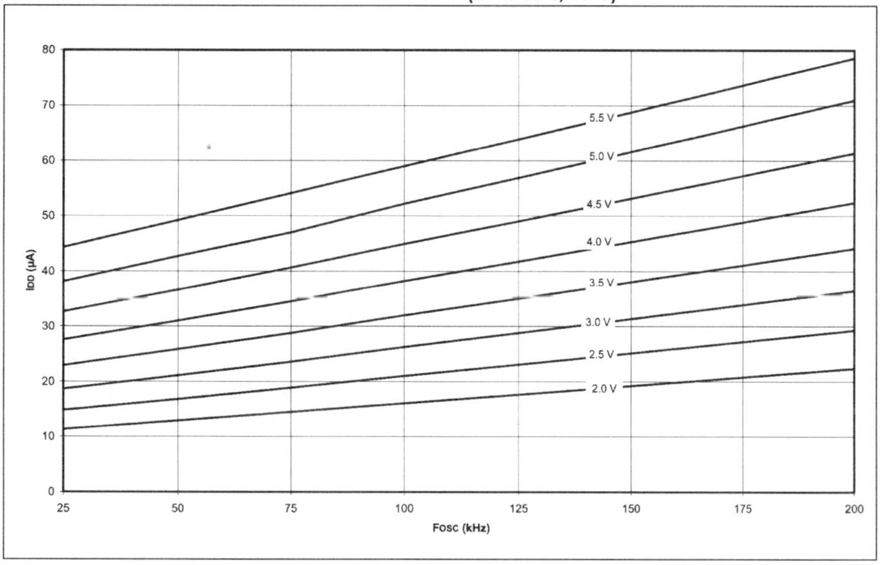

FIGURE 10-6: MAXIMUM IDD vs. FOSC OVER VDD (LP MODE, -40° TO +125°C)

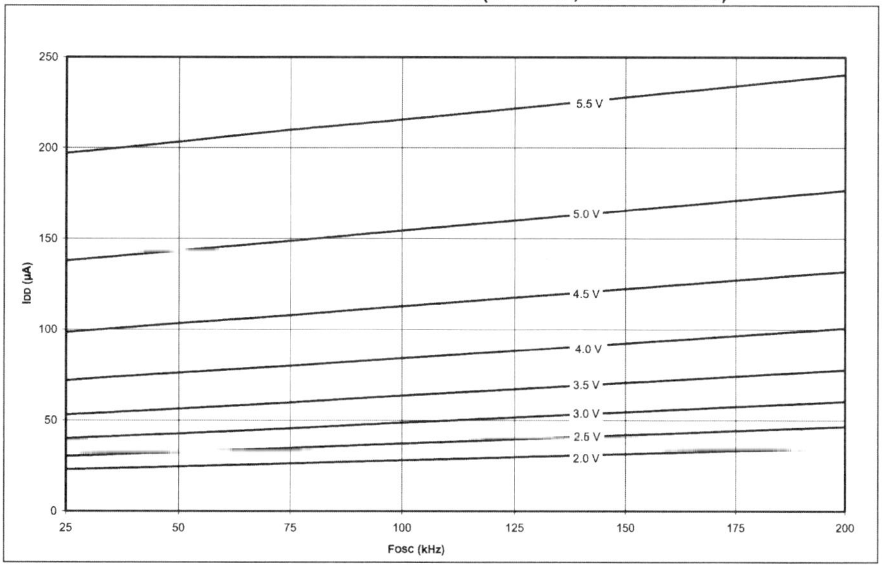

PIC16F84A

FIGURE 10-7: AVERAGE FOSC vs. VDD FOR R (RC MODE, C = 22 pF, 25°C)

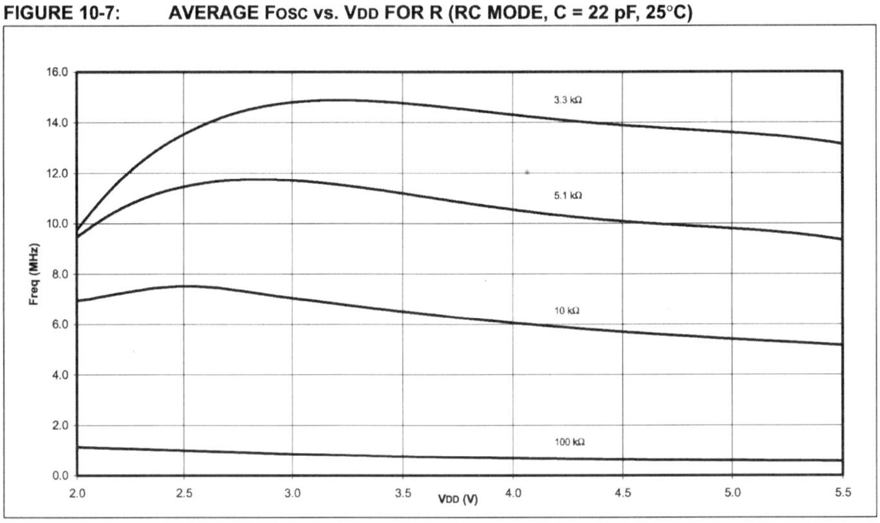

FIGURE 10-8: AVERAGE FOSC vs. VDD FOR R (RC MODE, C = 100 pF, 25°C)

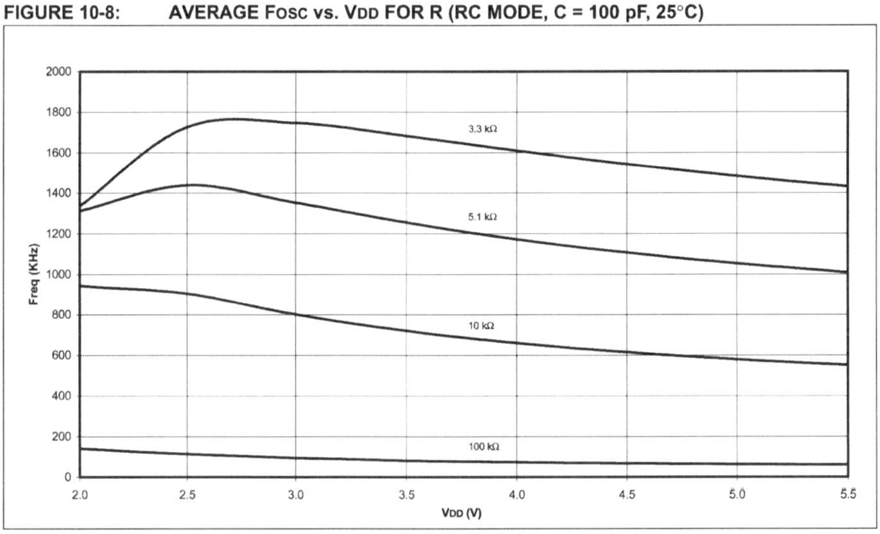

PIC16F84A

FIGURE 10-9: AVERAGE FOSC vs. VDD FOR R (RC MODE, C = 300 pF, 25°C)

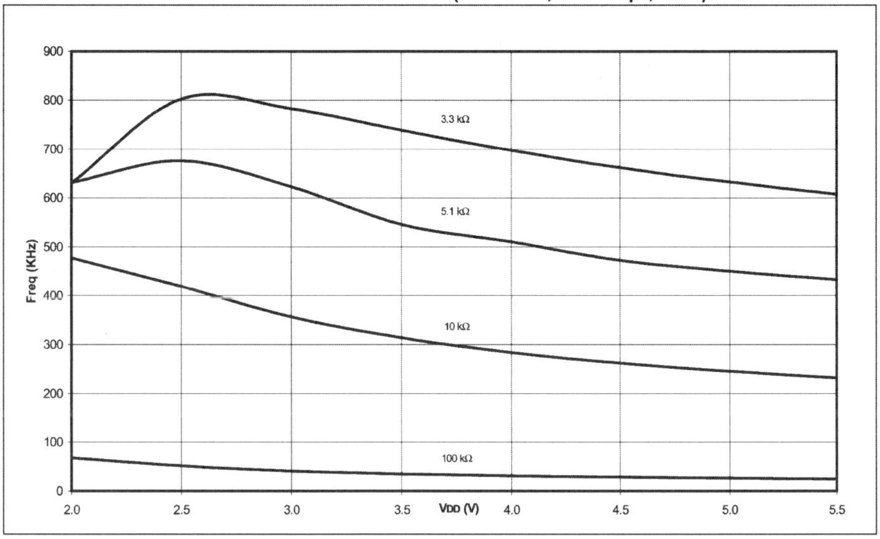

FIGURE 10-10: IPD vs. VDD (SLEEP MODE, ALL PERIPHERALS DISABLED)

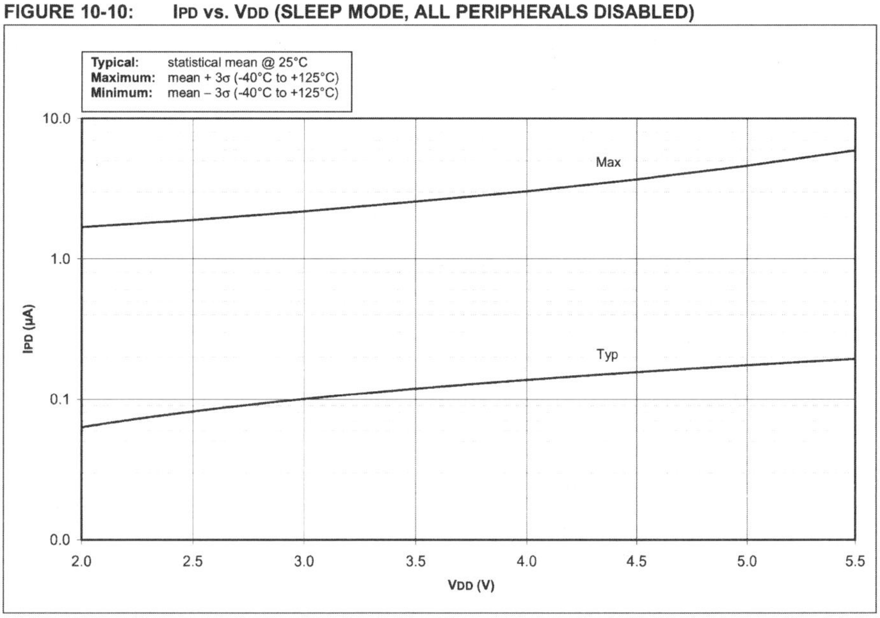

FIGURE 10-11: IPD vs. VDD (WDT MODE)

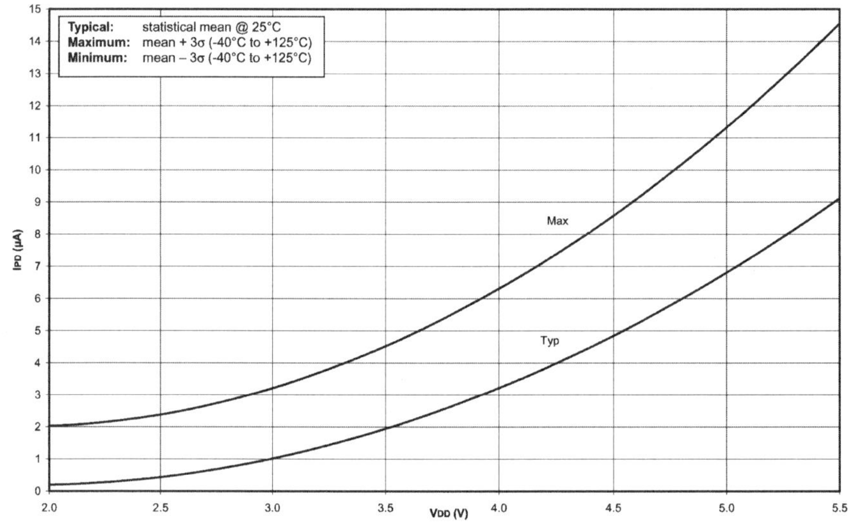

FIGURE 10-12: TYPICAL, MINIMUM, AND MAXIMUM WDT PERIOD vs. VDD OVER TEMP

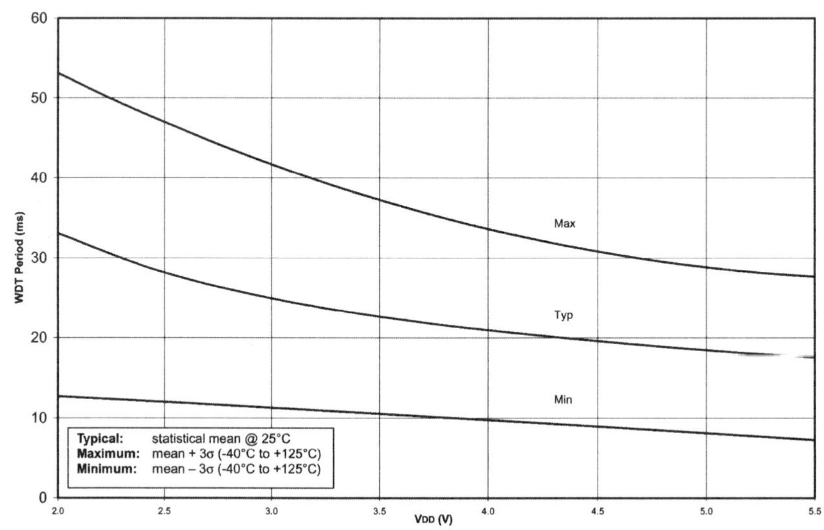

PIC16F84A

FIGURE 10-13: TYPICAL, MINIMUM AND MAXIMUM V_{OH} vs. I_{OH} (V_{DD} = 5V, -40°C TO +125°C)

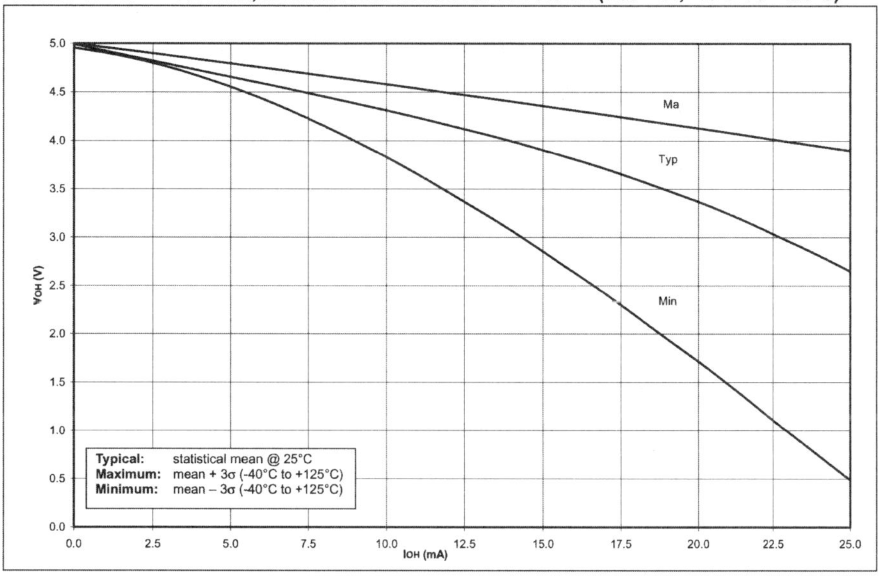

FIGURE 10-14: TYPICAL, MINIMUM AND MAXIMUM V_{OH} vs. I_{OH} (V_{DD} = 3V, -40°C TO +125°C)

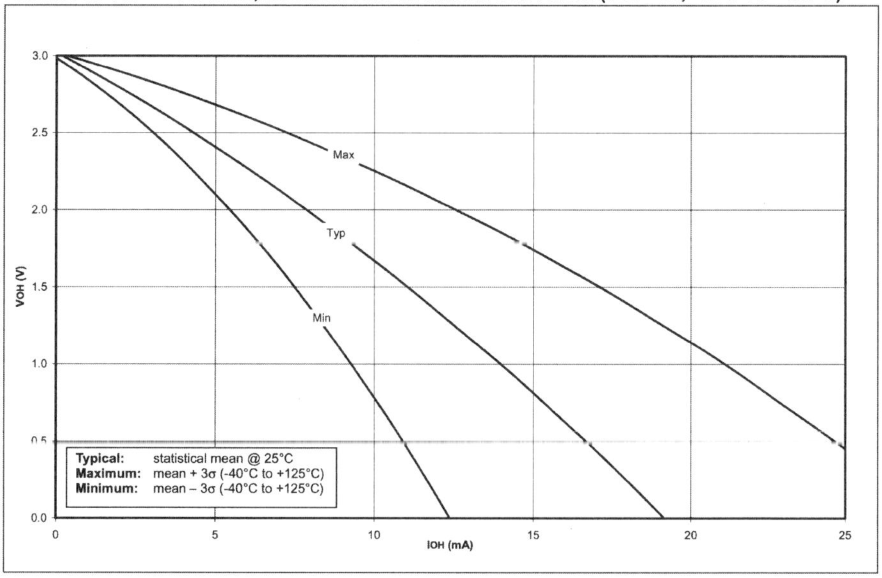

FIGURE 10-15: TYPICAL, MINIMUM AND MAXIMUM V_{OL} vs. I_{OL} (V_{DD} = 5V, -40°C TO +125°C)

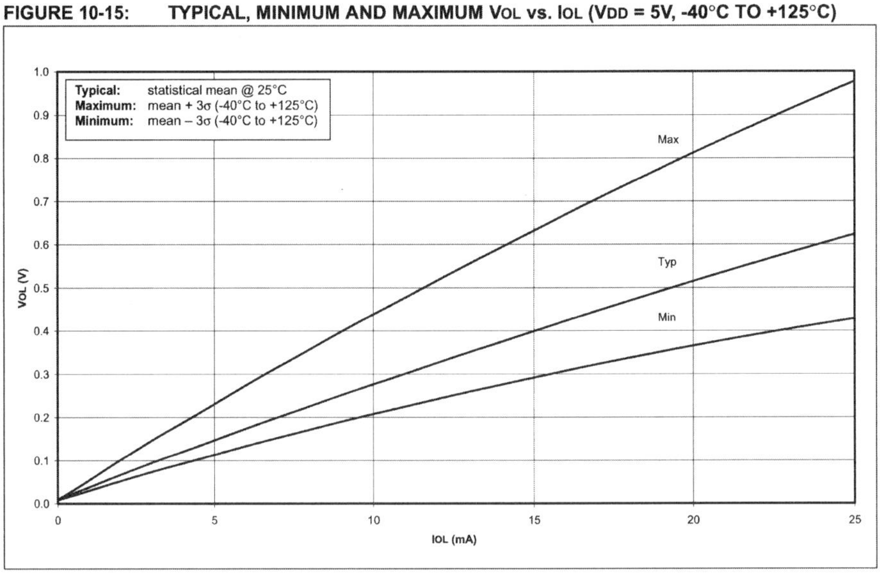

FIGURE 10-16: TYPICAL, MINIMUM AND MAXIMUM V_{OL} vs. I_{OL} (V_{DD} = 3V, -40°C TO +125°C)

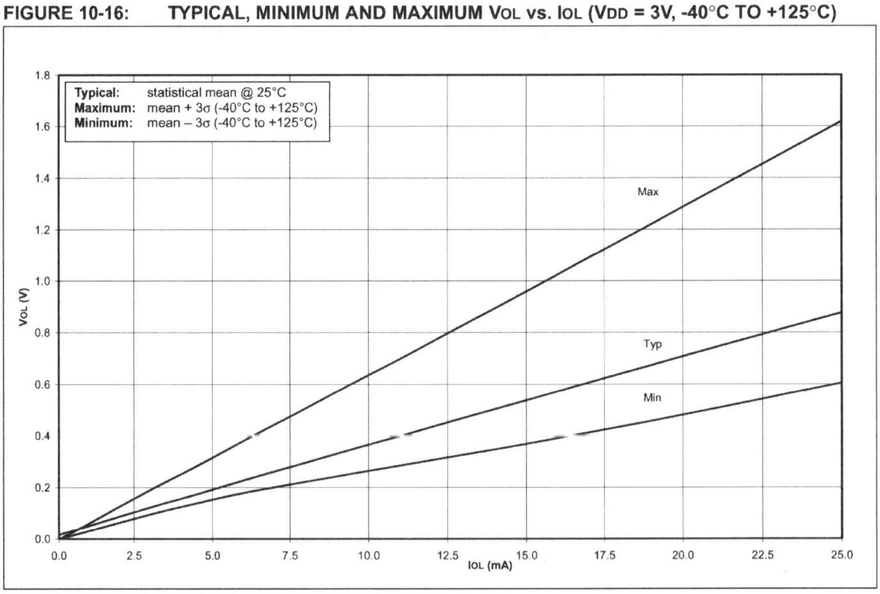

PIC16F84A

FIGURE 10-17: MINIMUM AND MAXIMUM VIN vs. VDD, (TTL INPUT, -40°C TO +125°C)

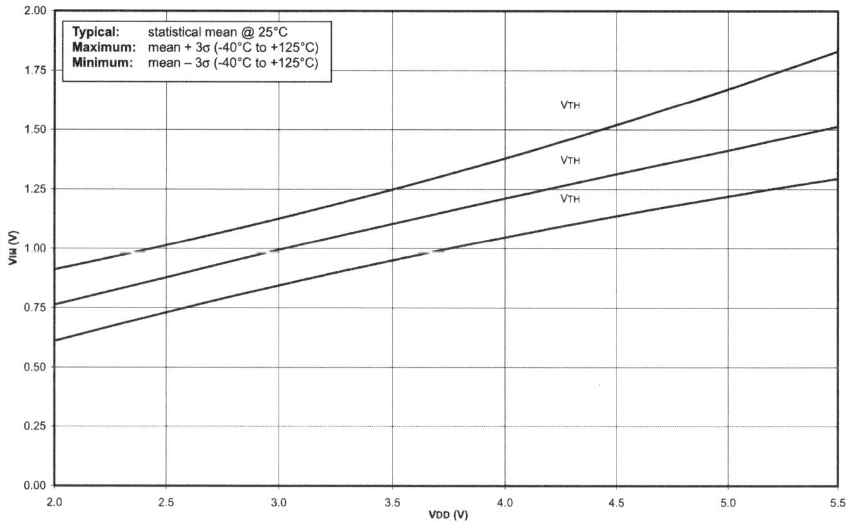

FIGURE 10-18: MINIMUM AND MAXIMUM VIN vs. VDD (ST INPUT, -40°C TO +125°C)

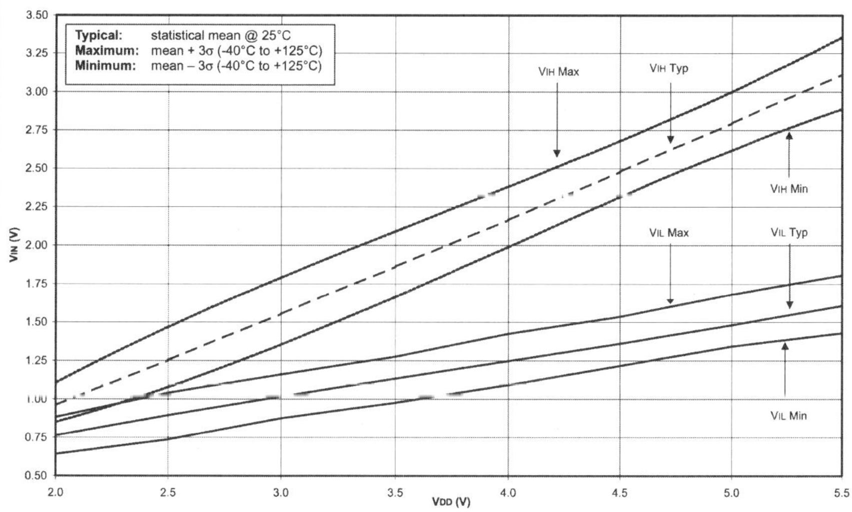

11.0 PACKAGING INFORMATION

11.1 Package Marking Information

18-Lead PDIP

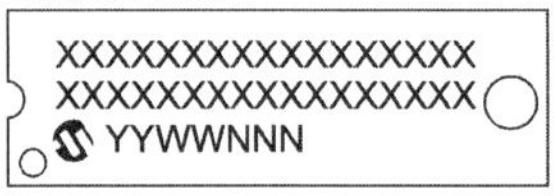

Example

18-Lead SOIC

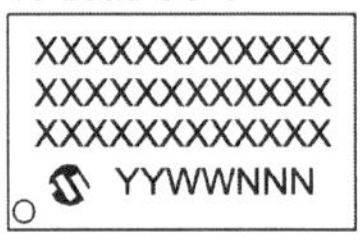

Example

20-Lead SSOP

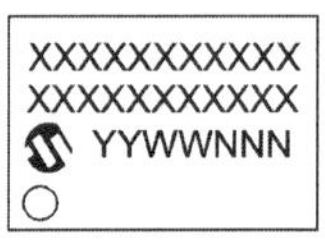

Example

Legend:		
	XX...X	Customer specific information*
	Y	Year code (last digit of calendar year)
	YY	Year code (last 2 digits of calendar year)
	WW	Week code (week of January 1 is week '01')
	NNN	Alphanumeric traceability code

Note: In the event the full Microchip part number cannot be marked on one line, it will be carried over to the next line thus limiting the number of available characters for customer specific information.

* Standard PICmicro device marking consists of Microchip part number, year code, week code, and traceability code. For PICmicro device marking beyond this, certain price adders apply. Please check with your Microchip sales office. For QTP devices, any special marking adders are included in QTP price.

PIC16F84A

18-Lead Plastic Dual In-line (P) – 300 mil (PDIP)

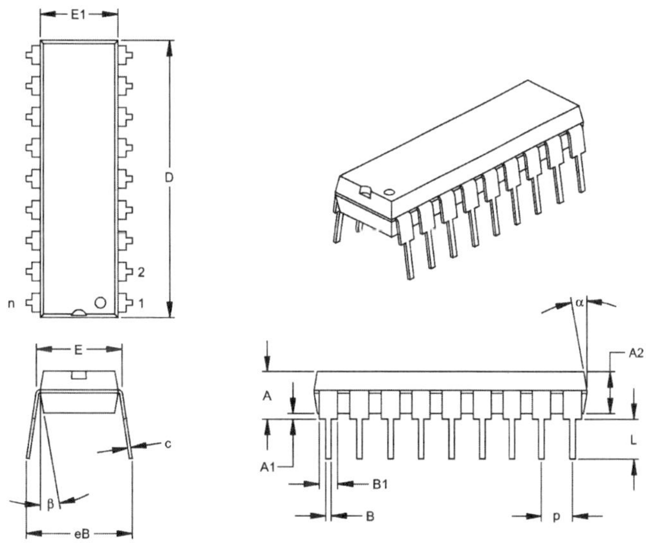

Units		INCHES*			MILLIMETERS		
Dimension Limits		MIN	NOM	MAX	MIN	NOM	MAX
Number of Pins	n		18			18	
Pitch	p		.100			2.54	
Top to Seating Plane	A	.140	.155	.170	3.56	3.94	4.32
Molded Package Thickness	A2	.115	.130	.145	2.92	3.30	3.68
Base to Seating Plane	A1	.015			0.38		
Shoulder to Shoulder Width	E	.300	.313	.325	7.62	7.94	8.26
Molded Package Width	E1	.240	.250	.260	6.10	6.35	6.60
Overall Length	D	.890	.898	.905	22.61	22.80	22.99
Tip to Seating Plane	L	.125	.130	.135	3.18	3.30	3.43
Lead Thickness	c	.008	.012	.015	0.20	0.29	0.38
Upper Lead Width	B1	.045	.058	.070	1.14	1.46	1.78
Lower Lead Width	B	.014	.018	.022	0.36	0.46	0.56
Overall Row Spacing §	eB	.310	.370	.430	7.87	9.40	10.92
Mold Draft Angle Top	α	5	10	15	5	10	15
Mold Draft Angle Bottom	β	5	10	15	5	10	15

* Controlling Parameter
§ Significant Characteristic

Notes:
Dimensions D and E1 do not include mold flash or protrusions. Mold flash or protrusions shall not exceed .010" (0.254mm) per side.
JEDEC Equivalent: MS-001
Drawing No. C04-007

PIC16F84A

18-Lead Plastic Small Outline (SO) – Wide, 300 mil (SOIC)

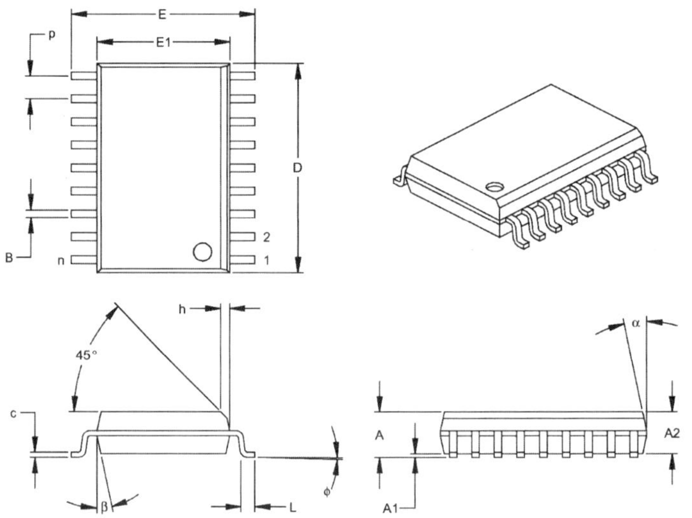

Units		INCHES*			MILLIMETERS		
Dimension Limits		MIN	NOM	MAX	MIN	NOM	MAX
Number of Pins	n		18			18	
Pitch	p		.050			1.27	
Overall Height	A	.093	.099	.104	2.36	2.50	2.64
Molded Package Thickness	A2	.088	.091	.094	2.24	2.31	2.39
Standoff §	A1	.004	.008	.012	0.10	0.20	0.30
Overall Width	E	.394	.407	.420	10.01	10.34	10.67
Molded Package Width	E1	.291	.295	.299	7.39	7.49	7.59
Overall Length	D	.446	.454	.462	11.33	11.53	11.73
Chamfer Distance	h	.010	.020	.029	0.25	0.50	0.74
Foot Length	L	.016	.033	.050	0.41	0.84	1.27
Foot Angle	φ	0	4	8	0	4	8
Lead Thickness	c	.009	.011	.012	0.23	0.27	0.30
Lead Width	B	.014	.017	.020	0.36	0.42	0.51
Mold Draft Angle Top	α	0	12	15	0	12	15
Mold Draft Angle Bottom	β	0	12	15	0	12	15

* Controlling Parameter
§ Significant Characteristic

Notes:
Dimensions D and E1 do not include mold flash or protrusions. Mold flash or protrusions shall not exceed .010" (0.254mm) per side.
JEDEC Equivalent: MS-013
Drawing No. C04-051

PIC16F84A

20-Lead Plastic Shrink Small Outline (SS) – 209 mil, 5.30 mm (SSOP)

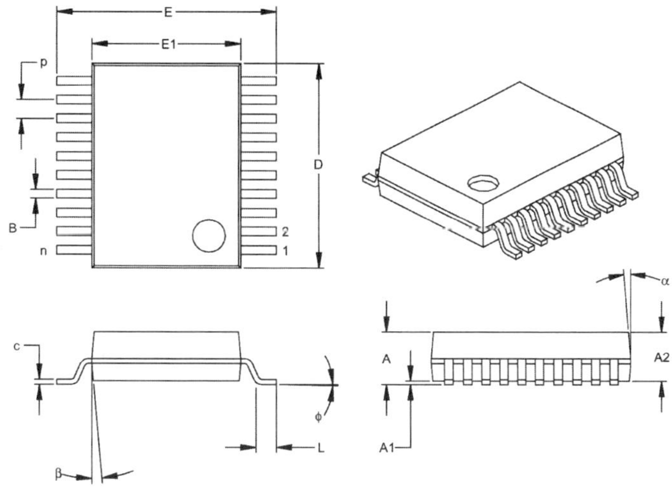

Units		INCHES*			MILLIMETERS		
Dimension Limits		MIN	NOM	MAX	MIN	NOM	MAX
Number of Pins	n		20			20	
Pitch	p		.026			0.65	
Overall Height	A	.068	.073	.078	1.73	1.85	1.98
Molded Package Thickness	A2	.064	.068	.072	1.63	1.73	1.83
Standoff §	A1	.002	.006	.010	0.05	0.15	0.25
Overall Width	E	.299	.309	.322	7.59	7.85	8.18
Molded Package Width	E1	.201	.207	.212	5.11	5.25	5.38
Overall Length	D	.278	.284	.289	7.06	7.20	7.34
Foot Length	L	.022	.030	.037	0.56	0.75	0.94
Lead Thickness	c	.004	.007	.010	0.10	0.18	0.25
Foot Angle	ϕ	0	4	8	0.00	101.60	203.20
Lead Width	B	.010	.013	.015	0.25	0.32	0.38
Mold Draft Angle Top	α	0	5	10	0	5	10
Mold Draft Angle Bottom	β	0	5	10	0	5	10

* Controlling Parameter
§ Significant Characteristic

Notes:
Dimensions D and E1 do not include mold flash or protrusions. Mold flash or protrusions shall not exceed .010" (0.254mm) per side.
JEDEC Equivalent: MO-150
Drawing No. C04-072

APPENDIX A: REVISION HISTORY

Version	Date	Revision Description
A	9/98	This is a new data sheet. However, the devices described in this data sheet are the upgrades to the devices found in the *PIC16F8X Data Sheet*, DS30430.
B	8/01	Added DC and AC Characteristics Graphs and Tables to Section 10.

PIC16F84A

APPENDIX B: CONVERSION CONSIDERATIONS

Considerations for converting from one PIC16X8X device to another are listed in Table 1.

TABLE 1: CONVERSION CONSIDERATIONS - PIC16C84, PIC16F83/F84, PIC16CR83/CR84, PIC16F84A

Difference	PIC16C84	PIC16F83/F84	PIC16CR83/ CR84	PIC16F84A
Program Memory Size	1K x 14	512 x 14 / 1K x 14	512 x 14 / 1K x 14	1K x 14
Data Memory Size	36 x 8	36 x 8 / 68 x 8	36 x 8 / 68 x 8	68 x 8
Voltage Range	2.0V - 6.0V (-40°C to +85°C)	2.0V - 6.0V (-40°C to +85°C)	2.0V - 6.0V (-40°C to +85°C)	2.0V - 5.5V (-40°C to +125°C)
Maximum Operating Frequency	10 MHz	10 MHz	10 MHz	20 MHz
Supply Current (IDD). See parameter # D014 in the electrical specs for more detail.	IDD (typ) = 60 μA IDD (max) = 400 μA (LP osc, FOSC = 32 kHz, VDD = 2.0V, WDT disabled)	IDD (typ) = 15 μA IDD (max) = 45 μA (LP osc, FOSC = 32 kHz, VDD = 2.0V, WDT disabled)	IDD (typ) = 15 μA IDD (max) = 45 μA (LP osc, FOSC = 32 kHz, VDD = 2.0V, WDT disabled)	IDD (typ) = 15 μA IDD (max) = 45 μA (LP osc, FOSC = 32 kHz, VDD = 2.0V, WDT disabled)
Power-down Current (IPD). See parameters # D020, D021, and D021A in the electrical specs for more detail.	IPD (typ) = 26 μA IPD (max) = 100 μA (VDD = 2.0V, WDT disabled, industrial)	IPD (typ) = 0.4 μA IPD (max) = 9 μA (VDD = 2.0V, WDT disabled, industrial)	IPD (typ) = 0.4 μA IPD (max) = 6 μA (VDD = 2.0V, WDT disabled, industrial)	IPD (typ) = 0.4 μA IPD (max) = 1 μA (VDD = 2.0V, WDT disabled, industrial)
Input Low Voltage (VIL). See parameters # D032 and D034 in the electrical specs for more detail.	VIL (max) = 0.2VDD (OSC1, RC mode)	VIL (max) = 0.1VDD (OSC1, RC mode)	VIL (max) = 0.1VDD (OSC1, RC mode)	VIL (max) = 0.1VDD (OSC1, RC mode)
Input High Voltage (VIH). See parameter # D040 in the electrical specs for more detail.	VIH (min) = 0.36VDD (I/O Ports with TTL, 4.5V ≤ VDD ≤ 5.5V)	VIH (min) = 2.4V (I/O Ports with TTL, 4.5V ≤ VDD ≤ 5.5V)	VIH (min) = 2.4V (I/O Ports with TTL, 4.5V ≤ VDD ≤ 5.5V)	VIH (min) = 2.4V (I/O Ports with TTL, 4.5V ≤ VDD ≤ 5.5V)
Data EEPROM Memory Erase/Write cycle time (TDEW). See parameter # D122 in the electrical specs for more detail.	TDEW (typ) = 10 ms TDEW (max) = 20 ms	TDEW (typ) = 10 ms TDEW (max) = 20 ms	TDEW (typ) = 10 ms TDEW (max) = 20 ms	TDEW (typ) = 4 ms TDEW (max) = 8 ms
Port Output Rise/Fall time (TioR, TioF). See parameters #20, 20A, 21, and 21A in the electrical specs for more detail.	TioR, TioF (max) = 25 ns (C84) TioR, TioF (max) = 60 ns (LC84)	TioR, TioF (max) = 35 ns (C84) TioR, TioF (max) = 70 ns (LC84)	TioR, TioF (max) = 35 ns (C84) TioR, TioF (max) = 70 ns (LC84)	TioR, TioF (max) = 35 ns (C84) TioR, TioF (max) = 70 ns (LC84)
$\overline{\text{MCLR}}$ on-chip filter. See parameter #30 in the electrical specs for more detail.	No	Yes	Yes	Yes
PORTA and crystal oscillator values less than 500 kHz	For crystal oscillator configurations operating below 500 kHz, the device may generate a spurious internal Q-clock when PORTA<0> switches state.	N/A	N/A	N/A
RB0/INT pin	TTL	TTL/ST* (*Schmitt Trigger)	TTL/ST* (*Schmitt Trigger)	TTL/ST* (*Schmitt Trigger)

TABLE 1: CONVERSION CONSIDERATIONS - PIC16C84, PIC16F83/F84, PIC16CR83/CR84, PIC16F84A (CONTINUED)

Difference	PIC16C84	PIC16F83/F84	PIC16CR83/ CR84	PIC16F84A
EEADR<7:6> and I_{DD}	It is recommended that the EEADR<7:6> bits be cleared. When either of these bits is set, the maximum I_{DD} for the device is higher than when both are cleared.	N/A	N/A	N/A
The polarity of the $\overline{PWRTE}$ bit	PWRTE	$\overline{PWRTE}$	$\overline{PWRTE}$	$\overline{PWRTE}$
Recommended value of R_{EXT} for RC oscillator circuits	R_{EXT} = 3kΩ - 100kΩ	R_{EXT} = 5kΩ - 100kΩ	R_{EXT} = 5kΩ - 100kΩ	R_{EXT} = 3kΩ - 100kΩ
GIE bit unintentional enable	If an interrupt occurs while the Global Interrupt Enable (GIE) bit is being cleared, the GIE bit may unintentionally be re-enabled by the user's Interrupt Service Routine (the `RETFIE` instruction).	N/A	N/A	N/A
Packages	PDIP, SOIC	PDIP, SOIC	PDIP, SOIC	PDIP, SOIC, SSOP
Open Drain High Voltage (V_{OD})	14V	12V	12V	8.5V

PIC16F84A

APPENDIX C: MIGRATION FROM BASELINE TO MID-RANGE DEVICES

This section discusses how to migrate from a baseline device (i.e., PIC16C5X) to a mid-range device (i.e., PIC16CXXX).

The following is the list of feature improvements over the PIC16C5X microcontroller family:

1. Instruction word length is increased to 14-bits. This allows larger page sizes, both in program memory (2K now as opposed to 512K before) and the register file (128 bytes now versus 32 bytes before).
2. A PC latch register (PCLATH) is added to handle program memory paging. PA2, PA1 and PA0 bits are removed from the STATUS register and placed in the OPTION register.
3. Data memory paging is redefined slightly. The STATUS register is modified.
4. Four new instructions have been added: `RETURN`, `RETFIE`, `ADDLW`, and `SUBLW`. Two instructions, `TRIS` and `OPTION`, are being phased out, although they are kept for compatibility with PIC16C5X.
5. OPTION and TRIS registers are made addressable.
6. Interrupt capability is added. Interrupt vector is at 0004h.
7. Stack size is increased to eight-deep.
8. RESET vector is changed to 0000h.
9. RESET of all registers is revisited. Five different RESET (and wake-up) types are recognized. Registers are reset differently.
10. Wake-up from SLEEP through interrupt is added.
11. Two separate timers, the Oscillator Start-up Timer (OST) and Power-up Timer (PWRT), are included for more reliable power-up. These timers are invoked selectively to avoid unnecessary delays on power-up and wake-up.
12. PORTB has weak pull-ups and interrupt-on-change features.
13. T0CKI pin is also a port pin (RA4/T0CKI).
14. FSR is a full 8-bit register.
15. "In system programming" is made possible. The user can program PIC16CXX devices using only five pins: V_{DD}, V_{SS}, V_{PP}, RB6 (clock) and RB7 (data in/out).

To convert code written for PIC16C5X to PIC16F84A, the user should take the following steps:

1. Remove any program memory page select operations (PA2, PA1, PA0 bits) for `CALL`, `GOTO`.
2. Revisit any computed jump operations (write to PC or add to PC, etc.) to make sure page bits are set properly under the new scheme.
3. Eliminate any data memory page switching. Redefine data variables for reallocation.
4. Verify all writes to STATUS, OPTION, and FSR registers since these have changed.
5. Change RESET vector to 0000h.

INDEX

PIC16F84A

PIC16F84A

PIC16F84A

NOTES:

ON-LINE SUPPORT

Microchip provides on-line support on the Microchip World Wide Web (WWW) site.

The web site is used by Microchip as a means to make files and information easily available to customers. To view the site, the user must have access to the Internet and a web browser, such as Netscape® or Microsoft® Explorer. Files are also available for FTP download from our FTP site.

Connecting to the Microchip Internet Web Site

The Microchip web site is available by using your favorite Internet browser to attach to:

www.microchip.com

The file transfer site is available by using an FTP service to connect to:

ftp://ftp.microchip.com

The web site and file transfer site provide a variety of services. Users may download files for the latest Development Tools, Data Sheets, Application Notes, User's Guides, Articles and Sample Programs. A variety of Microchip specific business information is also available, including listings of Microchip sales offices, distributors and factory representatives. Other data available for consideration is:

- Latest Microchip Press Releases
- Technical Support Section with Frequently Asked Questions
- Design Tips
- Device Errata
- Job Postings
- Microchip Consultant Program Member Listing
- Links to other useful web sites related to Microchip Products
- Conferences for products, Development Systems, technical information and more
- Listing of seminars and events

Systems Information and Upgrade Hot Line

The Systems Information and Upgrade Line provides system users a listing of the latest versions of all of Microchip's development systems software products. Plus, this line provides information on how customers can receive any currently available upgrade kits.The Hot Line Numbers are:

1-800-755-2345 for U.S. and most of Canada, and

1-480-792-7302 for the rest of the world.

013001

PIC16F84A

READER RESPONSE

It is our intention to provide you with the best documentation possible to ensure successful use of your Microchip product. If you wish to provide your comments on organization, clarity, subject matter, and ways in which our documentation can better serve you, please FAX your comments to the Technical Publications Manager at (480) 792-4150.

Please list the following information, and use this outline to provide us with your comments about this Data Sheet.

To: Technical Publications Manager　　Total Pages Sent

RE: Reader Response

From: Name ______________________________

Company ______________________________

Address ______________________________

City / State / ZIP / Country ______________________________

Telephone: (_______) _________ - _________　　FAX: (______) _________ - _________

Application (optional):

Would you like a reply?___Y ___N

Device: PIC16F84A　　Literature Number: DS35007B

Questions:

1. What are the best features of this document?

____

____

2. How does this document meet your hardware and software development needs?

____

____

3. Do you find the organization of this data sheet easy to follow? If not, why?

____

____

4. What additions to the data sheet do you think would enhance the structure and subject?

____

____

5. What deletions from the data sheet could be made without affecting the overall usefulness?

____

____

6. Is there any incorrect or misleading information (what and where)?

____

____

7. How would you improve this document?

____

____

8. How would you improve our software, systems, and silicon products?

____

____

PIC16F84A PRODUCT IDENTIFICATION SYSTEM

To order or obtain information (e.g., on pricing or delivery) refer to the factory or the listed sales office.

PART NO.	-XX	X	/XX	XXX
Device	Frequency Range	Temperature Range	Package	Pattern

Device	PIC16F84A(1), PIC16F84AT(2) PIC16LF84A(1), PIC16LF84AT(2)
Frequency Range	04 = 4 MHz 20 = 20 MHz
Temperature Range	- = 0°C to +70°C I = -40°C to +85°C
Package	P = PDIP SO = SOIC (Gull Wing, 300 mil body) SS = SSOP
Pattern	QTP, SQTP, ROM Code (factory specified) or Special Requirements . Blank for OTP and Windowed devices.

Examples:

a) PIC16F84A -04/P 301 = Commercial temp., PDIP package, 4 MHz, normal VDD limits, QTP pattern #301.

b) PIC16LF84A - 04I/SO = Industrial temp., SOIC package, 200 kHz, Extended VDD limits.

c) PIC16F84A - 20I/P = Industrial temp., PDIP package, 20 MHz, normal VDD limits.

Note 1: F = Standard VDD range
LF = Extended VDD range
2: T = in tape and reel - SOIC and SSOP packages only.

Sales and Support

Data Sheets
Products supported by a preliminary Data Sheet may have an errata sheet describing minor operational differences and recommended workarounds. To determine if an errata sheet exists for a particular device, please contact one of the following:

1. Your local Microchip sales office
2. The Microchip Corporate Literature Center U.S. FAX: (480) 792-7277
3. The Microchip Worldwide Site (www.microchip.com)

Please specify which device, revision of silicon and Data Sheet (include Literature #) you are using.

New Customer Notification System
Register on our web site (www.microchip.com/cn) to receive the most current information on our products.

MICROCHIP

WORLDWIDE SALES AND SERVICE

AMERICAS

Corporate Office
2355 West Chandler Blvd.
Chandler, AZ 85224-6199
Tel: 480-792-7200 Fax: 480-792-7277
Technical Support: 480-792-7627
Web Address: http://www.microchip.com

Rocky Mountain
2355 West Chandler Blvd.
Chandler, AZ 85224-6199
Tel: 480-792-7966 Fax: 480-792-7456

Atlanta
500 Sugar Mill Road, Suite 200B
Atlanta, GA 30350
Tel: 770-640-0034 Fax: 770-640-0307

Austin - Analog
13740 North Highway 183
Building J, Suite 4
Austin, TX 78750
Tel: 512-257-3370 Fax: 512-257-8526

Boston
2 Lan Drive, Suite 120
Westford, MA 01886
Tel: 978-692-3848 Fax: 978-692-3821

Boston - Analog
Unit A-8-1 Millbrook Tarry Condominium
97 Lowell Road
Concord, MA 01742
Tel: 978-371-6400 Fax: 978-371-0050

Chicago
333 Pierce Road, Suite 180
Itasca, IL 60143
Tel: 630-285-0071 Fax: 630-285-0075

Dallas
4570 Westgrove Drive, Suite 160
Addison, TX 75001
Tel: 972-818-7423 Fax: 972-818-2924

Dayton
Two Prestige Place, Suite 130
Miamisburg, OH 45342
Tel: 937-291-1654 Fax: 937-291-9175

Detroit
Tri-Atria Office Building
32255 Northwestern Highway, Suite 190
Farmington Hills, MI 48334
Tel: 248-538-2250 Fax: 248-538-2260

Los Angeles
18201 Von Karman, Suite 1090
Irvine, CA 92612
Tel: 949-263-1888 Fax: 949-263-1338

New York
150 Motor Parkway, Suite 202
Hauppauge, NY 11788
Tel: 631-273-5305 Fax: 631-273-5335

San Jose
Microchip Technology Inc.
2107 North First Street, Suite 590
San Jose, CA 95131
Tel: 408-436-7950 Fax: 408-436-7955

Toronto
6285 Northam Drive, Suite 108
Mississauga, Ontario L4V 1X5, Canada
Tel: 905-673-0699 Fax: 905-673-6509

ASIA/PACIFIC

Australia
Microchip Technology Australia Pty Ltd
Suite 22, 41 Rawson Street
Epping 2121, NSW
Australia
Tel: 61-2-9868-6733 Fax: 61-2-9868-6755

China - Beijing
Microchip Technology Consulting (Shanghai) Co., Ltd., Beijing Liaison Office
Unit 915
Bei Hai Wan Tai Bldg.
No. 6 Chaoyangmen Beidajie
Beijing, 100027, No. China
Tel: 86-10-85282100 Fax: 86-10-85282104

China - Chengdu
Microchip Technology Consulting (Shanghai) Co., Ltd., Chengdu Liaison Office
Rm. 2401, 24th Floor,
Ming Xing Financial Tower
No. 88 TIDU Street
Chengdu 610016, China
Tel: 86-28-6766200 Fax: 86-28-6766599

China - Fuzhou
Microchip Technology Consulting (Shanghai) Co., Ltd., Fuzhou Liaison Office
Rm. 531, North Building
Fujian Foreign Trade Center Hotel
73 Wusi Road
Fuzhou 350001, China
Tel: 86-591-7557563 Fax: 86-591-7557572

China - Shanghai
Microchip Technology Consulting (Shanghai) Co., Ltd.
Room 701, Bldg. B
Far East International Plaza
No. 317 Xian Xia Road
Shanghai, 200051
Tel: 86-21-6275-5700 Fax: 86-21-6275-5060

China - Shenzhen
Microchip Technology Consulting (Shanghai) Co., Ltd., Shenzhen Liaison Office
Rm. 1315, 13/F, Shenzhen Kerry Centre,
Renminnan Lu
Shenzhen 518001, China
Tel: 86-755-2350361 Fax: 86-755-2366086

Hong Kong
Microchip Technology Hongkong Ltd.
Unit 901-6, Tower 2, Metroplaza
223 Hing Fong Road
Kwai Fong, N.T., Hong Kong
Tel: 852-2401-1200 Fax: 852-2401-3431

India
Microchip Technology Inc.
India Liaison Office
Divyasree Chambers
1 Floor, Wing A (A3/A4)
No. 11, O'Shaugnessey Road
Bangalore, 560 025, India
Tel: 91-80-2290061 Fax: 91-80-2290062

Japan
Microchip Technology Japan K.K.
Benex S-1 6F
3-18-20, Shinyokohama
Kohoku-Ku, Yokohama-shi
Kanagawa, 222-0033, Japan
Tel: 81-45-471- 6166 Fax: 81-45-471-6122

Korea
Microchip Technology Korea
168-1, Youngbo Bldg. 3 Floor
Samsung-Dong, Kangnam-Ku
Seoul, Korea 135-882
Tel: 82-2-554-7200 Fax: 82-2-558-5934

Singapore
Microchip Technology Singapore Pte Ltd.
200 Middle Road
#07-02 Prime Centre
Singapore, 188980
Tel: 65-334-8870 Fax: 65-334-8850

Taiwan
Microchip Technology Taiwan
11F-3, No. 207
Tung Hua North Road
Taipei, 105, Taiwan
Tel: 886-2-2717-7175 Fax: 886-2-2545-0139

EUROPE

Denmark
Microchip Technology Denmark ApS
Regus Business Centre
Lautrup hoj 1-3
Ballerup DK-2750 Denmark
Tel: 45 4420 9895 Fax: 45 4420 9910

France
Arizona Microchip Technology SARL
Parc d'Activite du Moulin de Massy
43 Rue du Saule Trapu
Batiment A - ler Etage
91300 Massy, France
Tel: 33-1-69-53-63-20 Fax: 33-1-69-30-90-79

Germany
Arizona Microchip Technology GmbH
Gustav-Heinemann Ring 125
D-81739 Munich, Germany
Tel: 49-89-627-144 0 Fax: 49-89-627-144-44

Germany - Analog
Lochhamer Strasse 13
D-82152 Martinsried, Germany
Tel: 49-89-895650-0 Fax: 49-89-895650-22

Italy
Arizona Microchip Technology SRL
Centro Direzionale Colleoni
Palazzo Taurus 1 V. Le Colleoni 1
20041 Agrate Brianza
Milan, Italy
Tel: 39-039-65791-1 Fax: 39-039-6899883

United Kingdom
Arizona Microchip Technology Ltd.
505 Eskdale Road
Winnersh Triangle
Wokingham
Berkshire, England RG41 5TU
Tel: 44 118 921 5869 Fax: 44-118 921-5820

08/01/01

찾아보기

저자약력

이대식

한국과학기술원 전기 및 전자공학과 공학 박사
현재 대구대학교 전자공학부 교수

최병재

한국과학기술원 전기 및 전자공학과 공학 박사
현재 대구대학교 전자공학부 교수

정가 **13,000원**

마이크로프로세서 응용 및 실험

2007년 8월 20일 초판 인쇄
2007년 9월 1일 초판 발행
저 자 : 이 대 식 · 최 병 재
발행자 : 이 연 우 · 우 명 찬

발행처 : 홍 릉 과 학 출 판 사
주 소 : 서울시 강북구 수유5동 455-60
142-885
등 록 : 1976년 10월 21일 제5-66호
전 화 : 999-2274～5, 996-8341, 903-7037
팩 스 : 905-6729
e-mail : hongpub@hongpub.co.kr
http://www.hongpub.co.kr

저자와의 협의하에 인지생략